Voilà! 3

GWEN BERWICK AND SYDNEY THORNE
SERIES EDITOR: JULIE GREEN

Text © Gwen Berwick, Sydney Thorne and Marie-Thérèse Bougard 2005

Original illustrations © Nelson Thornes Ltd 2005

The right of Gwen Berwick, Sydney Thorne and Marie-Thérèse Bougard to be identified as authors of this work has been asserted by them in accordance with the Copyright, Designs and Patents Act 1988.

All rights reserved. No part of this publication may be reproduced or transmitted in any form or by any means, electronic or mechanical, including photocopy, recording or any information storage and retrieval system, without permission in writing from the publisher or under licence from the Copyright Licensing Agency Limited, of 90 Tottenham Court Road, London W1T 4LP.

Any person who commits any unauthorised act in relation to this publication may be liable to criminal prosecution and civil claims for damages.

Published in 2005 by:
Nelson Thornes Ltd
Delta Place
27 Bath Road
CHELTENHAM
GL53 7TH
United Kingdom

05 06 07 08 09 / 10 9 8 7 6 5 4 3 2 1

A catalogue record for this book is available from the British Library
ISBN 0 7487 9147 1

Series editor: Julie Green

Illustrations by Mike Bastin, Beverly Curl, Mark Draisey, Ian F. Jackson, Nigel Kitching, kja-artists.com, David Russell

Page make-up by eMC Design, www.emcdesign.org.uk

Printed in Croatia by Zrinski

Acknowledgements

The authors and publisher would like to thank the following people, without whose support they could not have created *Voilà! 3*:

Claire Bleasdale, Teresa Huntley and Stephen Jones for detailed advice throughout the writing.
Steven Faux for providing the music and songs, with Julien Rose, Alice Gonneau, Lucie Deglane.
Rachel Wood for editing the materials.
Marie-Thérèse Bougard for writing the material for pages 23, 95 and 109, as well as for her detailed advice on language and cultural matters.

Front cover photograph: f1 online/Alamy, by Udo Frank.

Alexandre Valadares-Kaiser, Axelle Bourry & Karline Minelli, their families and friends for the exceptional help they gave to create the photographs. Also, Monsieur Garcia, the staff, pupils and families of College St Pierre; Thierry Plumey and pupils of IUT, Troyes and all the businesses that provided locations and without whose help this project would not have been possible.

Special thanks to Evelyn Berwick (p84) and Mary Saunders (p127) for the kind permission to use their photos.

With thanks to the following for permission to reproduce coyright material:

Sherlock Holmes Copyright © 1996 Sir Arthur Conan Doyle Copyright Holders. Reprinted by kind permission of Jonathan Clowes Ltd., London, on behalf of Andrea Plunket, the Administrator of the Sir Arthur Conan Doyle Copyrights (p104)

EA Games (p77)
Éditions Chanticler (p52)
France Télévisions (p17)
Groupe TFI (p17)
Macmillan Publishers Ltd (p104)
Leroy Merlin / CSA, juin 2001 (p117)
G. Mermet, Francoscopie 2003 © Larousse 2002 (p27, p61)
Microsoft Corporation (p77)

Recorded at Air Edel, London with Philippe Smolikowski, Juliet Dante, Marvin Dez, Elodie Laval, Manon Riouat, Sarah Duru, Julien Rose, Alain Stachewsky; produced by Colette Thomson for Footstep Productions Ltd.; Studio Engineer Will Reid Dick

Welcome to Voilà! 3

- In *Voilà! 3*, you'll meet these three people:

> Salut! Je m'appelle Sadiq. J'habite à York, en Angleterre. Kévin est mon correspondant français.

> Bonjour! Je m'appelle Kévin, et j'ai 14 ans. J'habite à Biarritz, dans le sud-ouest de la France.

> Salut! Moi, c'est Estelle, et j'ai 14 ans aussi. Je suis la sœur jumelle de Kévin!

- Most pages have the following features to help you:

Grammaire:
Examples of how you put French words together to make sentences.

A list of the key words and phrases you'll need to do the activities.

Stratégies!
Tips to help you learn better and remember more.

🔘 Activities in which you'll listen to French.

💬 Activities in which you'll practise speaking French.

📖 ✏️ Activities in which you'll practise reading and writing in French.

extra! Activities which provide an extra challenge – have a go!

♻️ Activities which give you the chance to recycle language from *Voilà! 1* and *Voilà! 2*.

- The *Sommaire* at the end of each unit lists the key words of the unit in French and English. Use it to look up any words you don't know!

trois 3

Table des matières Contents

Unité 1 À Biarritz *In Biarritz* page 6

	Grammaire	Stratégies
• talk about yourself and your home region • discuss: town v country • learn about SW France • *extra!* improve your style in French	• **depuis** – *for (a length of time)* • expressions with *de* and *à*: beaucoup **de**, trop **de**, assez **de**, il n'y a rien **à** faire • **qui** – *who/which*	• making use of language you've learnt before • improving fluency by using connectives, e.g. *parce* que • asking your teacher for help • making your French sound better

Unité 2 La télé et les films *TV and films* page 14

• give your opinions about TV • understand film reviews • *extra!* tell the story of a film	• **ils/elles** – *they (things as well as people)* • plural adjectives • **qui** and **que** – *who/which*	• working out the meaning of new words • making up sentences • giving a presentation

Revision (Units 1–2) and reading page page 22

Unité 3 Une excursion *A trip* page 24

• describe a trip to a theme park • buy things at a gift shop • describe a day out that went wrong • *extra!* tell an anecdote	• the past tense • **ce, cette, cet, ces** – *this, these* • **le, la, les** – *it, them* • **on** – *we/people*	• working out meaning, e.g. through patterns: *-ant (-ing)* • reporting information • using a variety of language • using the dictionary to help with the past tense

Unité 4 Les célébrités *Celebrities* page 32

• describe someone's daily routine and life style • discuss the pros and cons of being a star • *extra!* revision of the present tense	• **y** – *there (replaces à + place)* • present tense verb patterns • negatives: **ne ... pas** • reflexive verbs (*je* **me** *lève*)	• spotting negatives in listening activities • working out meaning through patterns: *-é (-ed)* • using a dictionary to find the right form of a verb

Revision (Units 3–4) and reading page page 40

Unité 5 La France et le tourisme *France and tourism* page 42

• ask for tourist information • describe a hiking trip • read about tourism in France • *extra!* verb patterns: present tense	• **on peut** + infinitive – *you can* • the past tense • present tense verb patterns	• using extra detail to bring a description to life • being able to say more by knowing more verbs

Unité 6 Problèmes *Problems* page 50

• describe your symptoms • understand and write a longer story • *extra!* verb families: infinitive, present and past	• j'ai mal **au, à la, à l', aux** • word order: *il a dit, a-t-il dit* • **je peux...?** – *can I...?*	• noting gender of words, so you can apply grammar • adapting model sentences • learning through mistakes • learning verbs in categories

Revision (Units 5–6) and reading page page 58

Unité 7 Sadiq en France *Sadiq in France* page 60

• understand offers of food • have a polite conversation • compare eating habits in France and Britain • *extra!* more comparisons	• expressions with **avoir**: *j'ai faim, tu as soif?* • using **tu** and **vous** • **on** – *people in general /we*	• saying as much as you can • class shared reading • class shared listening

4 quatre

Table des matières

Unité 8 Les médias et les stars — *The media and stars* — page 6

Grammaire / **Stratégies**

- read news items
- read and write about stars
- ask for items in a shop
- *extra!* revision of the past tense

- the past tense (*avoir*, *être*)
- two meanings in English: *did* and *has done*
- more negatives, e.g. *ne ... personne*

- class shared reading
- listening out for negatives
- past tense verbs, step by step

Revision (Units 7–8) and reading page — **page 76**

Unité 9 Auditions pour la télé — *Auditions for the TV* — page 78

- talk about your character, interests and ambitions
- write a short biography
- describe an audition
- *extra!* the imperfect tense

- verbs with the infinitive
- more irregular adjectives
- *j'ai dû* – I had to
- the imperfect tense (I used to...)

- giving full answers
- being more precise
- pushing the limits of your French

Unité 10 Kévin en Angleterre — *Kévin in England* — page 86

- say what you are going to do and what you have done
- say what is best, etc. in your town
- *extra!* listening skills

- the future: *aller* + infinitive
- the superlative (the best)
- the past tense

- writing a very long sentence
- linking different words in the same topic
- reading while listening
- listening out for negatives

Revision (Units 9–10) and reading page — **page 94**

Unité 11 Des disputes — *Arguments* — page 96

- argue about various topics
- discuss the pros and cons of zoos
- *extra!* read a longer text

- French **infinitive** for English -**ing** (*reading is fun*)

- working out meaning through patterns: -*ment* (-ly)
- using phrases in new contexts
- looking up words you need
- using link words

Unité 12 Une réception à Paris — *A reception in Paris* — page 102

- describe a trip
- understand a story
- have a conversation with someone you've just met

- the perfect tense
- the imperfect tense

- using your knowledge of French to say exactly what you mean

Revision (Units 11–12) and reading page — **page 108**

À ton tour! + À ton tour extra! (Unités 1–12) — page 110
Additional reading and writing activities for units 1–12

Grammaire — page 134
Grammar pages, where you can check up on grammar points

Glossaire
French–English glossary, where you can find out what French words mean — **page 147**
English–French glossary, where you can find out how to say words in French — **page 156**

Instructions — page 159
Words and phrases used in instructions are explained for you here

cinq 5

1 À Biarritz

1A Estelle et Kévin

- practise questions and answers about yourself
- use *depuis* meaning 'for a length of time'
- draw on language learnt before

En août, la famille Cassou quitte Paris et arrive à Biarritz. Le premier septembre, Estelle et Kévin Cassou vont au collège pour la première fois.

Comment t'appelles-tu?

Je m'appelle Estelle.

1 a Trouve les paires: questions et réponses.

Exemple: **1 d**

1. Comment t'appelles-tu?
2. C'est quand, ton anniversaire?
3. Tu habites où?
4. Tu as des frères et sœurs?
5. Tu as un passe-temps?

a. Oui, j'ai un frère jumeau qui s'appelle Kévin.
b. J'habite à Biarritz, près du collège.
c. Oui, je fais du vélo et je joue au volley-ball.
d. Je m'appelle Estelle.
e. Mon anniversaire, c'est le 22 juillet.

1 b Écoute et vérifie.

1 c Pose les questions (1–5) à ton/ta partenaire. Donne *tes* réponses.

extra! Ajoute d'autres questions, par exemple: C'est quoi, ton adresse e-mail?

2 a Écoute et lis la conversation de Kévin. Puis réponds aux questions.
1. Kévin habite où?
2. Il parle deux langues. Quelles langues?
3. Il fait quel sport?

Grammaire: *depuis*
- *depuis* = for (+ time period)
- Use *depuis* with the present tense.

J'habite ici **depuis** un mois.
I've been living here **for** one month.

2 b Joue et puis adapte la conversation.

Dis, Kévin, tu habites à Biarritz depuis longtemps?

Non, j'habite ici depuis un mois.

Tu parles anglais?

Bof... un peu. J'apprends l'anglais depuis quatre ans.

Ah, tu joues au badminton?

Oui, je joue depuis un an.

depuis (longtemps) – for (a long time)
apprendre – to learn

6 six

À Biarritz • 1

1 faire / du judo / 1 an

2 jouer / de la guitare / 6 ans

3 apprendre / le français / 2 ans

4 jouer / au rugby / 3 ans

5 apprendre / le piano / 6 mois

3 Écris les cinq phrases.

Exemple: **1** Je fais du judo depuis un an.

4 Écoute (1–8). Note: **a** le passe-temps **b** depuis ❓ mois/ans.

Exemple: **1 a** ping-pong **b** depuis 3 ans

5 Lis le texte et note en anglais huit détails sur Estelle.

Exemple: *Estelle is 14 years old; she...*

> Salut, je m'appelle Estelle et j'ai 14 ans. J'aime beaucoup la musique: j'écoute toujours de la musique quand je fais mes devoirs. Je joue de la guitare depuis deux ans.
>
> Je ne suis pas très sportive, mais j'aime jouer au volley-ball, et je fais aussi du vélo.
>
> J'arrive de Paris et j'ai beaucoup d'amies là-bas. Depuis trois semaines, nous habitons à Biarritz. Les élèves dans ma classe sont sympas, mais je n'ai pas encore d'amies ici.

pas encore – *not yet*

6 a Stratégies! *Using language you've learnt before*

In *Voilà 3*, bring in language you already know whenever you can because:
- the more you practise words, the better you'll remember them;
- you'll be able to have fuller conversations.

Have a go now: draw a mind map with as many things as you can say about yourself in French.

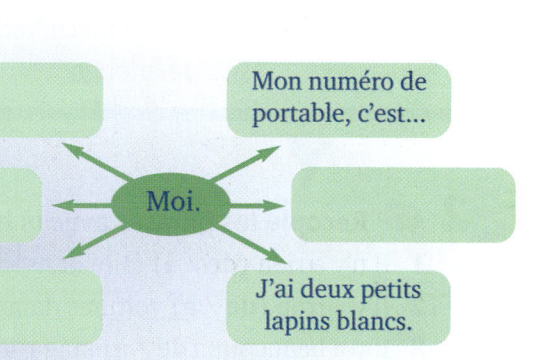

Mon numéro de portable, c'est...

Moi.

J'ai deux petits lapins blancs.

6 b Une minute en français! Parle de toi à ton/ta partenaire.

Tu peux parler pendant une minute? extra! Pendant deux minutes?!

comment t'appelles-tu?	je m'appelle *Estelle*
tu habites où?	j'habite à *Biarritz*
c'est quand, ton anniversaire?	mon anniversaire, c'est le *quinze avril*
tu as des frères et sœurs?	j'ai un frère / une sœur qui s'appelle *Claude*
	je suis enfant unique

tu as un passe-temps?	oui, je joue *au badminton*	depuis	un an
tu joues depuis longtemps?	je fais *du judo*		deux ans
	j'apprends *le piano*		un mois

sept **7**

1B La ville et la campagne

- discuss pros and cons of town and country
- learn expressions with *de* and *à*
- use connectives to link sentences

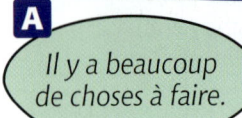

A Il y a beaucoup de choses à faire.
B Il n'y a rien à faire.
C Il y a beaucoup de magasins.
D Il y a trop de pollution.
E Il n'y a pas de distractions.
F Il n'y a pas assez de bus.
G J'adore le brouhaha.
H Berk! Je déteste l'odeur de fumier.

La ville

La campagne

1 a Écoute et lis les phrases en français. Puis complète les équivalents en anglais.

A There ___ lot to do.
B ___ nothing to do.
C There are lots ___ .
D There ___ too much ___ .
E ___ no leisure activities.
F ___ not enough buses.
G ___ the hustle and bustle.
H Ugh! ___ the smell of manure.

1 b Discutez des phrases A–H en classe. C'est vrai en ville ou à la campagne?

Exemple:
Prof: "Il y a beaucoup de choses à faire." C'est vrai en ville ou à la campagne?
Élève: En ville, mais à mon avis, c'est vrai à la campagne aussi.

Grammaire: *expressions avec de + nom; à + verbe*

il y a	beaucoup **de** a lot of	il n'y a rien **à** faire there's nothing to do
il n'y a pas	trop **de** too much, too many	il y a beaucoup de choses **à** faire there's a lot to do
	assez **de** enough	

2 Recopie les phrases avec la bonne option.

1 Il n'y a rien (**de** / **à**) faire dans mon village.
2 Il y a trop (**de** / **à**) voitures dans ma ville.
3 Il y a beaucoup (**de** / **à**) magasins ici?
4 Il y a beaucoup de choses (**de** / **à**) faire.
5 À mon avis, il n'y a pas assez (**de** / **à**) bus.
6 Il y a beaucoup (**de** / **à**) distractions?

3 Écoute et lis le dialogue. Puis joue le dialogue.

Stratégies! Linking ideas

Put forward your ideas more fluently by using connectives:

parce que because
par contre on the other hand

Dis, Kévin, tu préfères la ville ou la campagne?
Moi, je préfère la ville.
Pourquoi?
Parce qu'il y a beaucoup de distractions. **Par contre**, à la campagne, il n'y a rien à faire. Et il n'y a pas assez de magasins.

8 huit

À Biarritz • 1

4 a Partenaire A donne une opinion; B dit le contraire – sans hésitation!

Exemple: 1 **A** Moi, j'adore la campagne.
B Moi, par contre, je déteste la campagne.

1 la campagne
2 les pizzas
3 la ville
4 l'histoire
5 les voitures
6 les ordinateurs

4 b Et *tes* opinions sur les sujets 1–6? Écris des phrases avec *parce que* ou *par contre*.

Exemple: 1 J'aime la campagne parce que… et parce que…

extra! Écris ton opinion sur deux autres sujets.

j'aime je n'aime pas	la ville la campagne	parce qu'	il y a beaucoup de choses à faire / il n'y a rien à faire il y a beaucoup de magasins
par contre,	en ville à la campagne		il y a trop de pollution il n'y a pas assez de bus / il n'y a pas de distractions
j'adore le brouhaha		berk! je déteste l'odeur de fumier	

5 a Écoute et lis le message de Kévin. Puis lis les phrases 1–6: c'est vrai (V) ou faux (F)?

1 Kévin apprend l'anglais depuis quatre ans.
2 Kévin habite à Paris.
3 Biarritz est dans le nord de la France.
4 Kévin habite en ville et il aime ça.
5 Kévin va parfois au centre sportif.
6 Kévin aime la campagne.

> Nous avons un collège partenaire à York, dans le nord de l'Angleterre. En mai, nous allons faire un échange. Kévin, ton partenaire s'appelle Sadiq.

> Salut, Sadiq! Je m'appelle Kévin et je suis ton partenaire français. Je parle assez bien anglais: j'apprends l'anglais depuis quatre ans.
>
> J'ai habité à Paris, mais depuis un mois j'habite à Biarritz, dans le sud-ouest de la France.
>
> J'aime habiter en ville. Il y a beaucoup de distractions: il y a un centre sportif près de chez moi, et depuis deux semaines j'apprends le kung-fu au centre sportif.
>
> Par contre, je n'aime pas la campagne, parce qu'à mon avis, il n'y a rien à faire. Et je déteste l'odeur de fumier!
>
> Et toi, Sadiq? Tu préfères la ville ou la campagne?

Kévin fait une cassette pour Sadiq

5 b Écoute un message très similaire. Note les différences.

Exemple: Max, cinq ans, …

6 Fais une cassette pour un(e) partenaire en France.
- Prépare une version écrite avec des détails personnels (◄◄ pp. 6–7).
  Écris aussi ton opinion sur la ville et la campagne.
  (Ton modèle: la lettre de Kévin.)
- Puis fais ta cassette.

neuf 9

1C Le sud-ouest

- learn about south-west France
- describe your home region
- use *qui* meaning 'which'

Estelle

J'habite dans le sud-ouest de la France. C'est une région qui a beaucoup de…

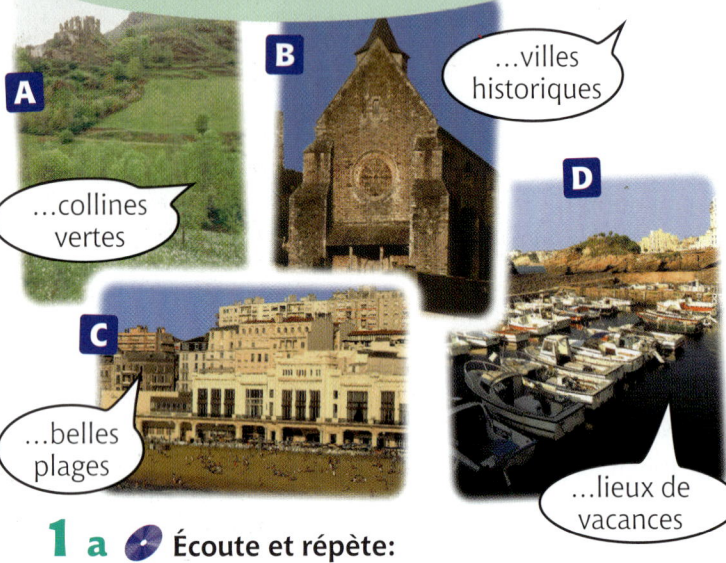

A …collines vertes

B …villes historiques

C …belles plages

D …lieux de vacances

mais qui n'a pas beaucoup de…

E …vieux châteaux

F …grandes usines

1 a Écoute et répète:
- l'expression avec *beaucoup*; **Exemple:** beaucoup de collines vertes
- puis la phrase complète. **Exemple:** C'est une région qui a beaucoup de collines vertes.

1 b Écoute (1–5). Note les trois lettres (A–F).
Exemple: 1 B, E, A

Grammaire: *qui* which

- You've seen *qui* = who:
  *j'ai un frère **qui** s'appelle…* **who** is called…
- *Qui* can also mean 'which' or 'that':
  *une région **qui** a beaucoup d'usines*
  a region **which** has a lot of factories
- Use *qui* to make your sentences longer and more varied.

2 a Quiz! C'est quelle région?
Exemple:
 A C'est une région qui a beaucoup de vieux châteaux.
 B C'est la Dordogne.
 A Oui, c'est vrai. C'est ton tour…

2 b Répète l'activité en test-mémoire: Partenaire B ne regarde pas le livre!

la Normandie
la Lorraine
la Vendée
l'Auvergne
la Provence
la Dordogne

2 c Écris six phrases sur la France.
Exemple: La Dordogne, c'est une région qui a beaucoup de vieux châteaux.

10 dix

À Biarritz • 1

J'habite à Biarritz: c'est une grande ville du sud-ouest de la France, près de l'Espagne. C'est une région qui a beaucoup de belles plages et beaucoup de villes historiques. Par contre, il n'y a pas beaucoup de grandes usines, et il n'y a pas trop de pollution. La campagne est belle: j'aime beaucoup les collines vertes et les montagnes. **Estelle**

Les Pyrénées en été

La pelote, un jeu basque

Je suis basque: les Basques habitent dans le sud-ouest de la France et dans le nord de l'Espagne. Je parle basque avec ma famille et avec mes copains. "Bonjour", en basque, c'est "egun on". À l'école ("ikastola"), nos cours sont en basque le matin et en français l'après-midi. **Pantxika**

J'aime beaucoup les sports. Les trois "grands" sports du sud-ouest de la France sont le rugby, le surf et la pelote. La pelote, c'est un jeu basque, un peu comme le tennis ou le squash. Il y a 21 variations de ce jeu!

Biarritz est la capitale européenne du surf, et il y a un grand festival international de surf en juillet. Le premier club français de surf existe à Biarritz depuis 1959. **Fabien**

J'habite à la montagne, dans les Pyrénées. Mon village se situe à 1 000 mètres d'altitude. En été, il fait très chaud, mais en hiver, je vais à l'école en 4X4 parce qu'il y a de la neige sur la route. Je fais du ski depuis l'âge de deux ans. **Sébastien**

3 a Lis le texte d'Estelle. À ton avis, le sud-ouest de la France est une région *touristique* ou *industrielle*? Pourquoi?

3 b Read the other three texts and note in English three facts on:
1 the Basques 2 the Pyrenees
3 sport in south-west France

j'habite dans le sud-ouest de la France
c'est une région qui a beaucoup de…
  collines vertes / belles plages
villes historiques / lieux de vacances
mais qui n'a pas beaucoup de…
  vieux châteaux / grandes usines

4 Écoute (1–5) et prends des notes. Discutez en classe et identifiez la région de *Grande-Bretagne*!

Exemple: sud-est, port, ferry pour la France → le Kent

5 Décris ta région. Ton modèle: le texte d'Estelle.

Exemple:
J'habite à Exeter: c'est une assez grande ville dans le Devon. C'est une région qui…

Stratégies! *Saying what you want to say*

- Ask your teacher for help:

  Madame/Monsieur, c'est quoi en français, forest?

- Note new words for use in the future:

  la forêt (rhymes with: mais) forest

extra! Adapte aussi des expressions des autres textes.

Exemple:
Il y a un grand festival de film en août.

onze 11

1D extra! Un peu de style!

- use structures that will make your French sound better and more individual

Section D in *Voilà 3* will push you to say more, write more, understand more.

Stratégies! *Making your French sound better*

Whatever topic you're talking about, use these words and phrases to make your French more fluent, forceful and individual:

A	**parce que** *because*	J'adore la ville **parce qu**'il y a beaucoup de distractions.
B	**par contre** *on the other hand*	J'aime les pizzas; **par contre** je déteste les spaghettis.
C	**et / mais / ou** *and / but / or*	En été, je vais aller dans le Devon **ou** en Écosse.
D	**qui** *1 who 2 which, that*	C'est un centre sportif **qui** est près de chez moi.
E	**depuis** *for + time*	J'apprends la guitare **depuis** deux ans.
F	**très** *very*	Chez nous, il ne fait pas **très** froid en hiver.
G	**assez** *quite, fairly*	Je suis **assez** sportive.
H	**trop de** *too much*	À mon avis, il y a **trop de** pollution dans ma région.
I	**beaucoup de** *a lot of*	Il y a **beaucoup de** distractions en ville.
J	**pas assez de** *not enough*	Il n'y a **pas assez de** bus le soir et le week-end.

1 📖 Lis les phrases A–J. Puis lis le texte et note des suggestions pour 1–8.

Exemple: **1** depuis

> Je vais au collège ___**1** deux ans. C'est un grand collège ___**2** est en centre-ville. Le collège est ___**3** grand, mais il n'y a ___**4** salles de classe. Les profs sont assez sympa, ___**5** parfois ils sont trop stricts.
> À mon avis, nous avons ___**6** devoirs. J'aime mon collège ___**7** j'ai ___**8** amis ici.

2 a ✏️ Transforme ces phrases (barbantes!) en phrases intéressantes. Écris un minimum de deux expressions (A–J) dans chaque phrase.

Exemple: **1** J'ai un lapin *qui* s'appelle Hopsy; *par contre*, je n'ai pas de chien.

1 J'ai un lapin.
2 Je déteste le jambon.
3 Ma chambre est petite.
4 Il y a une piscine en ville.
5 Je fais du VTT.

2 b 💬 Dans ton groupe, qui a les phrases les plus intéressantes? Compare.

3 ✏️ Regarde la photo. Tu peux inventer six phrases avec les expressions A–J?

Exemple: **1** Je n'aime pas beaucoup danser; par contre, j'adore manger!

Sommaire

À Biarritz • 1

Estelle et Kévin
comment t'appelles-tu?	what's your name?
je m'appelle...	my name is...
c'est quand, ton anniversaire?	when's your birthday?
mon anniversaire, c'est le quinze avril	my birthday is the 15th April
tu habites où?	where do you live?
j'habite à Biarritz	I live in Biarritz
tu as des frères et sœurs?	do you have any brothers and sisters?
j'ai une sœur	I have a sister
j'ai un frère qui s'appelle Kévin	I have a brother who is called Kévin
je suis enfant unique	I'm an only child
tu as un passe-temps?	do you have a hobby?
je fais du judo	I do judo
j'apprends le français	I'm learning French
je joue au badminton	I play badminton
tu joues depuis longtemps?	have you played for a long time?
je joue…	I've played
depuis un an	for a year
depuis un mois	for a month

La ville et la campagne / Town and countryside
j'aime la campagne	I like the countryside
je n'aime pas la ville parce que…	I don't like town because…
il n'y a rien à faire	there's nothing to do
il y a beaucoup de choses à faire	there's a lot to do
il y a beaucoup de magasins	there are lots of shops
par contre	on the other hand
en ville	in town
à la campagne	in the country
il y a trop de pollution	there's too much pollution
il n'y a pas assez de…	there aren't enough…
bus	buses
distractions	entertainments
j'adore le brouhaha	I love the hustle and bustle
je déteste l'odeur de fumier	I hate the smell of manure

Le sud-ouest / The south-west
dans le sud-ouest de la France	in the south-west of France
c'est une région qui a beaucoup de…	it's a region which has a lot of…
collines vertes	green hills
belles plages	lovely beaches
villes historiques	historic towns
lieux de vacances	holiday resorts
mais qui n'a pas beaucoup de…	but which doesn't have a lot of…
vieux châteaux	old castles
grandes usines	big factories

Grammaire
- *depuis* for (a length of time) is used with the present tense.
    J'habite ici depuis un mois. I've been living here for one month.
- expressions with *de* and *à*:
    beaucoup de, trop de, assez de
    il y a beaucoup de choses à faire, il n'y a rien à faire
- *qui* 1 who 2 which / that
    une région qui a beaucoup d'usines a region **which** has a lot of factories

Stratégies!
★ making use of language you've learnt before
★ improving your fluency by using connectives like *parce que* and *par contre*
★ saying what *you* want to say: ask your teacher for help and note new words
★ **extra!** making your French sound better

1 word 2 meanings
assez froid – *quite* cold
assez de bus – *enough* buses

treize **13**

2 La télé et les films

2A À la télé

- discuss different sorts of TV programme
- use *ils* and *elles* to refer to things
- work out the meaning of new words

Une vidéoconférence...
Sadiq (en Angleterre) parle à Kévin (en France).

> J'aime les séries comme *EastEnders*. Par contre, je n'aime pas les émissions de cuisine.

1 a Stratégies! *Understanding new words*

- How many words (A–I) can you work out? It often helps to reverse the word order: *une émission de sport* – a sports programme
- Which dictionary definitions are right here?

1. **émission** *f* 1 (TV) programme 2 emission
2. **cuisine** *f* 1 kitchen 2 cookery
3. **jeu** *m* 1 game 2 TV quiz show
4. **informations** *fpl* 1 news 2 information

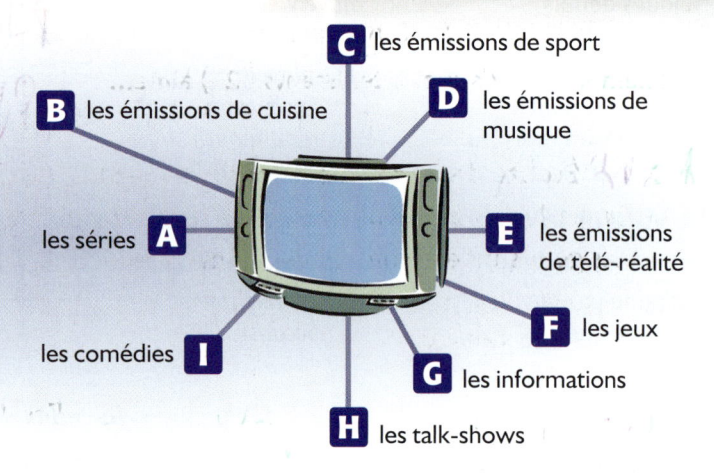

- A les séries
- B les émissions de cuisine
- C les émissions de sport
- D les émissions de musique
- E les émissions de télé-réalité
- F les jeux
- G les informations
- H les talk-shows
- I les comédies

1 b Écoute Sadiq. Il aime 🙂 ou il n'aime pas 🙁 les émissions A–I?

Exemple: A 🙂

2 a Identifie les mots. (Ne regarde pas la liste A–I!)

Exemple: 1 une comédie

1. une cmd
2. une mssn d msq
3. les nfrmtns
4. un tlk-shw
5. une mssn d csn
6. un j
7. une mssn d sprt
8. une sr
9. une mssn d tl-rlt

2 b A dit un type d'émission; B donne un exemple, sans hésitation!

Exemple:
A Donne-moi une émission de sport.
B *Grandstand*.

2 c Quiz! Identifie l'émission.

Exemple:
A C'est une série qui passe le lundi à 19h30 et à 20h30.
B C'est *Coronation Street*.

qui passe – which is on

14 quatorze

La télé et les films • 2

3 a 📖 Regarde le graphique et devine: quel pourcentage représente quel équipement?

- **a** un lecteur de DVD
- **b** un magnétoscope
- **c** un téléviseur
- **d** le satellite/le câble

L'équipement télévisuel en France
Le pourcentage des Français qui ont cet équipement

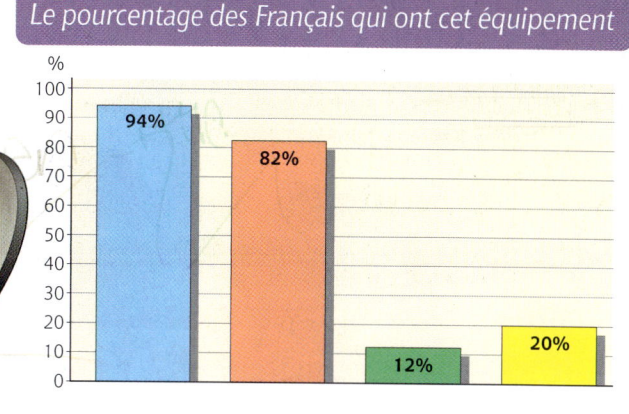

94%, 82%, 12%, 20%

3 b 💿 Écoute et vérifie.

3 c 💿 Écoute et note le pourcentage de personnes qui ont le satellite/le câble…

- **a** au Benelux
- **b** en Grande-Bretagne
- **c** en Scandinavie
- **d** en Allemagne

4 a 💿 Écoute et lis le dialogue.
1 Qui aime les talk-shows? Pourquoi?
2 Qui n'aime pas les émissions de sport?
3 Est-ce que Sam aime les comédies?

4 b ✏️ Recopie dix opinions.

Exemple: 1 Ils sont intéressants. 2 J'aime…

4 c 💿 Écoute des dialogues similaires (1–5).
- On parle de quels types d'émission?
- Les gens sont d'accord: oui ou non?

Exemple: 1 les séries – oui
les jeux – …

Une discussion sur les émissions

Ben Tu aimes les talk-shows, toi?

Sam Ça dépend. Parfois ils sont intéressants. J'aime *Jonathan Ross*, par exemple. Et toi? Tu aimes les talk-shows?

Ben Non, pas vraiment. Ils sont souvent trop longs. Par contre, j'aime les émissions de sport comme *Match of the Day*.

Sam Moi, je déteste les émissions de sport!

Ben Pourquoi?

Sam Parce qu'elles sont barbantes!

Ben Tu préfères les jeux?

Sam Non, je préfère les comédies comme *Only Fools and Horses*. Ça, c'est une comédie super – très amusante!

Ben En général, à mon avis, les comédies qui passent à la télé sont nulles!

4 d 💬 Joue, puis adapte le dialogue. Donne tes opinions.

Grammaire: *ils, elles + adjectif*
- ***ils sont*** (they are) refers to masculine nouns: *Les jeux?* **Ils** *sont barban**t**s*.
- ***elles sont*** (they are) refers to feminine nouns: *Les séries?* **Elles** *sont barban**t**es*.

Remember to add -**s** for masculine plural, -**es** for feminine plural.
Note: 1 extra **l** in *elles sont nulles* 2 no change: *ils / elles sont* **super**

5 ✏️ Écris tes opinions sur quatre types d'émission.

extra! Huit types d'émission!

Exemple:
Moi, j'aime… : ils/elles sont…
Par contre, je déteste… parce qu'ils/elles sont…

moi, j'aime… / j'adore…	
les talk-shows *m* / les jeux *m* / les séries *f* / les comédies *f* / les informations *f* les émissions *f* de cuisine, de sport, de musique, de télé-réalité	
tu aimes les séries, toi?	non, pas vraiment
j'aime les *comédies* comme…	
par contre, je déteste les *jeux* parce qu'*ils* sont…	
en général,	ils sont barbants / amusants / super… elles sont intéressantes / nulles…

quinze 15

2B Opinions sur la télé

- exchange views about TV
- comment on French TV listings

1 Génial! On passe *Crimes Domestiques* ce soir.

2 Pas pour toi, Kévin. Il y a trop de violence.

3 Oui, il y a trop de violence à la télé. Et trop de gros mots aussi. C'est affreux!

4 Tu exagères, maman! Ce n'est pas vrai: il n'y a pas beaucoup de violence. Par contre, il y a trop de publicités, à mon avis.

5 Oui, c'est vrai. Et il n'y a pas assez de films policiers. Moi, je veux regarder *Crimes Domestiques*!

gros mots – *bad language*
publicités – *adverts*

1 a Écoute et lis la discussion.
Tu es d'accord avec **a** M. Cassou? **b** Mme Cassou? **c** Estelle?

1 b En groupe. Lisez la discussion, avec passion!

2 a Regarde la grille. Écris six phrases avec ton opinion.

Exemple: À mon avis, il y a trop d'émissions de cuisine à la télé.

| à mon avis, | il y a
il n'y a pas | beaucoup de
trop de
assez de | violence
gros mots
publicités
séries, etc. | à la télé |

c'est vrai *that's true*
tu rigoles! *you're joking!*

2 b Discute de la télé avec ton/ta partenaire.

Exemple: A À mon avis, il y a trop de jeux à la télé.
B Oui, c'est vrai. Ils sont barbants.
ou
Tu rigoles! À mon avis, il n'y a pas assez de jeux.

extra! *Idées:*

J'aime les… comme…

Il n'y a pas de gros mots *avant* neuf heures: *après*, c'est différent.

Tu as vu la publicité pour…? C'est vraiment amusant.

◀ **Stratégies!** *Saying more*

Flex your French muscles! Don't be limited by the examples in the book: you can often say much more. Have a go!

16 seize

La télé et les films • 2

3 a 🔘 Écoute (1–4). On parle de quel thème (A–C)?

A combien d'heures de télé? **B** types d'émission **C** la télé est où?

3 b 🔘 *extra!* Réécoute. Note deux détails pour chaque conversation.

4 a 📖 Lis le guide: recopie le nom…
1 d'une série
2 d'un documentaire
3 d'un jeu
4 d'une émission de sport
5 des informations

Télé Notre sélection pour cette semaine…

TF1

Le bigdil
lundi 18h00
jeu

Dawson
vendredi 17h10
série américaine
Pacey revient au lycée après une semaine d'exclusion…

Sous le soleil
samedi 17h50
série française ⭐⭐
Aurélie a préparé son mariage et décide de l'annoncer à son père. Maxime est furieux.

Grand prix des États-Unis
dimanche 18h45
émission de sport: Formule 1

france 2

Fête de la musique
lundi 20h55
le rappeur populaire, MC Solaar, des stars canadiennes, anglaises et brésiliennes: embarquez pour la nuit la plus chaude de l'année!

Le monde de l'Amazone
mercredi 21h35
documentaire: ⭐⭐⭐
les animaux, la forêt, le climat. Extraordinaire!

Journal
tous les jours 20h00
informations

france 3

Allez France
lundi 15h00 ⭐⭐
comédie: un supporter de rugby français arrive à Londres lors du tournoi des Six Nations

TO3
lundi 16h35
émission pour les jeunes

Meurtres
vendredi 15h00 ⭐⭐
téléfilm: thriller

4 b 🔘 Écoute et lis cet exemple, puis discute du guide.

A Qu'est-ce que tu veux regarder?
B Moi, j'aimerais regarder *Dawson*. C'est *une série*.
A C'est quand?
B *Vendredi*, à *17h10*, sur *TF1*.
A Ah non! Je n'ai pas envie. Moi, j'aimerais regarder *Meurtres*…

j'aime regarder – *I like to watch*
j'aimerais regarder – *I'd like to watch*

4 c ✏️ Écris tes opinions.

J'aimerais regarder… parce que…
Je n'aimerais pas regarder…

dix-sept 17

2C Les films

- understand film reviews
- learn more about adjectives
- give a presentation

A C'est un **film**…
p plein d'action
q plein de suspense

B L'**histoire** est…
r barbante

C Les **acteurs principaux** sont…
s géniaux
t médiocres

D Les **effets spéciaux** sont…
u superbes
v nuls

E La **musique** est…
w géniale

F La **fin** est vraiment…
x hilarante
y stupide
z passionnante

1 a Détective de langue! C'est quoi en français?
1 *full of suspense*
2 *the story*
3 *the main actors*
4 *brilliant*
5 *the special effects*
6 *the end*
7 *hilarious*
8 *exciting*

1 b Écoute les critiques (1–5). Note les catégories (A–F).
Exemple: 1 B, D

1 c Réécoute. Note les opinions (p–z).
Exemple: 1 **r** barbante, **t** médiocres

1 d Écoute les critiques complètes (1–4). Peux-tu identifier les films?

2 a Lis les articles. Le critique 1 aime 2 n'aime pas quels aspects des *deux* films?
Exemple: *Voyage vers Mars*: 1 Le critique aime l'histoire, la musique et… 2 Il n'aime pas…

Voyage vers Mars 👎

L'histoire d'une mission sur Mars est passionnante, mais le film est trop long et trop compliqué. Il n'y a jamais assez de suspense parce que les acteurs principaux sont médiocres.

Par contre, la musique est fantastique, et les effets spéciaux sont vraiment superbes.

Lis le livre: il est plus intéressant que le film!

Ma mère Célestine 👍👍

L'histoire d'une orpheline qui travaille chez une femme qui s'appelle Célestine est hilarante. La fin du film est stupide, et la musique est trop répétitive. Mais les actrices principales sont superbes, et le film est plein de situations hilarantes. J'ai beaucoup aimé ce film.

2 b Écoute et lis les textes. Il y a une différence? Lève la main.

2 c Lis les textes: A une phrase, B une phrase. Attention à la prononciation!

La télé et les films • 2

3 Recopie et complète les adjectifs avec *-aux* ou *-ants*.

Exemple: **1** les acteurs principaux

1. les acteurs princip-
2. des films passionn-
3. des acteurs amus-
4. des effets spéci-
5. des contextes intéress-
6. des CD barb-
7. des acteurs géni-
8. des effets hilar-

| -aux |
| -ants |

4 Grammaire: *adjectifs au pluriel*

Adjectives ending in *-al* change to **-aux** in the masculine plural:

un effet spéci**al** → les effets spéci**aux**

- Write the singular of *géniaux* and *principaux*.

- Can you tell your partner the usual rules about adjectives in the
  a feminine singular **b** masculine plural **c** feminine plural?
- Check in the *Grammaire* (p. 136).
- To practise, use these nouns: le film | la fin | les effets spéciaux
  with the following adjectives: *hilarant – stupide – nul – passionnant*.

  Exemple: **1 Le film est hilarant; la fin est hilarante; les effets spéciaux sont…**

c'est un film plein d'action / de suspense		j'ai beaucoup aimé ce film
le film / la fin la musique / l'histoire	est vraiment	génial(e) / passionnant(e) / barbant(e) stupide / fantastique / superbe / hilarant(e) nul (nulle)
les acteurs principaux les effets spéciaux	sont	géniaux / passionnants / barbants nuls / médiocres / fantastiques

5 Stratégies! *Giving a presentation*

Your task: you are a film reviewer for a radio programme.

Step 1 Choose a film. Make notes on it, using language from exercise 1.
Example: Matrix, *c'est un film passionnant.*

Step 2 Use words like *vraiment*, *assez* and *très* to fine-tune your comments.
Example: Matrix, *c'est un film **vraiment** passionnant.*

Step 3 Use or adapt any other useful phrases from the reviews in exercise 2.
Example: J'ai beaucoup aimé ce film. Le film est plein de situations ~~hilarantes~~ **passionnantes**.

Step 4 Ask your partner to check your notes.
Then write your corrected sentences as a full text.

Step 5 Practise saying your review aloud. Read it to your partner, or record yourself and listen. How can you sound more French? Then practise from memory.

OK? Give your presentation.

extra! Saying more

Flex your French muscles again!
- Use language from earlier units,
- Use the dictionary.

dix-neuf 19

2D extra! La critique d'un film

- summarise the plot of a film
- experiment, using language you know, and the dictionary if necessary

Stratégies! Preparing to say more

Your task: to summarise the plot of a film

Here is a sample summary. The thinking behind it is shown in points 1–5.

1 📖 **Lis le résumé du film *Casablanca* et les notes (1–5).**

1 *que*: see *Grammaire* below.

3 You'll need to look up some words, e.g.

take place *v se passer*

The *-er* ending shows the verb takes the *-e*, *-es*, *-e* endings.

4 Draw on language you've met before, e.g. *pendant les vacances* (so 'during' is *pendant*).

Casablanca

Casablanca est un film d'action classique. C'est un film **que** j'aime beaucoup et que **j'ai vu** souvent.

Humphrey Bogart joue le rôle du héros américain, Rick, et Ingrid Bergman (une actrice que j'adore!) est l'héroïne, Ilsa. L'histoire **se passe** à Casablanca, au Maroc, en 1940, **pendant** la Deuxième Guerre Mondiale.

Rick aime Ilsa, mais Ilsa est mariée avec Victor Laszlo, un chef de la résistance contre les Nazis. Laszlo doit quitter le Maroc et aller aux États-Unis. Est-ce que Rick **va aider** Laszlo, oui ou non?

C'est un vieux film en noir et blanc, mais c'est une histoire pleine de suspense, et la fin est vraiment passionnante.

2 When using the past tense, remember *avoir* + past participle (e.g. *j'ai vu*).

5 To refer to the future, use *aller* + infinitive (e.g. *il va aider...*)

Grammaire: *qui* and *que*

qui and *que* both mean 'who', 'which' or 'that'.

qui is followed by a verb:	*que* is followed by a noun or pronoun:
un film **qui** est trop long	un film **que** j'aime
a film **that** is too long	a film **that** I like

2 ✏️ **Écris en français:**
1 a programme that I hate
2 an actress who is French
3 a story that is very exciting
4 a comedy which I want to watch

3 ✏️ **Écris le résumé d'un film que tu as vu.**

Stratégies! Daring to say more

- Adapt some sentences from the *Casablanca* text: ~~Bogart~~ joue le rôle du héros ➔ *Brad Pitt joue le rôle du...*
- Draw on language you've met before and use the dictionary if you need to.
- Don't be afraid of making mistakes, that's how you learn. **Have a go!**

Sommaire

La télé et les films • 2

La télé et les films
tu aimes...?
moi, j'aime...
j'adore...
je déteste...
    les séries *f*
    les talk-shows *m*
    les jeux *m*
    les informations *f*
    les comédies *f*
    les émissions *f*
        de cuisine
        de sport
        de musique
        de télé-réalité
comme...
et toi?
pas vraiment
par contre
parce que
en général
les jeux? ils sont...
    barbants
    amusants
    super
les séries? elles sont...
    intéressantes
    nulles

Opinions sur la télé
à mon avis
il n'y a pas assez de comédies
il y a
beaucoup de

TV and films
do you like...?
as for me, I like...
I love...
I hate...
    series/soaps
    talk shows
    game shows
    the news
    comedies

    cookery programmes
    sports programmes
    music programmes
    reality TV shows
like...
what about you?
not really
on the other hand
because
in general
game shows? they're...
    boring
    fun/funny
    great
soaps? they're...
    interesting
    rubbish

Opinions about TV
in my opinion
there aren't enough comedies
there are / there is
lots of

---

trop de
    violence
    gros mots
    publicités
à la télé
c'est vrai
tu rigoles!

Les films
c'est un film...
    plein d'action
    plein de suspense
la fin
la musique
l'histoire *f*
    est vraiment...
    géniale
    passionnante
    fantastique
    superbe
    hilarante
    stupide
    barbante
    médiocre
    nulle
les acteurs principaux
les effets spéciaux
    sont...
        géniaux
        nuls
        superbes
j'ai beaucoup aimé ce film

too many / too much
    violence
    bad language
    adverts
on TV
that's true
you're joking!

Films
it's a film...
    full of action
    full of suspense
the end
the music
the story
    is really...
    brilliant
    exciting
    fantastic
    superb
    hilarious
    stupid
    boring
    mediocre
    rubbish
the main actors
the special effects
    are...
        brilliant
        rubbish
        superb
I liked this film a lot

Grammaire
- **ils sont** (they are), **elles sont** (they are) referring to masculine/feminine nouns
- adjectives: add **-s** for masculine plural, **-es** for feminine plural
  exceptions: *elles sont nul**les**; elles sont super; des effets spéci**aux***
- **qui** = 'who/which/that' followed by a verb: *un frère **qui** s'appelle Jack*
  que = 'who/which/that' followed by a noun or pronoun: *un film **que** j'aime*

Stratégies!
★ working out the meaning of new words from the context, by reversing word order, by picking the right dictionary definition
★ making up your own sentences, daring to say more, having a go
★ giving a presentation

1 word 2 meanings
note **les informations** – note **the information**
je regarde **les informations** – I watch **the news**

vingt et un **21**

Révision: unités 1 et 2

Stratégies! *Preparing for your assessment*

- Look back at the *Sommaire* pages for unit 1 (p. 13) and unit 2 (p. 21) and check to see which words you can remember. (This is much easier with a partner.)
- Then focus on the ones you *can't* remember:
  – Write out up to ten words or phrases you can't remember.
  – Ask your partner to test you *on these words only*.

1 a Écris huit questions complètes.

Exemple: **1 Comment t'appelles-tu ?**

1 comment / tu ?
2 quand / anniversaire?
3 frères / sœurs?
4 as / passe-temps?
5 tu fais ça / longtemps?
6 habites / où?
7 aimes / émissions / sport?
8 trop / violence / télé?

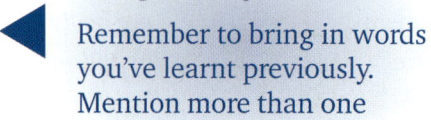

1 b Joue le dialogue: donne *tes* réponses.

2 Écoute le dialogue. On mentionne quels sujets (A–J)?

Exemple: A, …

Stratégies!
Giving more information

Remember to bring in words you've learnt previously. Mention more than one hobby.

3 a Lis l'article et réponds en français.

Exemple: **1 Oui. Le film est…**

1 *Monsieur Gilbert* est un bon film? Pourquoi?
2 Monsieur Gilbert habite où?
3 C'est une belle région? Pourquoi?

3 b Réponds en anglais.

1 Which of the following does M. Gilbert **not** like?
   a shops
   b the countryside
   c cookery programmes
   d the hustle and bustle in town
2 What is his ambition?

Monsieur Gilbert est un film plein de suspense, et la fin est hilarante. Les acteurs principaux sont superbes, et l'histoire est passionnante.

C'est l'histoire d'un prof de maths qui habite dans le sud de la Belgique. C'est une région industrielle qui a beaucoup de grandes usines et beaucoup de pollution. Monsieur Gilbert n'aime pas son collège, il n'aime pas le brouhaha de la ville, il n'aime pas les magasins.

Par contre, il adore la télé (en particulier, les émissions de cuisine!). Et il a une ambition: il veut participer à une émission de télé-réalité. Il a beaucoup d'aventures et beaucoup de problèmes!

Musique et chansons

Georges Bizet 1838–1875

C'est Georges Bizet qui a composé la musique de *Carmen*, un opéra plein d'action, de suspense et de chansons célèbres. C'est l'opéra le plus joué au monde. Malheureusement, Georges Bizet est mort à l'âge de trente-sept ans, trois mois après l'énorme succès de *Carmen*.

Alizée 1984–

Alizée est née au bord de la mer, à Ajaccio, en Corse. Révélation française aux M6 Awards et NRJ Music Awards, elle a chanté en Europe, au Canada, en Russie, en Corée, en Thaïlande et au Japon. En deux ans, elle a vendu plus de quatre millions de CD. Ses chansons, écrites par Mylène Farmer, sont souvent en tête des hit parades italiens, espagnols, allemands, polonais, hollandais ou russes. Elles parlent de l'adolescence: l'amour, les doutes…

Édith Piaf 1915–63

Edith Piaf est une chanteuse légendaire qui a eu un succès phénoménal dans les années 30, 40 et 50. Elle écrivait ses propres chansons. Beaucoup, comme "La vie en rose" ou "Je ne regrette rien", sont encore très populaires aujourd'hui. Edith Piaf a commencé à chanter dans les rues de Paris, où son père était acrobate. Son vrai nom était Edith Gassion, mais Piaf veut dire "petit oiseau". En octobre 2003, le Maire de Paris a inauguré une statue de la chanteuse, tout près de l'hôpital où elle est née.

Maurice Ravel 1875–1937

Né au pays basque, Maurice Ravel avait quatorze ans quand il est entré au Conservatoire de Paris pour étudier la musique. Il a écrit de la musique classique pour piano et orchestre. Son morceau le plus célèbre est probablement le "Boléro", écrit en 1928. C'est un ballet pour orchestre.

1 🎵 Écoute les deux extraits et identifie les musiciens.

2 📖 Lis les textes, puis identifie chaque personne. Qui… ?
1 est née en Corse?
2 a une statue à Paris?
3 est né au pays basque?
4 avait un père acrobate?
5 a composé un opéra très populaire?
6 a composé un célèbre ballet pour orchestre?
7 parle de l'adolescence dans ses chansons?
8 a étudié la musique au Conservatoire de Paris?

3 📖 *Note in English three facts about each of the four musicians.*

malheureusement – *unfortunately*
en tête – *top*
écrivait – *wrote*
un oiseau – *bird*
propres – *own*
le Conservatoire – *Academy of Music*
étudier – *to study*

vingt-trois 23

3 Une excursion

3A Au parc d'attractions

- describe a trip to a theme park
- use the past tense
- recognise word patterns

Samedi dernier, Estelle et Kévin sont allés dans un parc d'attractions.

Samedi dernier, je suis allée dans un parc d'attractions avec Kévin. J'ai pris beaucoup de photos. Le matin, j'ai fait un tour sur les autos tamponneuses. C'était hilarant!

À midi, j'ai mangé trois hot-dogs et j'ai bu deux cocas. Après ça, j'ai fait un tour sur le bateau renverseur, et j'ai eu mal au cœur!

J'ai eu mal au cœur – I felt sick (= I had nausea)

L'après-midi, j'ai fait un tour sur le "Grand Méga": c'est un roller coaster géant. C'était terrifiant et j'ai eu la frousse!

j'ai eu la frousse – I was scared stiff

Après ça, j'ai acheté de la barbe à papa, et puis j'ai retrouvé mon frère dans la boutique. J'ai acheté des cadeaux pour maman et papa. J'ai dépensé tout mon argent!

J'ai dépensé tout mon argent – I spent all my money

1 a Écoute et lis. Le parc, c'était amusant?

1 b Écris les huit phrases en français et en anglais.

Exemple: J'ai fait un tour sur le roller coaster.   *I went on the roller coaster.*

1 J'ai fait un tour sur...   } la frousse.
2 J'ai pris...   mon frère.
3 J'ai retrouvé...   le roller coaster.
4 J'ai eu...   beaucoup de photos.

5 J'ai bu...   } tout mon argent.
6 J'ai dépensé...   deux cocas.
7 J'ai acheté...   mal au cœur.
8 J'ai eu...   de la barbe à papa.

1 c Lis le texte: A une phrase; B une phrase. Attention à la prononciation!

24   vingt-quatre

Une excursion • 3

2 a Grammaire: *le passé* the past tense
- Working with a partner, remind yourselves of the rules about the past tense.
- So how would you say: **a** I ate **b** I took **c** I played?
- How is the French for 'I went' different?

Check your answers in the *Grammaire* (p. 40).

2 b Choisis des verbes du texte de la page 24 pour compléter les phrases.

Exemple: 1 *J'ai mangé (ou J'ai acheté)* un paquet de chips.

1 ... un paquet de chips.
2 ... mes amis.
3 ... 15 euros.
4 ... un jus d'orange.
5 ... des cartes postales.
6 ... deux photos.
7 ... un sandwich au fromage.
8 ... un tour sur le bateau renverseur.
9 ... beaucoup d'argent.

2 c extra! Trouve deux autres possibilités pour les verbes 1–5.

Exemple: J'ai mangé du chocolat/un hamburger.

3 Lis les textes.

Qui... **a** a aimé la Roue?
b n'a pas aimé la Roue?

> Je suis allé au SuperParc, et j'ai trouvé la Roue Inclinable vraiment médiocre. Vous êtes d'accord? – *Ahmed*
>
> Tu rigoles, Ahmed! La Roue est géniale: j'ai vraiment eu la frousse, moi. C'était super bien. – *Pauline*
>
> À mon avis, Ahmed a raison. La Roue Inclinable n'est pas géniale, et en plus, la queue est trop longue. – *Noémie*
>
> C'est vrai, et elle n'est pas très grande, non plus! – *Marc*
>
> J'ai fait un tour sur la Roue et c'était terrifiant! Ma copine et moi, nous avons adoré ça. – *Jojo*

4 Écoute les conversations (1–5). Les deux personnes sont d'accord: oui ou non?

sont d'accord – agree (are in agreement)

samedi dernier, je suis allé(e) dans un parc d'attractions						
le matin,	j'ai	pris	beaucoup de photos	j'ai	eu	mal au cœur
à midi,		fait	un tour sur…		eu	la frousse
après ça,		acheté	des cadeaux pour…		bu	deux cocas
l'après-midi,		acheté	de la barbe à papa		mangé	trois hot-dogs
et puis		dépensé	tout mon argent		retrouvé	mon frère
c'était		amusant / terrifiant / hilarant…				

5 Une présentation: une journée dans un parc d'attractions.
- Écris ton texte: tu peux inventer les détails!
  extra! Trouve des mots utiles dans l'exercice 3.
- Ton/Ta partenaire corrige le texte.
- Répète ton texte à l'oral. Attention à la prononciation!
- Donne ta présentation. Bonne chance!

Stratégies! *Word patterns*

The **-ant** ending often corresponds to **-ing** in English:
intéressant = interesting
terrifiant = ?

vingt-cinq **25**

3B La boutique du parc

- buy things at a gift shop
- use the right words for 'this', 'these', 'it' and 'them'
- report information

C'est combien... ?

6,90€  — 4,50€ — 19,50€ — 9,90€

| ce porte-monnaie | ce bloc-notes | cet appareil-photo | cet album de photos |
| cette carte postale | cette bague | ces bics | ces bonbons |

0,50€ — 6,60€ — 1,99€ — 1,25€

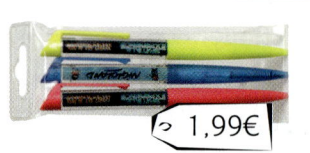

1 a Écoute les conversations 1–8. Les prix sont corrects: oui ou non?

Exemple: **1 oui**

1 b A demande le prix; B dit le prix.

Exemple: **A** C'est combien, ces bics?
B Un euro quatre-vingt-dix-neuf.

2 a Écoute et lis (1–3). Note les détails A–D.

1
– Pardon, monsieur. C'est combien, *cet* appareil-photo?
– C'est vingt euros cinquante.
– Je le trouve bien. *Je le prends*.
– Voilà. C'est tout?
– Oui, c'est tout. Merci, monsieur.
– Tu n'as pas **A** centimes?
– Non, je regrette.

2
– Pardon, madame. C'est combien, *cette* bague?
– C'est **B**.
– *Je la prends*: je la trouve super.
– Voilà. Et avec ça?
– Je prends aussi ce bloc-notes.
– C'est 12 euros.
– Voilà, madame. Au revoir.

3
– Pardon, **C**. C'est combien, *ces* bics?
– C'est deux euros soixante.
– Je les trouve bien. *Je les prends*.
– Voilà. C'est tout?
– Oui, c'est tout. Merci, monsieur.
– Tu n'as pas **D** centimes?
– Voilà, monsieur.

2 b Stratégies! **Détective de langue**

je le prends = I'll take it
- Can you work out the meaning of *je la prends* and *je les prends*?
- Why are there three different forms in French?

2 c Joue les trois dialogues.

26   vingt-six

Une excursion • 3

Grammaire: how gender affects the sentence

	the	this/these	it/them
masculine	**le** bloc-notes	c'est combien, **ce** bloc-notes? c'est combien, **cet** appareil-photo?*	je **le** prends
feminine	**la** bague	c'est combien, **cette** bague?	je **la** prends
m & f plural	**les** bics	c'est combien, **ces** bics?	je **les** prends

* Use *cet* if the word that follows begins with *h* or a vowel.

3 Écris les phrases (1–8). Change les mots en rouge.

C'est combien, cette carte postale?
Je la trouve bien. Je la prends.

Exemple: 1 C'est combien, *ce porte-monnaie*?
Je *le* trouve bien. Je *le* prends.

casquette f   boucles d'oreille pl   réveil m

4 Écoute (1–5). Tu vas rapporter les détails.
- Note les détails principaux.
  Exemple: 1 🚹, bague, 200€
- Rapporte les détails en écrit.
  Exemple: 1 L'homme a acheté une bague à 200€.

Stratégies! *Reporting information*
When reporting, you'll need to use language that you don't actually hear.
- In this case, you'll need:
  l'homme – *the man*   la femme – *the woman*
  a acheté – *bought*   à – *for, at the price of*

5 Invente quatre dialogues dans un magasin.

pardon, monsieur/madame
c'est combien, *cette bague*?
je *la* trouve bien. je *la* prends
oui, c'est tout. merci
non, je regrette

c'est... euros
voilà. c'est tout?
tu n'as pas 50 centimes?
au revoir

6 📖 extra! *Read the article.*
1 *Outline the two reasons why leisure parks are becoming more and more popular.*
2 *What sort of visits are now less popular than before?*

Les parcs d'attractions

Les parcs d'attractions sont de plus en plus populaires. Pourquoi? Une raison est que beaucoup de familles ne prennent pas de longues vacances: elles préfèrent les week-ends prolongés.

Une deuxième raison: les familles préfèrent l'aventure et l'amusement de ces parcs. Les attractions traditionnelles (par exemple les monuments historiques) sont moins intéressantes et moins populaires. Disneyland Paris accueille maintenant deux fois plus de visiteurs que la tour Eiffel!

G. Mermet, *Francoscopie 2003* © Larousse 2002

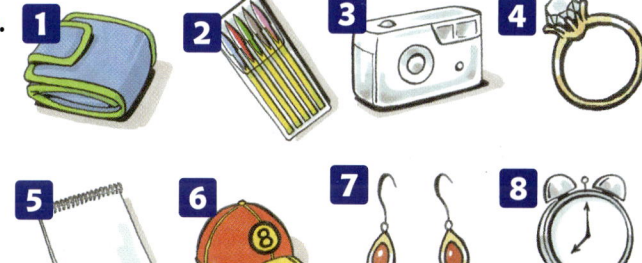

3C Une excursion désastreuse

- describe a day out that went wrong
- use the past tense
- work out the meaning of new phrases

A Dimanche dernier, ma famille et moi, on a fait une excursion en voiture.

1 a Stratégies!

Working out the meaning

You know *il pleut*
= it rains
So *il a plu (passé!)* = ?

c'est tout?
= is that all?
toute la journée
= ? day

mauvais = bad
(*il fait mauvais* = it's bad weather)
So was dad in a good or bad mood?

B Il a plu toute la journée.

C Et papa était de mauvaise humeur!

How can you tell that *a perdu* is a verb in the past tense?

Now look at the picture: can you see what *a perdu* must mean?

D L'après-midi, maman a perdu son porte-monnaie.

E Et puis, ma petite sœur a vomi dans la voiture. Berk!

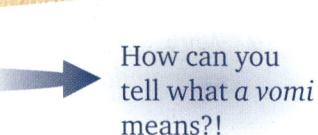

How can you tell what *a vomi* means?!

1 b 🎧 Écoute et lis. Puis dis le texte en anglais avec ton/ta partenaire.

1 c ✏️ Recopie les phrases A–E, mais change un élément dans chaque phrase.

Exemple: **B** Il a *beaucoup* plu. → *L'après-midi*, il a plu.

1 d 💬 Lis tes phrases de l'exercice 1c à ton/ta partenaire. Il/Elle identifie l'élément différent.

Exemple: **A** Il a beaucoup plu.
B Beaucoup!

ma famille et moi,	on a fait une excursion
papa	était de mauvaise humeur
maman	a perdu *son porte-monnaie*
ma petite sœur	a vomi
il a plu	toute la journée

28 vingt-huit

Une excursion • 3

2 Recopie et complète chaque phrase avec le même verbe.

Exemple:
1 J'ai eu mal au cœur et ma sœur a eu la frousse.

1 J'ai eu mal au cœur et (**ma sœur / la frousse**).
2 J'ai acheté une pizza et puis (**on / des frites**).
3 Anne a pris une photo et toi, (**tu / 6 photos**).
4 Tu as bu un coca et (**maman / un thé**).
5 Éric a dépensé 15€ et moi, (**je / 50€**).
6 J'ai perdu mon stylo (**tu / ton livre**).

Grammaire: *le passé avec je, tu, il / elle / on*

To form the past tense, use **avoir** + past participle:

j'**ai** perdu	I lost
tu **as** perdu	you lost
il/elle/on **a** perdu	he/she/we lost

- *on* can mean 'people'/'they' (e.g. *on roule à droite* – they drive on the right)
- *on* can also mean 'we' (e.g. *on a joué* – we played)
So *on a joué* = *nous avons joué*.

Une excursion à Carcassonne

Dimanche dernier, mes parents, mon frère et moi, on a fait une excursion en voiture à Carcassonne. Carcassonne est une belle ville historique, assez loin de chez nous.

Mais on n'a pas eu de chance: il a plu tout l'après-midi. Et en plus, mon frère était de mauvaise humeur toute la journée, parce qu'il a horreur des excursions en famille. Il préfère jouer à ses jeux vidéo (il préfère la réalité virtuelle!).

À midi, on a déjeuné dans un restaurant dans le centre-ville. Mais le déjeuner a coûté très cher et ce n'était pas bon. Et puis, le chien a vomi sous la table. C'était vraiment embarrassant!

L'après-midi, on a visité la vieille ville. Carcassonne, c'est très beau, et les murailles sont vraiment photogéniques, mais j'ai perdu mon appareil-photo et je n'ai pas pris de photos. Je voudrais retourner à Carcassonne un jour: je voudrais prendre un tas de photos.

Estelle

Les murailles de Carcassonne

3 a Lis la description. Imagine: tu es Estelle. Réponds aux questions.

1 Tu as fait une excursion avec qui? — *J'ai fait une excursion avec...*
2 Il a fait beau? — *Non, il a...*
3 Ton frère était de mauvaise humeur. Pourquoi? — *Parce qu'il...*
4 Il y a eu un problème au restaurant? — *Oui! Le chien...*
5 Qu'est-ce que vous avez fait l'après-midi? — *On a...*
6 Tu as pris beaucoup de photos? — *Non, parce que...*

3 b A ferme son livre et joue le rôle d'Estelle. B pose les questions 1–6.

4 Écoute (1–4). Note:
a la destination de l'excursion **b** deux problèmes.

Exemple: 1 **a** un château **b** perdu son porte-monnaie; ...

5 Décris une excursion désastreuse. *De l'imagination, s'il te plaît!*

Stratégies! *Using a variety of language*

- Copy and/or adapt phrases from Estelle's text.
- **extra!** Include two sentences *not* based on Estelle's text (e.g. *Maman a acheté un pull horrible!*).

vingt-neuf 29

3D extra! Une anecdote amusante

- practise the past tense with *nous, vous, ils* to tell an anecdote
- learn how to find new past participles in a dictionary
- experiment with language as you tell your own anecdote

Grammaire: *le passé*

j' **ai**	nous **avons**	+ **participe passé**
tu **as**	vous **avez**	
il/elle/on **a**	ils/elles **ont**	

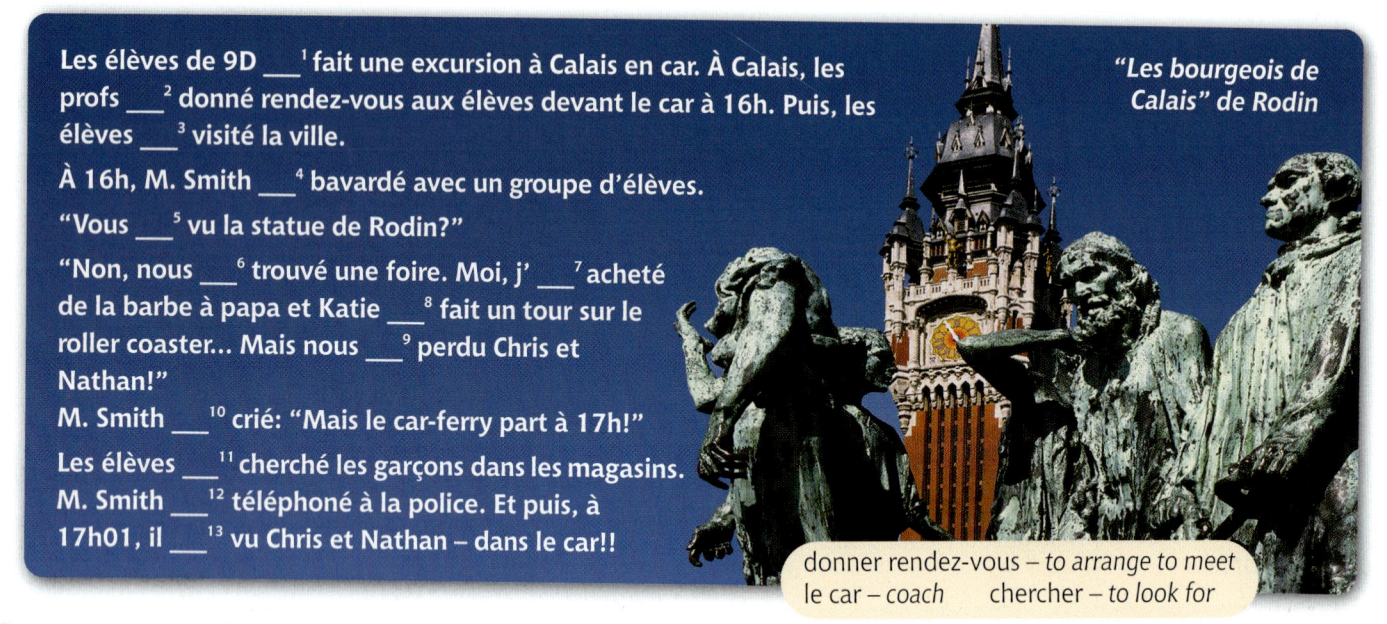

1 Écris les formes correctes du verbe *avoir*.

Exemple: 1 Les élèves de 9D *ont* fait

Les élèves de 9D ___¹ fait une excursion à Calais en car. À Calais, les profs ___² donné rendez-vous aux élèves devant le car à 16h. Puis, les élèves ___³ visité la ville.

À 16h, M. Smith ___⁴ bavardé avec un groupe d'élèves.

"Vous ___⁵ vu la statue de Rodin?"

"Non, nous ___⁶ trouvé une foire. Moi, j' ___⁷ acheté de la barbe à papa et Katie ___⁸ fait un tour sur le roller coaster... Mais nous ___⁹ perdu Chris et Nathan!"

M. Smith ___¹⁰ crié: "Mais le car-ferry part à 17h!"

Les élèves ___¹¹ cherché les garçons dans les magasins. M. Smith ___¹² téléphoné à la police. Et puis, à 17h01, il ___¹³ vu Chris et Nathan – dans le car!!

"Les bourgeois de Calais" de Rodin

donner rendez-vous – *to arrange to meet*
le car – *coach*   chercher – *to look for*

2 Écris les verbes au passé.

Exemple: 1 Le car a quitté

Mardi, on a fait une excursion à Alton Towers. Le car (**1** *leave* quitter) le collège à 8h. Mme Geary (**2** *insist* insister): "Ne mangez pas de bonbons! Si vous avez mal au cœur, c'est votre problème!"

Une heure plus tard, Kylie (**3** *be sick* vomir) dans le car. C'était horrible! Mme Geary (**4** *have to* devoir) nettoyer Kylie avec un Kleenex. Berk!

Les élèves (**5** *spend* passer) la journée dans le parc. Après, dans le car, Mme Geary (**6** *say* dire): "Si vous avez mal au cœur, il faut le dire immédiatement!" Et les élèves (**7** *laugh* rire).

Stratégies! *Using the dictionary*

- If the infinitive ends *-er*, the past participle ends *-é*.

  leave *v* quitter → le car **a** quitt**é**...

- Discuss with your teacher where and how *your* dictionary shows the past participles of other verbs, for example next to the infinitive or in a list on a different page.

Stratégies! *A mega-challenge!*

If you're writing to a French friend, you won't always be sure of the right words and grammar. But you still want to get your message across, even if you risk making mistakes.

That's what you're practising here. Use a dictionary, take a risk – have a go!

3 Écris une anecdote, réelle ou inventée. Tu peux travailler avec un/une partenaire, si tu veux.

Bonne chance!

Sommaire

Une excursion • 3

Au parc d'attractions
je suis allé(e) dans un parc d'attractions	I went to a theme-park
j'ai pris beaucoup de photos	I took a lot of photos
j'ai fait un tour sur le roller coaster	I went on the roller-coaster
j'ai acheté des cadeaux pour...	I bought some presents for...
j'ai acheté de la barbe à papa	I bought some candy-floss
j'ai dépensé tout mon argent	I spent all my money
j'ai retrouvé mon frère	I met up with my brother
j'ai bu un coca	I drank a coke
j'ai mangé un hot-dog	I ate a hot-dog
j'ai eu mal au cœur	I felt sick
j'ai eu la frousse	I was scared stiff
samedi dernier	last Saturday
le matin	in the morning
à midi	at midday
l'après-midi	in the afternoon
après ça	after that
et puis	and then

La boutique / The shop
c'est combien... ?	how much is/are... ?
ce porte-monnaie	this purse
ce bloc-notes	this notepad
cet appareil-photo	this camera
cet album de photos	this photo album
cette carte postale	this postcard
cette bague	this ring
ces bics	these biros
ces bonbons	these sweets
pardon, monsieur	excuse me (to a man)
pardon, madame	excuse me (to a woman)
c'est combien... ?	how much is... ?
c'est... euros	it's... euros
je l'aime beaucoup	I like it a lot
je le/la prends	I'll take it
voilà	here you are
c'est tout	that's everything
merci	thank you
tu n'as pas 50 centimes?	you haven't got 50 centimes, have you? (to a young person)
non, je regrette	no, sorry
au revoir	goodbye

Une excursion désastreuse / A disastrous trip
ma famille et moi	my family and I
on a fait une excursion à...	we went on a trip to...
papa a perdu son porte-monnaie	Dad lost his wallet
maman était de mauvaise humeur	Mum was in a bad mood
ma sœur a vomi	my sister was sick
il a plu	it rained
toute la journée	all day

Grammaire:
- le passé the past tense

extra!

j'**ai** nous **avons** + **participe passé**
tu **as** vous **avez** (acheté, etc.)
il/elle/on **a** ils/elles **ont**

- **on** can mean 1 people/they 2 we
- gender
  masc: **le** bic, **ce** bic (**cet** album), je **le** prends
  fém: **la** bague, **cette** bague, je **la** prends
  m & f pl: **les** bics, **ces** bics, je **les** prends

Stratégies!
★ recognising patterns: **-ant** (-ing)
★ working out the meaning of words
★ reporting information
★ using a variety of language
★ **extra!** using the dictionary to help with the past tense

1 word 2 meanings
tout mon argent – **all** my money
c'est **tout**? – is that **everything**?

trente et un 31

4 Les célébrités

4A La routine d'une célébrité

- describe a daily routine
- recognise verb patterns with je

Voici la routine de Nina Muret, l'actrice préférée de Kévin.

A Normalement, je me lève à dix heures.

B Je lis les critiques dans les journaux et je bois beaucoup de café.

C Je travaille chez moi: j'apprends mon rôle. En ce moment, je joue dans une série.

1 a Écoute et lis A–C. Complète les phrases en anglais.
- **A** Nina gets up at…
- **B** She… the reviews in the… and drinks lots of…
- **C** She… her role. At the moment she's acting in a…

D Après le déjeuner, je sors. Je vais aux studios de télévision, et j'y travaille jusqu'à 19h.

E Le soir, je bavarde avec mes collègues dans un café. J'y reste jusqu'à 22h.

F Je me relaxe devant la télé, et normalement, je me couche vers une heure du matin.

1 b Écoute et lis D–F. Puis trouve les paires.

Exemple: je sors – I go out

Grammaire: y

y replaces à + place:
j'**y** travaille   I work **there**

| je sors | je vais | j'y reste | je me relaxe | je me couche |
| jusqu'à | devant | vers | | |

| I go | I go out | I go to bed | I stay there | I relax |
| in front of | at about | until | | |

32 trente-deux

Les célébrités • 4

2 a Grammaire: *le présent (je)*

- Most present tense verbs with *je* end in: —**e** (e.g. *je joue*).
  A few verbs end in: —**s** (e.g. *je fais*).
  In the text on page 32, find three examples each of verbs ending in -**e** and in -**s**.
- Some verbs (*reflexive* verbs) have an extra part before the verb (e.g. *je me lève*).
  Find two more examples in the text.

2 b Recopie et complète les phrases.

1 Je l** les journaux.
2 Je travai** chez moi.
3 Je ** rela** devant la télé.
4 Normalement, je ** lève à huit heures.
5 Je boi** beaucoup de café.
6 J'ap**ends le piano.

3 a Écoute les deux conversations. Note les bonnes lettres (A–L).

Exemple: 1 B, …

– Tu te lèves à quelle heure?
– Je me lève à **A** six heures. **B** sept heures et demie. **C** huit heures moins le quart.
– Et puis?
– **D** Je vais au collège. **E** Je bois une tasse de thé. **F** Je lis les journaux.
– Tu sors le soir?
– **G** Oui, je vais chez un ami. **H** Non, je reste chez moi. **I** Non, je me relaxe devant la télé.
– Tu te couches à quelle heure?
– Je me couche vers **J** huit heures et demie. **K** neuf heures et quart. **L** vingt-deux heures.

3 b Joue deux versions du dialogue. Si tu veux, tu peux inventer les détails.

4 extra! Quiz! Écoute (1–4) et devine la profession.

- acteur/actrice
- boulanger/boulangère
- chef de cuisine
- chauffeur de taxi
- médecin
- agriculteur/agricultrice
- prof

un boulanger

une agricultrice

5 Tu es une star! Imagine et décris ta routine. Ton modèle: l'exercice 1.

extra! Ajoute deux phrases qui ne sont pas dans le modèle.

Exemple: J'écoute mes CD préférés.

normalement, …

je travaille jusqu'à 16h	je me lève
je bavarde avec…	je me relaxe devant la télé
j'y reste jusqu'à *22h*	je me couche vers *une heure*

je vais / je bois / je sors / j'apprends / je lis les journaux

trente-trois 33

4B Styles de vie

- describe a person's lifestyle
- identify negatives in a listening activity
- recognise verb patterns with il/elle

Pendant *Health Week* ("la semaine de la santé") au collège de Sadiq à York, on analyse le style de vie des stars.

A Ta star préférée, c'est qui?

B Il/Elle fume?

C Il/Elle fait beaucoup d'exercice?

D Il/Elle se drogue?

E Il/Elle mange beaucoup de fruits et de légumes?

F Il/Elle boit beaucoup d'alcool?

G Il/Elle a un style de vie équilibré?

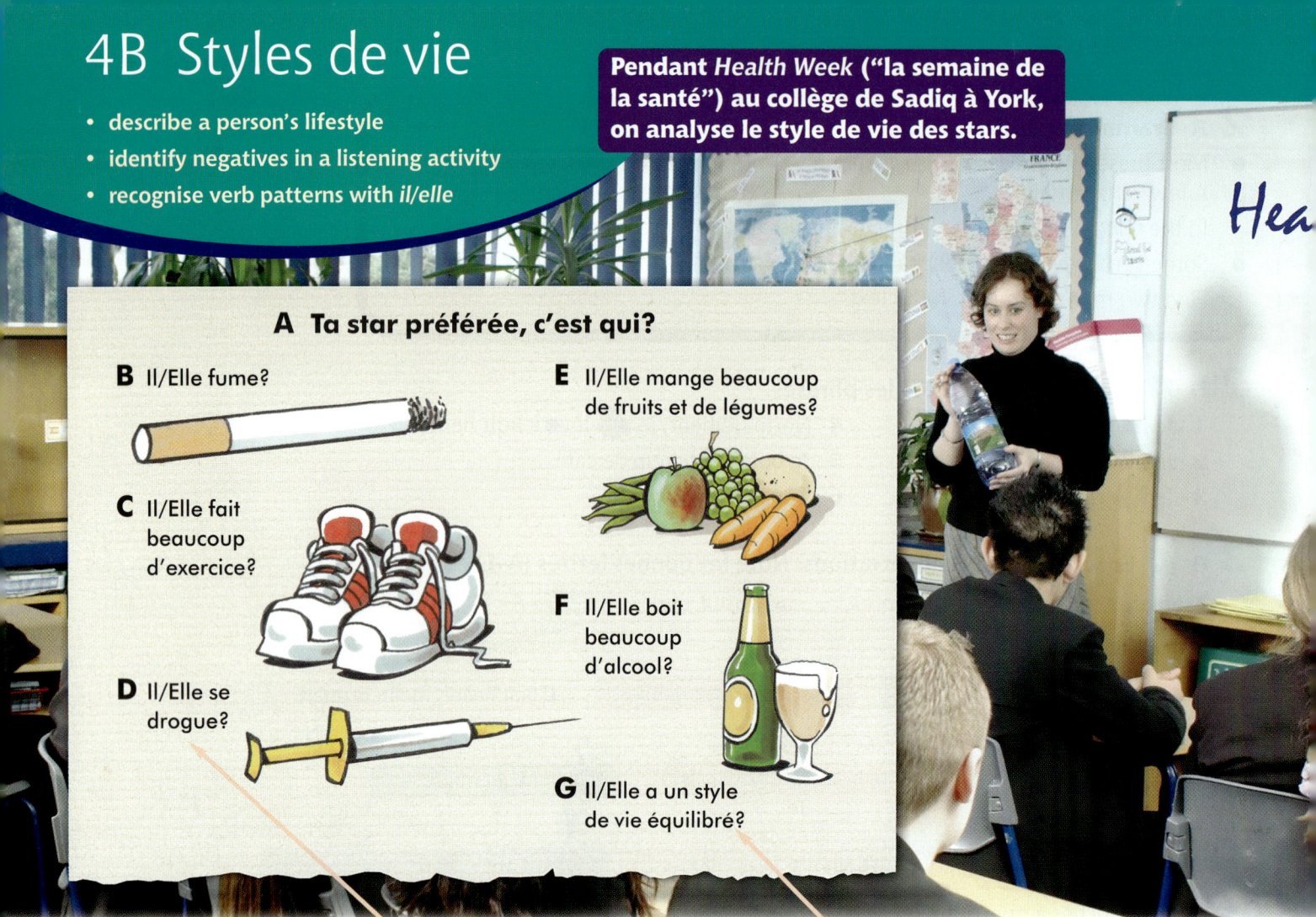

1 a Lis le questionnaire.

Verbes réfléchis (*reflexive verbs*):
je **me** lève → il **?** drogue

la vie = *life*, équilibré = *balanced*
un style de vie équilibré = **?**

1 b Écoute (1–2) et note les questions A–G dans le bon ordre.
Exemple: 1 A, …

1 c Trouve les paires: questions A–G et réponses 1–7.
Exemple: A 6

1 Non, une petite bière, parfois. Mais il n'aime pas le vin.

2 Non, l'héroïne, etc., c'est trop dangereux. Il n'est pas stupide!

3 Oui, il adore les pommes, les pêches, les carottes, etc.

4 Oui, vingt cigarettes par jour. C'est idiot!

5 Oui, il fait souvent du jogging, par exemple.

6 C'est Gino Ducastel.

7 Oui, il ne mange pas de fast-food, il fait beaucoup de sport…

1 d Vérifie l'exercice 1c avec ton/ta partenaire.
Exemple: A Ta star préférée, c'est qui?
B C'est Gino Ducastel.

1 e Grammaire: le négatif
Il ne mange pas de fast-food. Il n'aime pas le vin.
- In your own words, write down the rule for making French sentences negative. Then compare with your partner.
- **extra!** Invente cinq phrases négatives.
Exemple: *Il ne joue pas au foot.*

34 trente-quatre

Les célébrités • 4

2 Recopie la grille.
Écoute (1–3) et complète la grille: les stars font ça souvent?

	1	2	3
a manger du fast-food	✓		
b fumer	✗		
c faire de l'exercice			
d sortir le soir			

Stratégies! Listening for detail
Don't miss the negative phrase if there is one: it makes all the difference!
*elle **ne** sort **pas** souvent*
she **doesn't** often go out

3 a Lis les textes et trouve:
1 deux choses à boire
2 quatre choses à manger
3 deux professions.

choses à boire – *things to drink*

3 b Quelles stars ont un style de vie équilibré?

3 c Pose les questions B–G de l'exercice 1a à ton/ta partenaire. Réponds *Oui, Non* ou *Je ne sais pas.*

Exemple: A Elle fume, Pooja Shah?
           B Je ne sais pas.

Un footballeur professionnel doit être en forme. **Michael Owen**, par exemple, ne boit pas d'alcool, il ne fume jamais, et il ne se drogue pas. Il ne sort pas souvent le soir. Sa passion, c'est… le football!

Pooja Shah, actrice de télé et de films, ne mange pas beaucoup de fast-food: elle préfère les fruits et les légumes. Elle boit beaucoup d'eau.

Homer Simpson, c'est le contraire! Il aime le fast-food et il adore les beignets. Il boit beaucoup de bière. Il ne fait pas assez d'exercice. Le soir, il ne lit pas: il regarde la télé. Le week-end, il se lève tard.

un beignet – *doughnut*

3 d Grammaire: *le présent (il/elle)*
Verbs with the infinitive ending *-er* (e.g. *jouer*) follow this pattern:
  je —**e** (je jou**e**)
  il/elle —**e** (il jou**e**)

Some other verbs follow this pattern:
  je —**s** (je boi**s**)
  il/elle —**t** (il boi**t**)

• In the texts above, find four examples each of *il/elle* verbs ending in **-e** and in **-t**.

Exemple:

il/elle —e	il/elle —t
mange	

4 Décris le style de vie de deux personnes (ton père, une amie, etc.). Donne ton opinion: c'est un style de vie équilibré?

il	(ne)	fume / boit / se drogue	(pas)
elle	(ne) fait (pas) beaucoup d'exercice		
	(ne) mange (pas) beaucoup de fruits / légumes		
	(n') a (pas) un style de vie équilibré		

4C J'aimerais être une star

- discuss the pros and cons of being a star
- recognise verb patterns with *ils/elles*
- spot clues to the meaning of French words

La célébrité, c'est la vanité.

1 a Lis les phrases A–G sur les stars.

une star f = a star (male or female)
- Can you explain why 'they' is *elles*?

1 b Quelle définition est correcte dans ce contexte?

1. **voyage** *m* journey
   voyager *v* to travel
2. **gagner** 1 to win 2 to earn
3. **argent** *m* 1 money 2 silver
4. **rencontre** *f* meeting
   rencontrer *v* to meet
5. **soirée** *f* 1 evening 2 party
6. **plus** 1 more 2 **en plus** what's more

A Les stars voyagent beaucoup.
B Elles gagnent beaucoup d'argent
C Elles n'ont pas de vie privée.
D Elles sont vite oubliées.
E Elles rencontrent des gens intéressants.
F Elles vont à des soirées fantastiques.
G En plus, elles ont un style de vie superficiel.

vite – *quickly*
oublié – *forgotten*
des gens – *people*

1 c Grammaire: *le présent (ils/elles)*
- Find in the text examples of the usual ending for verbs after *ils* or *elles*.
- Find (and learn by heart!) these three important exceptions: they are, they go, they have.

1 d Écris les phrases A–G dans deux listes.

Exemple:

Opinions positives	Opinions négatives
Elles voyagent beaucoup.	

2 Stratégies! Clues in French words

Adjectives ending in *-é* are actually past participles, so the English equivalent often ends in *–ed*:
équilibré – balanc**ed**, *préféré* – preferr**ed** (→ favourite).
But note *oublié* – forgott**en**.

- C'est quoi en anglais?
  1. il est marié
  2. du papier recyclé
  3. les mots mentionnés
  4. une ville qui est souvent visitée
  5. une histoire inventée

Être célèbre, c'est aimer être aimé.

36 trente-six

Les célébrités • 4

La célébrité: pour ou contre?

3 a Lis les textes. Dima, Théo, et Clara aimeraient être des stars: oui ou non?

3 b C'est l'opinion de qui?
1. L'important, c'est de voyager.
2. Une vie publique? Non merci!
3. L'important, c'est l'argent.

Avoir une vie privée, c'est très important pour moi. Je n'aimerais pas avoir des journalistes et des photographes devant ma maison.
Dima

Bien sûr, j'ai envie d'être une star! J'aimerais travailler aux Étas-Unis, et j'aimerais visiter l'Inde, la Chine et le Japon.
Théo

J'adore les vêtements de marque, les voitures de sport, et les grandes maisons luxueuses. C'est pourquoi je veux être une star!
Clara

4 a Écoute et lis. Puis joue le dialogue.

A **Tu aimerais être** une star?
B Je ne sais pas. **D'un côté,** les stars gagnent beaucoup d'argent.
A Oui, mais **d'un autre côté,** elles n'ont pas de vie privée.
B **C'est vrai, et en plus** elles ont un style de vie superficiel.
A **Par contre,** elles rencontrent des gens intéressants.
B Oui, et elles voyagent beaucoup.
A Mais elles sont vite oubliées, les stars.
B **Peut-être**. Mais elles vont à des soirées fantastiques!

Expressions pour une discussion

| j'aimerais être... *I would like to be...* |
| tu aimerais être...? *would you like to be...?* |

| d'un côté *on the one hand* |
| d'un autre côté *on the other hand* |
| par contre *on the other hand* |

| c'est vrai *that's true* |
| en plus *what's more* |
| peut-être *perhaps* |

4 b Écoute les dialogues 1–3. Note l'ordre des opinions A–C.

1
A voyagent beaucoup
B vite oubliées
C style de vie superficiel

2
A voyagent beaucoup
B des gens intéressants
C gagnent beaucoup d'argent

3
A pas de vie privée
B vite oubliées
C soirées fantastiques

4 c extra! A dit une phrase; B répond. Utilise une des "expressions pour une discussion".

Exemple:
A **Les stars voyagent beaucoup.**
B Oui, et *en plus* elles gagnent...
B C'est vrai, mais *d'un autre côté*, elles...

4 d Et toi? Tu aimerais être une star? Pourquoi?
Ton modèle: les exercices 3a et 4a.

trente-sept 37

4D extra! Révision du présent

- revise the present tense of *-er* verbs, including reflexives
- use a dictionary
- write an imaginative account

1 a Grammaire: *le présent des verbes réguliers (verbes avec infinitif -er)*

1. Which four forms of *regarder* are pronounced the same?

   Infinitive: regarder
je	regarde
tu	regardes
il/elle/on	regarde
nous	regardons
vous	regardez
ils/elles	regardent

2. Can you say the pattern for *se relaxer*?

   Infinitive: se coucher
je	**me**	couche
tu	**te**	couches
il/elle/on	**se**	couche
nous	**nous**	couchons
vous	**vous**	couchez
ils/elles	**se**	couchent

3. Note:
   acheter (to buy) → j'achète
   se lever (to get up) → je me lève
   An accent is added in the four forms which are pronounced the same. Which are they?

4. *manger* (to eat) → nous mang**e**ons
   How does the extra e affect the pronunciation?

1 b Recopie et complète les phrases.

Exemple: 1 Normalement, Éric se lève à neuf heures.

1. Normalement, Éric (**se lever**) à neuf heures.
2. Nous (**écouter**) la radio.
3. Je (**travailler**) chez moi.
4. Vous (**jouer**) dans une série?
5. Mes parents (**se relaxer**) devant la télé.
6. Nous ne (**manger**) jamais de viande.
7. Tu (**se coucher**) à quelle heure?
8. J'(**acheter**) parfois un livre, ça dépend.

2 Invente huit questions pour ta star préférée.

Exemples: – Vous aimez les émissions de télé-réalité?
– Vous supportez quelle équipe de football?

Stratégies! *Using the dictionary*

- If the infinitive ends *-er*, the verb follows the pattern at the top of the page.

  support *v* supporter → vous support**ez**

- Discuss with your teacher where and how *your* dictionary shows patterns of other verbs (e.g. in a separate list).

3 Une élève française passe une semaine chez toi. Imagine sa description des activités de ta famille. Regarde cet exemple:

1. You'll need to look up some words, e.g.

   late *a* tard

   → La famille se lève assez tard. Nous nous levons à six heures, en France. Les enfants mangent des céréales horribles!

2. *boivent*: check plural forms in the dictionary.

   → Et ils boivent beaucoup de thé.

Sommaire

Les célébrités • 4

La routine	**Daily routine**
normalement...	usually/normally
je travaille jusqu'à 16h	I work until 4pm
je bavarde avec...	I chat with...
j'y reste jusqu'à 22h	I stay there until 10pm
je me lève	I get up
je me relaxe devant la télé	I relax in front of the TV
je me couche vers une heure	I go to bed at around 1am
je lis les journaux	I read the papers
je vais	I go
je bois	I drink
je sors	I go out
j'apprends	I learn

Styles de vie	**Lifestyles**
elle a un style de vie équilibré	she has a balanced lifestyle
elle fait beaucoup d'exercice	she takes a lot of exercise
il mange beaucoup de fruits/légumes	he eats a lot of fruit/vegetables
il boit	he drinks
elle fume	she smokes
il se drogue	he takes drugs
elle ne fume pas	she doesn't smoke
il ne se drogue pas	he doesn't take drugs

J'aimerais être une star	**I'd like to be a star**
les stars...	stars...
voyagent beaucoup	travel a lot
gagnent beaucoup d'argent	earn a lot of money
rencontrent des gens intéressants	meet interesting people
n'ont pas de vie privée	don't have a private life
sont vite oubliées	are quickly forgotten
vont à des soirées fantastiques	go to fantastic parties
ont un style de vie superficiel	have a superficial lifestyle
j'aimerais être...	I would like to be...
tu aimerais être...?	would you like to be...?
d'un côté	on the one hand
d'un autre côté	on the other hand
par contre	on the other hand
c'est vrai	that's true
en plus	what's more
peut-être	perhaps

Grammaire

- present tense patterns

		reflexives	negatives
je —e	je —s	je me lève	ne ... pas
il —e	il —t	tu te lèves	il ne mange pas
ils —ent		il se lève	

- *extra!* reflexives (-er)

je	me	couche	nous	nous	couchons
tu	te	couches	vous	vous	couchez
il/elle	se	couche	ils/elles	se	couchent

- y replaces à + place: j'y travaille I work there

Stratégies!

★ spotting negative sentences in listening activities

★ clues in French words: adjectives ending in -é are past participles, so English equivalent often ends in -ed

★ *extra!* using a dictionary to find the right form of a verb

1 word 2 meanings

ils **gagnent** le match – they're **winning** the match
ils **gagnent** beaucoup d'argent – they **earn** a lot of money

trente-neuf **39**

Révision: unités 3 et 4

Stratégies! *Preparing for your assessment*

- Your revision will be more efficient (and faster!) if you focus only on what you *don't* know. Go through the *Sommaire* worksheets for units 3 and 4 (sheets 26 and 38), and highlight in yellow the words you *can't* remember.
- Learn three of these words each night. When you know them, highlight them in red.

1 a Tu achètes un appareil-photo. Invente et écris un dialogue avec les mots: **combien   prends   tout   monnaie**

1 b Joue un dialogue similaire avec ton/ta partenaire.

2 Lis les questions 1–6.
- Écoute la conversation, et réponds aux questions en français.
- Réécoute, et vérifie tes réponses.

Samedi matin,
1 Myriam se lève… *(quand?)*
2 Elle bavarde… *(avec qui?)*
3 Elle boit… *(quoi?)*

Hier,
4 Mattéo est allé… *(où?)*
5 Il a acheté… *(quoi?)*
6 Il a perdu… *(quoi?)*

3 Lis la lettre d'Alex. C'est vrai ou faux?
1 Alex sort souvent.
2 Son billet de théâtre n'était pas cher.
3 Le théâtre était médiocre.
4 Alex a vu une star au théâtre.
5 Juliette a parlé avec des journalistes.
6 Parfois, Alex aimerait être une star.
7 Alex a vomi dans le bus.
8 C'était une soirée barbante pour Alex.

Je ne sors pas souvent (j'ai trop de devoirs!), mais hier soir, je suis allé au théâtre. J'ai dépensé tout mon argent pour acheter un billet, mais c'était fantastique!

Et j'ai vu Juliette Binoche au théâtre! Elle a bavardé avec les journalistes. Pauvre Juliette! À mon avis, les stars n'ont pas de vie privée…

Par contre, parfois, j'aimerais être une star! Elles gagnent beaucoup d'argent, et elles voyagent beaucoup…

Dans le bus, après le théâtre, j'ai eu mal au cœur, et puis j'ai vomi!! Ça n'a pas d'importance! Pourquoi? J'ai vu Juliette Binoche!

Alex

Juliette Binoche, la célèbre actrice française

un billet – *a ticket*

40 quarante

Les Impressionnistes

L'art traditionnel...
Voici une peinture typique des années 1840–50. Le thème est historique. Les personnages sont mythiques. Le thème est inspiré par Rome et la Grèce classique.

... et l'art impressionniste
L'impressionnisme, c'est la révolte contre cet art traditionnel et stérile.

Les Impressionnistes étaient un groupe d'artistes, arrivés à Paris de toutes les régions de France, et d'autres pays aussi: Alfred Sisley était anglais, Vincent van Gogh était hollandais. Au café Guerbois, à Paris, ils ont souvent discuté de nouvelles idées. Mais les premières expositions des Impressionnistes étaient des désastres financiers!

Regarde cet exemple d'une peinture impressionniste. Le café est un thème moderne. Les personnages sont des gens ordinaires. Et les couleurs sont dynamiques: il y a du rouge, du jaune, du bleu, du vert, ...

Les Impressionnistes adoraient les thèmes modernes (comme la gare, la rue, le théâtre) et la nature (par exemple: les jardins, la neige, la mer). Et ils ont souvent travaillé à l'extérieur.

A *Les Romains de la Décadence, Thomas Couture (1847)*

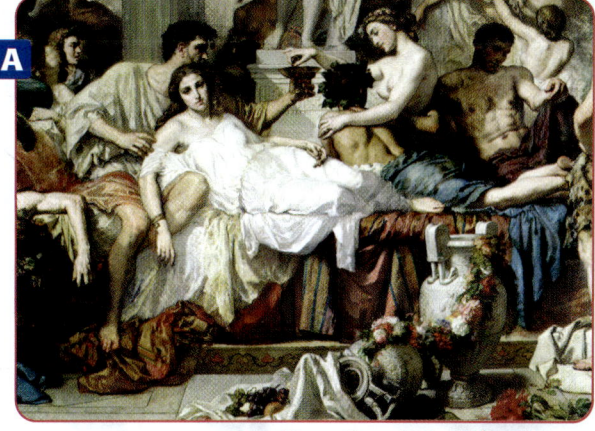

Un impressionniste célèbre
Van Gogh, un artiste impressionniste très célèbre, a eu une vie difficile. Il n'a jamais eu beaucoup d'argent. Il a passé de longues périodes à l'hôpital. Finalement, en 1890, il s'est suicidé.

Cent ans plus tard, en 1987, un collectionneur a acheté une peinture de Van Gogh pour 49 millions de dollars: un record!

B *Le Déjeuner des Canotiers, Pierre-Auguste Renoir (1880–1881)*

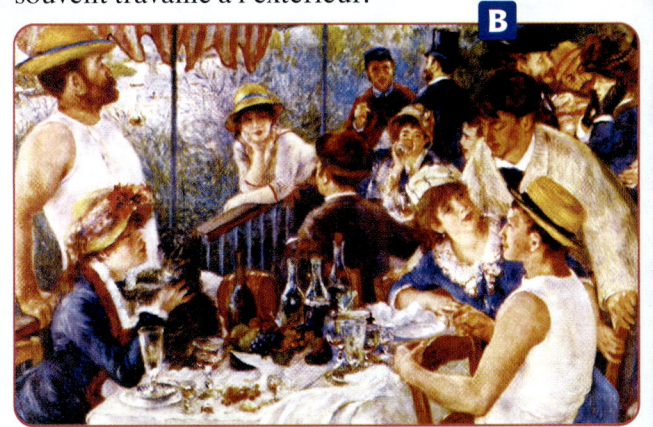

C *Vase avec douze tournesols, Vincent van Gogh (1888)*

1 C'est l'art traditionnel ou l'art impressionniste?
1. des thèmes mythiques et historiques
2. beaucoup de couleurs dynamiques
3. peint (souvent) à l'extérieur
4. des thèmes modernes
5. des personnages mythiques

une peinture – *painting*
mythiques – *from mythology*
nouvelles idées – *new ideas*
expositions – *exhibitions*

2 Tu préfères quelle peinture sur cette page?
extra! Pourquoi?

quarante et un 41

5 La France et le tourisme

5A Un touriste à Biarritz

- ask what you can do in a holiday resort, using *on peut*
- ask for tourist information

À Biarritz on peut faire du surf. C'est fantastique!

on peut – *you can*

1 a Trouve les paires: images 1–10 et phrases A–J.

Exemple: 1 B faire du cheval

1 b Écoute (1–4) et note les *trois* activités (A–J).

Exemple: 1 D, F, …

on peut… / on ne peut pas…

A	faire du surf	aller à la plage	F
B	faire du cheval	aller à la pêche	G
C	faire du karting	aller voir un match de pelote	H
D	faire des excursions	visiter le Musée de la mer	I
E	louer des vélos	visiter la ville en petit train	J

2 a Écoute et lis le dialogue. Regarde les expressions en **rouge**. C'est quoi en anglais?

Exemple: Je peux vous aider? – *Can I help you?*

2 b Joue le dialogue.

2 c Écris les phrases en français.
1 Can I help you, sir?
2 Do you have a list of cinemas?
3 Here is a brochure about the castle.
4 Do you have a plan of the village?
5 It's five minutes on foot.

Madame Cassou, la mère de Kévin et d'Estelle, travaille à l'office du tourisme.

Mme Cassou	Bonjour, monsieur. Je peux vous aider?
Touriste	Oui, Avez-vous une liste des restaurants, s'il vous plaît?
Mme Cassou	Oui, voilà. Et voilà une brochure sur la ville.
Touriste	Merci. Euh… On peut jouer au tennis à Biarritz?
Mme Cassou	Bien sûr! Il y a un stade dans l'avenue Henri Haget.
Touriste	Avez-vous un plan de la ville?
Mme Cassou	Oui, monsieur. Voilà.
Touriste	C'est loin, le stade?
Mme Cassou	Non. Prenez l'avenue de Verdun, et c'est à quinze minutes à pied.

bien sûr – *of course*

42 quarante-deux

La France et le tourisme • 5

Grammaire: *on peut…* you can…

on peut + *infinitif*: on peut **louer** des vélos you can hire bikes
　　　　　　　　　on peut **aller** à la pêche you can go fishing

● Here, *on* means 'you' (i.e. people in general).

3 ♻️ ✏️ Écris une brochure sur ta ville. Tu trouves des photos sur Internet?

Exemple:

> À Wolverhampton, on peut aller au cinéma. Il y a des centres sportifs où on peut faire du judo et jouer au basket…

4 💿 Écoute les conversations (1–4).
● Elle donne quoi au touriste?
● Le touriste veut faire quelle(s) activité(s)?

Exemple: **1** une brochure et un plan; du karting

5 💬 Joue les deux dialogues. (Adapte le dialogue de l'exercice 2a.)

1
– liste des hôtels
– une piscine
(rue Alan Seeger)

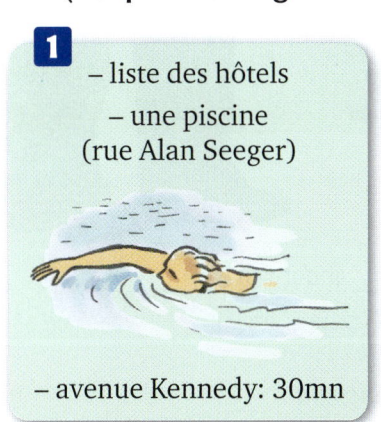

– avenue Kennedy: 30mn

2
– liste des cinémas
– une école de surf
(rue Maréchal)

– avenue de Verdun: 10mn

je peux vous aider?	
avez-vous	une liste des restaurants, un plan de la ville, une brochure sur la ville, …s'il vous plaît?

oui, voilà
on peut *faire du surf* à Biarritz?
non, on ne peut pas
bien sûr! il y a *une piscine* dans l'avenue…
c'est loin, *la piscine*?
prenez la rue… et c'est à *cinq* minutes à pied

6 📖 Lis le texte et réponds en français.
1 Qu'est-ce qu'on peut voir au musée? Note trois détails.
2 Les phoques mangent à quelle heure?
3 Le musée ferme à quelle heure le soir en hiver?
4 Et en été?

7 ✏️ extra! Trouve un site web sur une ville en France. Note l'adresse du site et cinq activités possibles (ou impossibles!) dans la ville.

Exemple: À Rouen, on peut visiter la cathédrale. Mais on ne peut pas faire du ski!

Musée de la mer, Biarritz

Les aquariums
Une collection exceptionnelle de plus de 150 espèces de poissons et invertébrés, présentée dans les aquariums.

Les phoques
Animaux amusants et intelligents. Venez voir les repas des phoques (tous les jours à 10h30 et 17h).

Les pêches atlantiques
Une présentation des techniques de pêche.

Un phoque

Ouvert tous les jours de 9h30 à 12h30 et de 14h à 18h. Juillet et août: de 9h30 à minuit. Fermé le lundi de novembre à mars.

le repas – *meal*

quarante-trois 43

5B Une randonnée

- describe a hiking trip
- use the past tense
- bring a description to life

Kévin a fait une excursion avec les Scouts dans les Pyrénées.

1 a Écoute et lis. C'est quoi en français, les images A–E?

> J'ai fait une randonnée en montagne.
> On a marché pendant deux heures. C'était dur!
> On a vu une cascade et un lac.
> Plus tard, on a vu une grotte.

1 b Écoute et lis. Puis complète les phrases en anglais.

> Le matin, il a plu et il a fait froid.
> On a fait un pique-nique près d'un autre lac.
> On a fait griller des saucisses.
> On a fait de l'escalade, et j'ai eu la frousse!
> À la fin, j'étais fatigué, mais heureux!

In the morning, it ___ and it was ___.
We ___ near another ___.
We ___ some sausages.
We went rock climbing and I ___.
At the end, ___ tired ___ happy!

1 c A commence une phrase, B complète la phrase.

Exemple: A J'ai eu...
B ... la frousse.

2 a Grammaire: *le passé* the past tense
- Explain to your partner how to form the past tense in French, e.g. on **a fait** de l'escalade.
- You know: 1 *c'était* (it was) 2 *il pleut* (it's raining).
  So can you guess what these mean?
  1 *j'étais*   2 *il a plu*

2 b Trouve et recopie les possibilités pour chaque verbe.

Exemple: J'ai vu une grotte, un lac, ...

J'ai vu...   dur   fait mauvais   un lac   une randonnée   heureuse *f*   une grotte

C'était...   un pique-nique   fatigué *m*   intéressant   fait beau   génial

J'étais...   de la natation   barbant   du cheval   assez bien   une cascade

On a fait...   heureux *m*   des poissons   du vélo   une excursion   nul

Il a...   de l'escalade   plu   griller des saucisses   hilarant   fatiguée *f*

44 quarante-quatre

La France et le tourisme • 5

3 a Lis les questions a–g. Écoute 1–2 et note les détails.

Exemple: **1 a** près d'un village

a Vous avez fait une randonnée où?
b Vous avez marché pendant longtemps?
c Vous avez vu une cascade?
d Il a fait beau?
e Vous avez fait un pique-nique où?
f Vous avez fait griller des hamburgers?
g Tu étais fatigué(e) à la fin?

J'ai eu la frousse!

3 b A regarde l'exercice 3a et pose les questions a–g. B regarde l'exercice 1 et répond pour Kévin.

Exemple: **A** Vous avez fait une randonnée où?
B En montagne.

4 a Kévin écrit à Sadiq, à York. Note les lettres des photos dans le bon ordre.

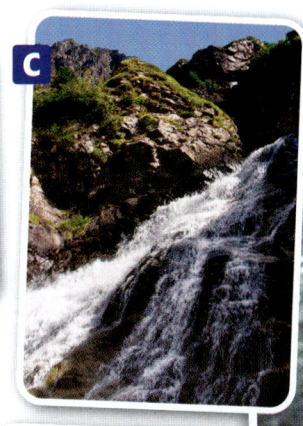

A **B** **C** **D**

Cher Sadiq,

Le week-end dernier, j'ai fait une randonnée en montagne avec les scouts. Le matin, on a marché pendant deux heures. C'était dur! Il a plu un peu et il a fait froid. On a vu une très belle cascade et une énorme grotte. À midi, on a fait un pique-nique près d'un autre lac. On a fait griller des saucisses.

L'après-midi, il a fait beau. On a fait de l'escalade. D'abord, j'ai eu la frousse, mais c'était génial. Plus tard, on a vu un beau petit lac, et j'ai vu un aigle! À la fin, j'étais très, très fatigué, mais heureux!

E

4 b Stratégies! *Bringing a description to life*

Compare Kévin's email with the simple description in exercise 1.
Find five examples where he gives more detail to make the email more vivid.

Example: *il a plu un peu* – it rained *a bit*

5 Décris une randonnée en 8–10 phrases. Invente les détails.

extra! Écris 12–15 phrases.

Exemple: Je suis allé(e) avec… J'ai mangé…

Vérifie les verbes!

quarante-cinq 45

5C La France touristique

- find out about tourism in France

Les régions les plus visitées de France

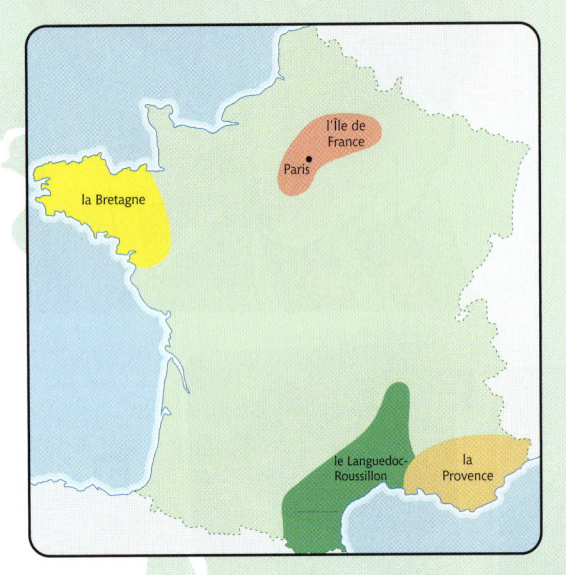

L'Île de France
La région parisienne est une région qui a une haute densité de population et beaucoup d'industries. Mais c'est aussi une région riche en culture: il y a toutes les attractions de la capitale, plus le vaste château de Versailles. Le parc d'attractions de Disneyland Paris est à quelques kilomètres de la capitale; en plus, il y a la forêt de Fontainebleau, qui est le site touristique le plus visité de France!

La Bretagne
C'est vrai qu'il pleut souvent en Bretagne. Mais la région est célèbre pour ses côtes, ses plages et ses ports de pêche, et a conservé beaucoup de traditions, par exemple les processions religieuses et les danses traditionnelles. Beaucoup de gens y parlent breton, une langue celtique similaire au gallois.

Le Languedoc-Roussillon
C'est vrai que cette région est moins célèbre que la Côte d'Azur, mais c'est une région très appréciée par les touristes. D'un côté, ils apprécient le soleil, les plages et le vin; d'un autre côté, ils y trouvent des châteaux perchés dans les montagnes, des villes médiévales comme Carcassonne, et un des sites les plus célèbres de la France: le Pont du Gard (un énorme aqueduc romain). On y parle l'occitan, une forme de français qui se rapproche de l'espagnol.

La Provence
La Provence est une région où il y a beaucoup de belles villes historiques, par exemple Avignon et son célèbre pont (tu connais la chanson?). Du point du vue climat, il fait doux en hiver et il fait chaud en été; par contre il y a parfois un vent violent qui s'appelle le mistral. Parmi les spécialités de la région: la cuisine à l'huile d'olives, l'ail, les herbes de Provence…

1 a 📖 **Lis les textes et identifie la région/les régions.**

1. C'est la région près de Paris.
2. On y parle français et une autre langue.
3. On peut y voir Mickey Mouse.
4. Il y a un célèbre pont.
5. Le vent y est parfois un problème.
6. Il y a de belles plages.

le pont – *bridge*
le vent – *wind*

La France et le tourisme • 5

1 b 📖 extra! **Réponds en anglais.**
1. *What might put tourists off visiting* **a** *the Île de France* **b** *Brittany?*
2. *What can you say about these two languages* **a** *Occitan* **b** *Breton?*
3. *Note two things which are special in each region.*

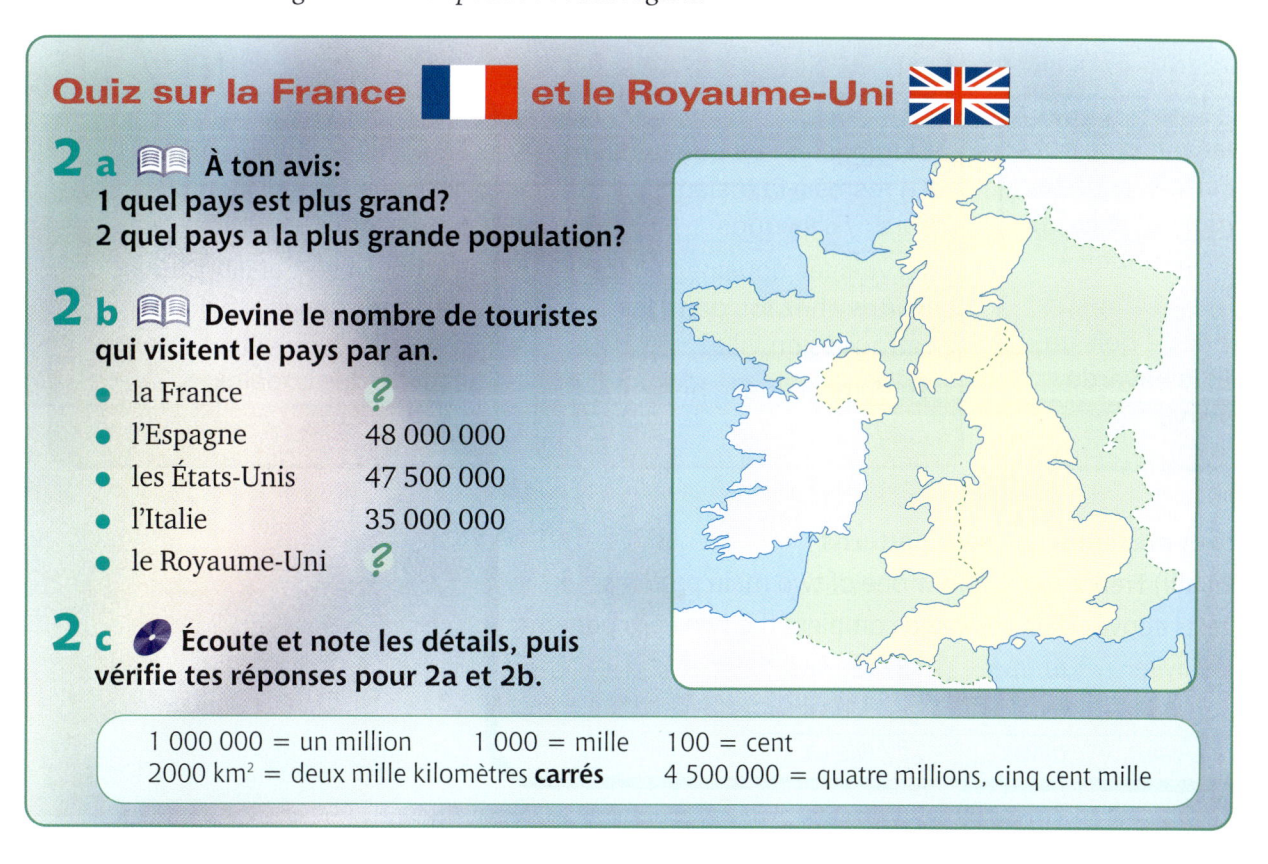

Quiz sur la France 🇫🇷 et le Royaume-Uni 🇬🇧

2 a 📖 À ton avis:
1 quel pays est plus grand?
2 quel pays a la plus grande population?

2 b 📖 Devine le nombre de touristes qui visitent le pays par an.
- la France   ?
- l'Espagne   48 000 000
- les États-Unis   47 500 000
- l'Italie   35 000 000
- le Royaume-Uni   ?

2 c 💿 Écoute et note les détails, puis vérifie tes réponses pour 2a et 2b.

1 000 000 = un million	1 000 = mille	100 = cent
2000 km² = deux mille kilomètres **carrés**		4 500 000 = quatre millions, cinq cent mille

3 💿 La forêt de Fontainebleau et Disneyland Paris. Écoute et prends des notes en anglais.
Exemple: 70 km from Paris, there's a castle, ...

Les dix sites les plus visités de France

1. La forêt de Fontainebleau
2. Disneyland Paris
3. Notre-Dame de Paris
4. Les puces de Saint-Ouen
5. Le parc du château de Versailles
6. Le Centre Pompidou
7. La tour Eiffel
8. La basilique du Sacré-Cœur
9. Notre-Dame de Lourdes
10. Le musée du Louvre

Les puces de Saint-Ouen

4 💬 À deux: faites des recherches sur Internet sur un des sites 4–10. Par exemple, cherche sur www.fr.yahoo.com
- Notez les infos pratiques: c'est quoi? c'est où? c'est ouvert quand?
  Exemple: Notre-Dame est la cathédrale à Paris. Elle est ouverte...
- Présentez les informations à la classe.

extra! Note aussi un détail intéressant.
Exemple: La cathédrale date de...

quarante-sept 47

5D extra! Expert(e) en verbes!

- practise using present tense verbs

Stratégies! *Putting the focus on verbs*

You can say a lot more in French if you know a range of verbs, and how to use them. That's what you'll practise on this page.

je
Pendant les vacances, je dors jusqu'à 10h. Parfois, je reste dans ma chambre et je lis un bon livre ou je téléphone à mes cousins.

Souvent, je sors. Je bois un coca en ville et je bavarde avec mes copains.

tu
Et toi, qu'est-ce que tu fais? Tu restes à la maison, ou tu sors? Tu lis quoi?

Tu vois tes cousins? Tu les invites chez toi, ou tu les retrouves en ville?

Tu dînes à quelle heure?

il / elle
Youssef dort jusqu'à 9h. Il reste au lit et il lit, ou il téléphone à sa petite amie.

Parfois, il sort et il retrouve des amis en ville. S'il fait beau, il fait du vélo. Le soir, il invite des copains.

1 a Grammaire: present tense verb patterns

Many (but not all!) French verbs follow one of two main patterns.

- Read the texts above. Then copy and complete the two verb patterns:

type 1:	j'invit**e**	tu invit__	il / elle invit__
type 2:	je fai**s**	tu fai__	il / elle fai__
exception:	je vais	tu vas	il / elle va

1 b 📖 Trouve dans les trois textes et recopie:
– 5 verbes comme "j'invite" (type 1),
– 5 verbes comme "je fais" (type 2),
et note l'équivalent anglais.

Exemple: Type 1: tu restes – *you stay*,... Type 2: je dors – *I sleep*, ...

*Attention: je téléphone **à** mes amis*

1 c ✏️ Change les phrases (adapte les verbes).
1. Je finis mes devoirs. → 1 Il...
2. Il mange du chocolat. → 2 Tu...
3. Tu vois souvent tes cousins? → 3 Elle... ?
4. Il ne sait pas la réponse. → 4 Je...
5. Tu écris une lettre à Ali? → 5 Elle... ?
6. Elle vient à l'école en bus? → 6 Tu... ?
7. Tu arrives à quelle heure? → 7 Il... ?
8. Le bus part à 9h15. → 6 Je...

2 ♻️ 💬 Jouez au ping-pong verbal avec six verbes!
Combien de continuations différentes pouvez-vous inventer?

Exemple: A Je reste *chez moi*. B Je reste *dans le jardin*.
            A Je reste *en Angleterre*. B Je reste...

Il mange du chocolat

Sommaire

La France et le tourisme • 5

Un touriste à Biarritz	**A tourist in Biarritz**	**Une randonnée**	**A hike**
à Biarritz	in Biarritz	j'ai fait une randonnée	I went on a hike
on peut...	you can...	en montagne	in the mountains
faire du surf	go surfing	il a plu	it rained
faire du cheval	go horseriding	il a fait froid	it was cold
faire du karting	go go-karting	il a fait beau	it was nice weather
faire des excursions	go on trips	on a marché pendant une heure	we walked for an hour
aller à la plage	go to the beach	on a vu...	we saw...
aller à la pêche	go fishing	une cascade	a waterfall
louer des vélos	hire bikes	un lac	a lake
aller voir un match de pelote	go and see a 'pelote' match	une grotte	a cave
visiter le Musée de la mer	visit the Sea Museum	on a fait griller des saucisses	we grilled sausages
visiter la ville en petit train	tour the town in a little train	on a fait un pique-nique	we had a picnic
je peux vous aider?	can I help you?	on a fait de l'escalade	we went rock-climbing
avez-vous...?	do you have...?	j'ai eu la frousse	I was scared stiff
une liste des restaurants	a list of restaurants	c'était dur	it was hard
un plan de la ville	a map of the town	à la fin	at the end
une brochure sur la ville	a brochure about the town	j'étais...	I was...
s'il vous plaît	please	fatigué(e)	tired
bien sûr	of course	heureux (heureuse)	happy
voilà	here you are		
il y a une piscine dans l'avenue...	there's a swimming pool in... Avenue		
c'est loin, la piscine?	is the pool far?		
prenez la rue...	take... Road		
c'est à cinq minutes à pied	it's five minutes on foot		

Grammaire

- **on peut** + infinitive
  on peut **louer** des vélos
  you can hire bikes

- le passé the past tense
  – on a + past participle
  – c'était it was; j'étais I was
  – weather: il a fait beau, il a plu

- **extra!** present tense patterns
type 1	**type 2**
je mang**e**	je fai**s**
tu mang**es**	tu fai**s**
il mang**e**	il fai**t**

Stratégies!

★ using extra detail to bring a description to life

★ **extra!** using a range of verbs

1 word 2 meanings

pendant deux heures – **for** two hours
pendant les vacances – **during** the holidays

quarante-neuf 49

6 Problèmes

6A Aïe! J'ai mal...

- say what's wrong with you
- use a grammar rule with new words
- read a story

Cette peinture, "La Joconde", est probablement la plus célébre du Louvre à Paris. Elle s'appelle comment en anglais?

Le peintre italien, Léonard de Vinci, a habité en France de 1516 à 1519.

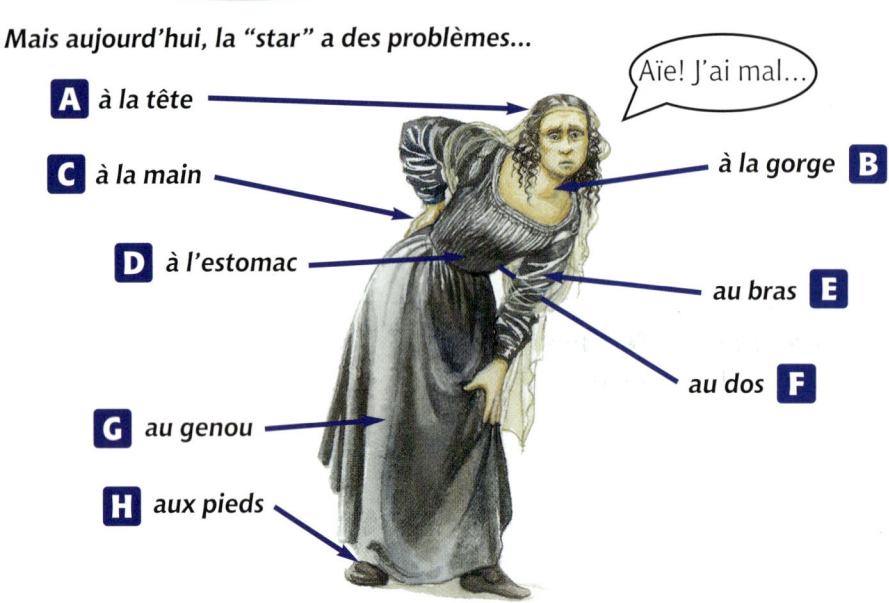

Mais aujourd'hui, la "star" a des problèmes...

Aïe! J'ai mal...

- **A** à la tête
- **B** à la gorge
- **C** à la main
- **D** à l'estomac
- **E** au bras
- **F** au dos
- **G** au genou
- **H** aux pieds

1 a Écoute et lis. Note les lettres (A–H) dans le bon ordre.

1 b A mime un problème; B identifie le problème.

Exemple: **A** J'ai mal où?
           B Tu as mal au dos.

j'ai mal	au	bras / dos / genou
tu as mal	à la	tête / gorge / main
	à l'	estomac
	aux	pieds

2 a Grammaire: *au, à la, à l', aux*

j'ai mal à la gorge = (I have an ache 'at' the throat) = I have a sore throat

- Can you explain how to choose between *au, à la, à l'* and *aux*?
- Check your answer on page 143.

2 b Écris les mots avec le / la / l' / les

Exemple: **1** la gorge

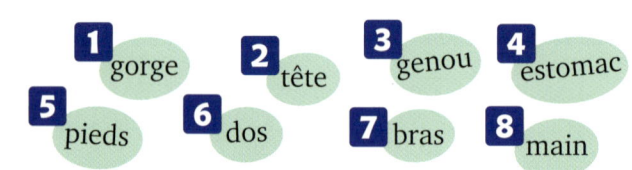

1 gorge   2 tête   3 genou   4 estomac
5 pieds   6 dos   7 bras   8 main

2 c extra! Stratégies! *Applying a grammar rule to new words*

To write in French 'I have (a) sore... **1** neck **2** ear **3** legs **4** finger **5** ankle **6** teeth':

- Look up the word in the dictionary.
- Note the word and its gender.   **cou** nm neck   nm = masculine noun
- Write the phrase, with *au, à la, à l'* or *aux* according to the grammar rule.

Example: **1** J'ai mal **au** cou.

50   cinquante

Problèmes • 6

3 a Écoute et lis l'histoire.

À ton avis, Laurent est **a** modeste **b** arrogant **c** intelligent?

> Kévin a écrit une histoire pour une compétition.
> Et il a gagné le premier prix de 100€!
> Voici son histoire:

Laurent et son skateboard

Laurent était en vacances à Biarritz avec ses parents et son frère. Un jour, il est allé dans un parc en ville avec son frère. Ils ont fait du skateboard. Soudain, une très belle fille est arrivée.

"Tu aimes faire du skateboard?" a demandé Laurent.

"Non, pas spécialement," a-t-elle répondu.

"Moi, je suis expert!" a-t-il dit. "Regarde!"

Et Laurent est parti sur son skateboard.

"Regarde!" a crié Laurent. "Avec un pied seulement! Et les mains sur la tête!"

Mais il n'a pas vu la canette de coca devant lui…

"Attention!" a crié la fille.

Trop tard! Laurent est tombé, et il s'est cassé le bras.

Une heure plus tard, Laurent était à l'hôpital. Et la fille? Elle était au café avec le frère de Laurent.

une fille – *a girl*
partir – *to set off*
tomber – *to fall*
se casser le bras
   – *to break one's arm*

3 b Réponds "Non…" et écris des phrases complètes.

Exemple: **1** Non, il était en vacances.

1 Laurent était au collège?
2 Il est allé à la piscine?
3 Sa cousine est arrivée?
4 Laurent a vu la canette de coca?
5 La fille est allée au café avec Laurent?

| un jour / soudain / une heure plus tard |
| *Laurent* était… |
| il a   crié / demandé / dit / répondu |
| "Non," a-t-elle répondu |

3 c Recopie les expressions en rouge et les équivalents anglais.

Exemple: était – *was*

| asked | he said | one day | one hour later |
| she answered | shouted | suddenly | was |

Grammaire: word order with 'he said', etc.

il **a dit** "Salut!" | "Salut!" **a-t-il dit** | "Salut!" **a dit** Julien

Note:
- the pronouns *il* and *elle* come *before* the past participle; nouns come *after*
- a **t** is added to prevent two vowel sounds coming together: *a-**t**-il crié*

---

4 Recopie les dix premières lignes de l'histoire. Change un élément de chaque phrase. *extra!* Change deux ou trois éléments!

Exemple: *Margot* était à Biarritz avec ses parents et *sa sœur*. Un *week-end*, elle…

cinquante et un 51

6B Ça va? Non!

- discuss how long you've been unwell
- ask if you can (still) go out

1 a Écoute et lis le dialogue. C'est quoi en français?
1. are you OK?
2. my back hurts
3. for a long time?
4. for at least a week
5. that's no joke
6. does it hurt there?

Mme Cassou	Salut, Estelle. Ça va?
Estelle	Non, pas vraiment… J'ai mal au dos.
Mme Cassou	Mal au dos? Depuis longtemps?
Estelle	Depuis quatre ou cinq jours… Non, depuis au moins une semaine.
Mme Cassou	Hmm… Ce n'est pas amusant, ça! Ça fait mal là?
Estelle	Aïe! Oui, maman!

depuis longtemps? – *(have you had it) for a long time?*

1 b Joue et adapte le dialogue.

1 c Écris un dialogue: change les mots en rouge.

2 Détective de langue! Lis l'article.
1. Find the French for:
   a. nerve cells (**Tip**: word order is often reversed in French)
   b. blood vessels (**Tip**: sang = blood)
   c. body (**Tip**: think of the English word for a dead body).
2. What quantity of the following is found in the body of an adult?
   a. water
   b. air
   c. muscles
   d. nerve cells
   e. food in the stomach
   f. blood vessels

un milliard = mille millions

Quelques chiffres

Voici ce qu'on peut trouver dans le corps d'un adulte:
- 1 400 grammes de cerveau,
- un cœur de 300 grammes,
- 4 à 5 litres de sang,
- 45 litres d'eau,
- 2,5 litres d'air dans les poumons,
- 0,5 litre de nourriture dans l'estomac,
- 206 os pour un total d'environ 10 kilos,
- 650 muscles environ,
- plus de 100 articulations,
- 100 000 km de vaisseaux sanguins,
- 13 milliards de cellules nerveuses.

Problèmes • 6

3 a Écoute (1–4) et note la "route" du dialogue.

Exemple: 1 C → G → …

Bonjour, Antoine. Ça va?

Non, pas vraiment. J'ai mal **A** à la gorge. **B** au bras. **C** à l'estomac. **D** aux pieds. **E** au dos.

Ah oui? Depuis longtemps?

Depuis au moins **F** trois ou quatre jours. **G** une semaine. **H** deux semaines.

Hmm! Ce n'est pas amusant, ça.

Maman, je peux **I** aller à la soirée ce soir? **J** jouer dans le match de foot? **K** faire du camping ce week-end? **L** sortir samedi soir?

M Oui, bien sûr.   **N** Hmm… Je ne sais pas.   je ne sais pas – *I don't know*

3 b Joue quatre dialogues différents.

3 c **Grammaire:** *je peux + infinitif*
Complete the rule:
- French infinitives end in -*er*, ? or ?.
- Can you give two examples of infinitives with each ending?

ça va?	non, pas vraiment	
depuis	longtemps?	
	au moins	un jour / une semaine
ce n'est pas amusant, ça		ça fait mal là?
je peux	aller à la soirée chez… ce soir?	
	jouer dans le match de foot samedi?	
	faire du camping ce week-end?	
	sortir samedi soir?	
oui, bien sûr		je ne sais pas

3 d Écris deux dialogues.

4 a Quatre personnes ont un problème. Écoute et note en anglais:
a le problème   b la cause.

4 b **extra!** Invente la suite d'un de tes dialogues de l'exercice 3b.

la suite – *the continuation*

Exemple:
– Tu dois aller et rester au lit.
– Mais maman, c'est impossible! Je dois jouer dans la pièce de théâtre demain!

Stratégies! *Having a go!*

Try to use words you know from earlier units.

And don't be afraid of making mistakes: you'll learn from them!

cinquante-trois   53

6C Une plus longue histoire

- understand and write a longer story
- use your French creatively

Les problèmes de M. Blanc

A M. Blanc, qui habite à Paris, adore le tennis.

Un lundi matin de juin, M. Blanc a téléphoné à son bureau.

"Je regrette, mais je ne peux pas venir travailler aujourd'hui," a-t-il dit. "J'ai mal à la tête."

"Restez au lit, M. Blanc," a répondu son patron.

Mais M. Blanc n'est pas resté au lit…

venir travailler – to come to work
le patron – the boss

Le lendemain, à huit heures, M. Blanc a téléphoné à son bureau.

"Je regrette, mais je ne peux pas venir travailler aujourd'hui," a-t-il dit. "J'ai mal à l'estomac. Hier, j'ai mangé du poisson. Mais il était mauvais, et j'ai vomi."

"Oh là là! Pas de chance!" a répondu son patron. "Alors, à demain, M. Blanc."

Et une heure plus tard, M. Blanc a quitté la maison.

le lendemain – the next day
quitter – to leave

1 a Écoute et lis, puis réponds à ces questions.

Section A:
1 M. Blanc est allé au bureau lundi et mardi?
2 Lundi, il a dit, "J'ai mal à…"?

Section B:
3 M. Blanc est allé où?
4 Il a vraiment eu mal au dos et aux pieds, à ton avis?

Section C:
5 Le patron était de bonne humeur ou de mauvaise humeur?
6 *extra!* Pourquoi?

1 b Regarde la section A et recopie cinq verbes au présent et cinq verbes au passé.

Exemple: présent – M. Blanc habite, …

1 c À trois. Choisissez une section: A, B ou C.

A joue M. Blanc, B joue le patron et C joue le narrateur/la narratrice. Lisez avec beaucoup d'expression!

Problèmes • 6

B Le mercredi matin, M. Blanc a téléphoné encore une fois à son patron.

"Je regrette," a dit M. Blanc. "J'ai mal au dos…"

"M. Blanc!" a crié le patron. "Vous avez beaucoup de choses à faire ici. Vous venez au bureau demain?"

"Oui, bien sûr," a répondu M. Blanc.

Dix minutes plus tard, il a quitté la maison et est allé au stade Roland-Garros. C'était le tournoi de tennis de Roland-Garros, le plus grand tournoi de tennis en France.

Le jeudi et le vendredi, M. Blanc n'est pas allé au bureau. Il a inventé des excuses: mal à la gorge, mal aux pieds… Son patron était furieux, mais M. Blanc ne l'a pas écouté. Chaque jour, il est allé au tournoi de tennis. C'était vraiment passionnant!

furieux – furious

C Le lundi suivant, M. Blanc est allé au bureau.

"Ah! M. Blanc! Enfin!" a dit le patron. "Ça va bien aujourd'hui?"

"Oui, très bien, merci," a répondu M. Blanc. "Mais la semaine dernière, c'était horrible. J'ai eu mal au dos, j'ai eu mal à la tête… Et donc je suis resté au lit."

"Vraiment?" a demandé le patron. "Moi, j'ai acheté un journal. Regardez cette photo des spectateurs au stade Roland-Garros! Et là, c'est vous! M. Blanc, vous êtes renvoyé!"

suivant – following
renvoyé – sacked

2 a 💿 **Écoute une autre histoire.**

Note les excuses d'Émilie pour mardi, mercredi et jeudi.

Exemple: mardi – mal à…

2 b ✏️ **Écris ta version de l'histoire d'Émilie.**

- Invente les détails.
- Change l'histoire si tu veux.

ou extra! Invente une histoire différente.

Stratégies! Creative writing

- Make use of some of the words and phrases in the M. Blanc story.
- Remember, don't be afraid of making mistakes: you'll learn from them!

Un lundi matin de juin, Émilie a dit à sa mère, "Maman! J'ai mal à la gorge. Très mal!"

Mme Martin a téléphoné au collège. "Émilie ne peut pas aller au collège aujourd'hui," a-t-elle dit.

Mardi matin,…

Mercredi…

Jeudi…

Vendredi, Mme Martin a demandé, "Tu as mal aujourd'hui, Émilie?"

"Non, maman," a-t-elle répondu. "Ça va très bien aujourd'hui. Les contrôles sont finis… HOP!!!!"

le contrôle – school test
hop! – oops!

cinquante-cinq **55**

6D extra! Les familles de verbes

- bring together families of verbs
- use a new way of learning verbs

Stratégies! *Verb families*

In French, as in English, one verb may look similar in its different tenses, while another may look very different.

1 ✏️ Complète les devoirs d'anglais de Kévin. Recopie et complète la grille.

infinitive	present tense (I)	present tense (he)	past tense
to look	I look	he looks	I looked
			I watched
		he goes	
	I can		

2 📖 Recopie les paires: deux verbes de la même famille. Ajoute l'anglais.

même – same

Exemple: je peux *(I can)* + pouvez-vous? *(can you?)*

> je peux   ils ont   j'ai pris   tu as fait
> avez-vous?   nous allons   lis
> je veux   j'achète   tu es   il doit

> j'ai   pouvez-vous?   ils font   je prends
> j'ai lu   tu as acheté   je dois   il va
> elle veut   j'ai eu   elles sont

3 a ✏️ Recopie et complète la grille. Si nécessaire, regarde dans le dictionnaire.

l'infinitif	le présent (je)	le passé (je)
regarder – to watch	je regarde	j'ai regardé
faire – to do		
		je suis allé(e)
voir – to see		
	j'ai	
boire – to drink		

Stratégies! *Looking up verbs*

Find out where the verb list in your dictionary is and use it to look up the verbs.

3 b ✏️ Choisis trois autres verbes. Ajoute trois lignes à ta grille.

4 📖 Apprends les verbes de cette page.

Stratégies! *Learning verbs*

A good way to learn verbs is to group them together in categories. You'll remember better if *you* choose the categories.

Examples:
1. *j'ai lu, j'ai vu, j'ai eu* – past participle is two letters, ending in U.
2. *je veux, j'ai vomi, j'ai vu* – all begin with V.

Can you invent two (or more!) further categories?

56 cinquante-six

Sommaire

Problèmes • 6

Aïe! J'ai mal...	**Ouch! My... hurts**
j'ai mal au bras	my arm aches/hurts
j'ai mal au dos	my back aches
j'ai mal au genou	my knee hurts
j'ai mal à la tête	I've got a headache
j'ai mal à la gorge	I've got a sore throat
j'ai mal à la main	my hand hurts
j'ai mal à l'estomac	I've got stomach ache
j'ai mal aux pieds	I've got sore feet
tu as mal au dos?	have you got back ache?
un jour	one day
soudain	suddenly
une heure plus tard	one hour later
elle était au café	she was in the café
il a dit "Oui."	he said 'Yes.'
il a demandé "Où?"	he asked 'Where?'
il a crié "Oh!"	he shouted 'Oh!'
il a répondu "Non!"	he answered 'No!'
"Oui," a-t-il dit	'Yes,' he said
"Où?" a-t-il demandé	'Where?' he asked
"Oh!" a-t-il crié	'Oh!' he shouted
"Non!" a-t-il répondu	'No!' he replied

Ça va? Non!	**Are you OK? No!**
ça va?	are you OK?
non, pas vraiment	non, not really
depuis longtemps?	(have you had it) for a long time?
depuis...	for...
au moins	at least
un jour	one day
une semaine	one week
un mois	one month
ce n'est pas amusant, ça	that's no joke
ça fait mal là?	does it hurt there?
je peux...?	can I...?
aller à la soirée chez Inès?	go to the party at Inès' house?
jouer dans le match de foot?	play in the football match?
faire du camping?	go camping?
sortir?	go out?
ce soir	this evening
ce week-end	this weekend
samedi soir	on Saturday evening
oui, bien sûr	yes, of course
je ne sais pas	I don't know

Grammaire:

- word order
  - *il a dit* "Bonjour!"
  - "Bonjour!" *a-t-il dit*
  - "Bonjour!" *a dit* Laurent
- *au, à la, à l', aux*
  - j'ai mal...
  - **au** + masculine noun
  - **à la** + feminine noun
  - **à l'** + masc. or fem. noun beginning with a vowel
  - **aux** + masc. or fem. plural noun
- *je peux* + infinitif
  - French infinitives end in -**er**, -**re** or -**ir**:
  - e.g. *je peux* all**er**, *je peux* fai**re**, *je peux* sort**ir**

Stratégies!

★ **extra!** noting the gender of new words, so you can apply grammar rules (e.g. *j'ai mal au doigt*)

★ taking and adapting sentences from model texts to write creatively

★ don't be afraid of making mistakes when writing stories, etc. in French

★ **extra!** learning verbs by putting them in categories (e.g. families, similar spellings)

1 word 2 meanings
une heure plus tard – *an hour later*
à une heure – *at one o'clock*

cinquante-sept **57**

Révision: unités 5 et 6

Stratégies! *Preparing for your assessment*

- Look back at the *Sommaire* pages for unit 5 (p. 49) and unit 6 (p. 57) and select up to ten words you can't remember very well.
- Make a small 'memory card' for each one: write the French on one side and the English on the other. Use the cards to practise: read one side and say the word on the other side from memory.

1 Lis l'histoire. Regarde les images et écris les lettres dans le bon ordre.

Exemple: D, …

Une journée à la campagne

Un jour, Mohamed est allé à la campagne avec son copain, Arthur. Le matin, il a fait très beau. Les deux garçons ont fait du cheval. C'était vraiment génial.

Après ça, ils ont fait une randonnée à pied. "Regarde!" a crié Mohamed. "Il y a une grande grotte." Dans la grotte, Mohamed et Arthur ont fait griller des saucisses.

Mais 30 minutes plus tard…

"Aïe!" a dit Arthur. "J'ai très mal à l'estomac!" Et soudain, il a vomi.

"J'ai mon portable," a dit Mohamed, et il a téléphoné à son père.

Deux heures plus tard, Mohamed était chez lui, devant la télé. Et Arthur était aux toilettes…

2 Listen to conversations (1–3) in tourist offices. Note in English **four** things you can do in each place.

Example: **1** go surfing, …

3 Invente et écris un dialogue à l'office du tourisme, avec les expressions:

aider   liste   on peut…?   c'est loin?   à pied

4 Tu as mal… Invente un dialogue avec ton père.

Exemple: Ça va?   Non, j'ai mal au / à la / à l' / aux…

Accident en mer

Mathieu Villeroy, 28 ans, adore la voile. Le vendredi 16 février 2004, il a quitté le port de Concarneau vers 13h. L'océan était assez calme. Mais soudain, vers 16h, son mât a craqué, son bateau s'est retourné et Mathieu Villeroy est tombé à l'eau. Mathieu n'a pas paniqué. Il s'est attaché à son bateau, et il a passé six heures dans l'eau froide.

Ses amis ont alerté la police vers 18h30. Finalement, un hélicoptère de la Marine nationale a retrouvé Mathieu, dans la mer, mais près de la côte, vers 22h.

Souffrant d'hypothermie, Mathieu a été transporté à l'hôpital. Il a pu quitter l'hôpital samedi après-midi.

le mât – *mast*
craquer – *to crack*
le bateau – *boat*
se retourner – *to overturn*
tomber – *to fall*

Accident en montagne

J'adore le ski. Le 4 janvier 2002, après trois jours de neige, il a fait très beau, et une amie et moi avons décidé de faire du ski dans une région où il n'y avait pas de touristes. C'était stupide, je sais: nous n'avons pas pris de précautions!

Le matin, nous n'avons pas eu de problème. Mais soudain, après le déjeuner, j'ai vu des fissures dans la neige. J'ai crié "Attention!" mais c'était trop tard! L'avalanche a commencé et la neige m'a emportée immédiatement. Tout était blanc. J'avais dix centimètres de neige sur la tête, le dos, les bras et les jambes.

Finalement, la neige s'est arrêtée. J'avais une main libre, et je me suis libérée. J'ai vu mon amie et je l'ai aidée. Nous avons eu énormément de chance!

Marine Mattard

les fissures – *cracks*
emporter – *to carry*
libre – *free*

1 Mathieu, Marine, or both Mathieu **and** Marine?
   a The person was doing a sport they really loved.
   b The conditions were good.
   c Suddenly there was an emergency.
   d A helicopter came to the rescue.
   e He/She called a warning.
   f He/She had to go to hospital.

2 Who do you think was more responsible for their accident: Mathieu or Marine? Explain why.

cinquante-neuf 59

7 Sadiq en France

7A Le dîner chez les Cassou

- understand offers of food and drink
- talk politely at the table
- use expressions with *avoir*

1 Lis le texte et recopie un verbe...
1. au présent
2. au passé
3. au futur
... et note l'anglais.

> Hier soir, Sadiq est arrivé à Biarritz avec un groupe d'élèves de York. Il va passer une semaine chez Kévin. Ce soir, il dîne avec la famille.

> Sadiq, tu veux du gâteau au chocolat?

> Oui, je veux bien.

du poulet

du potage

de la sauce

de la crème chantilly

du gâteau au chocolat

des pommes de terre

des petits pois

des carottes

2 a Écoute (1–8). On offre quoi? Sadiq accepte ✔ ou refuse ✗?

Exemple: 1 du gâteau au chocolat ✔

2 b Can you explain when to use **du**, **de la** and **des**?

2 c À deux: vous pouvez écrire combien de choses à manger et à boire en français?

Exemple: de la viande, du riz, ...

10 choses: bien
15: très bien
20: super!

> "Tu veux du pain?"
> "Merci."
>
> **Attention!**
> La réponse "merci" = **non** merci!

60 soixante

Sadiq en France • 7

3 a Sadiq est à table avec la famille. Écoute et lis.

Avant de manger, la famille dit...
– "Bon appétit!" en France,
– "Buon appetito" en Italie,
– "Guten Appetit" en Allemagne.
Et on dit quoi en Grande-Bretagne?

– Sadiq, assieds-toi là, en face de Kévin.
– Bon appétit!
– Tu as faim, Sadiq?
– Oui, j'ai faim.
– Tu veux des carottes?
– Oui, je veux bien.
– Tu as soif? Tu veux encore de l'eau?
– Non, merci.
– Tu veux encore des pommes de terre? Tu manges comme un oiseau!

3 b C'est quoi en français?
1 *sit there*
2 *enjoy your meal*
3 *are you hungry?*
4 *would you like some more water?*

3 c Grammaire: expressions with *avoir*
J'ai means 'I have'. But in these phrases, it means 'I am':
I am 14 = *j'ai* 14 ans
I am hungry = ?   I am thirsty = ?

3 d Joue et adapte le dialogue.

| assieds-toi là | bon appétit | tu as faim / soif? | j'ai faim / soif |
| tu veux (encore) | du potage / du poulet / du gâteau au chocolat de la sauce / de la crème chantilly des pommes de terre / des petits pois / des carottes | | oui, je veux bien non, merci |

4 Lis les définitions. C'est quel mot de la page 60?

Exemple: 1 C'est du poulet.

A C'est de la viande, donc ce n'est pas pour les végétariens.

B C'est sucré, et c'est bon! Ce dessert peut être au chocolat, au citron, au café, aux pommes, etc.

C On mange ce légume sous beaucoup de formes différentes: à l'eau, frites, chips, ...

D C'est un petit légume, rond et vert. On les mange avec de la viande, du poisson, du riz ou des pommes de terre.

E C'est un légume long et orange. On les mange crues ou cuites à l'eau ou au beurre.

F On l'ajoute à la viande ou aux légumes. Ça peut être épicé, à la crème, aux tomates, à la moutarde...

5 Écoute et lis. Note les infos (1–6).

Les Français mangent de moins en moins à ___[1] fixe. Ils mangent de plus en plus dans la rue, dans la ___[2], dans le métro. 30% des enfants grignotent à l'___[3] et ___[4] à la maison. ___[5] des adultes grignotent au travail, et ___[6] à la maison.

grignoter – to snack between meals

G. Mermet, *Francoscopie*

7B Conversations à table

- chat at the table
- use *tu* and *vous* correctly
- try out new language

Vous me passez l'eau, s'il **vous** plaît?

Voilà, Sadiq.

Tu me passes les carottes, s'il **te** plaît?

Oui, voilà.

1 a **Grammaire:** *tu, vous*
- Read and listen to the conversation.
- How do you decide whether to call someone *tu* or *vous*?

1 b Écoute (1–10). Sadiq parle à Madame Cassou (Mme C) ou à Estelle (E)?

extra! Sadiq veut quoi? Écris des notes.

Exemple: 1 Mme C (*extra!* l'eau)

1 c Joue les mini-dialogues (1–8).

Exemple: **A** Tu me passes le poulet, s'il te plaît?
B Oui, voilà.

tu me passes les carottes, s'il te plaît?
vous me passez l'eau, s'il vous plaît?
oui, voilà

2 Loto! (x 2) Écris dix choses à manger ou à boire.
Écoute: Estelle et Kévin disent combien de tes mots?

62 soixante-deux

Sadiq en France • 7

3 a 🎧 À table, on parle de beaucoup de choses différentes!

Écoute et lis (1–2). On parle de quels thèmes:

A, B ou C?   D, E ou F?   G, H ou I?

– Assieds-toi là, Sadiq, à côté de Kévin.
– Bon appétit.
– Tu as faim, Sadiq? Tu veux de la viande?
– Oui, je veux bien. J'ai très faim aujourd'hui.

… **A** la ville   **B** le collège   **C** un dîner chez Sadiq

– Tu as soif, Estelle? Tu veux encore du jus d'orange?
– Non, merci. Je préfère de l'eau.

… **D** les émissions de télé   **E** les publicités à la télé   **F** la famille

– Tu me passes les pommes de terre, s'il te plaît, Kévin?
– Bien sûr! Voilà, maman.
– Merci.

… **G** une star   **H** un parc d'attractions   **I** un magasin

3 b ✏️ À deux: écrivez une conversation avec trois thèmes différents. Ton modèle: l'exercice 3a.

Par exemple:
1 Tu aimes ton collège? Pourquoi?
2 Quelle est ta star préférée? Pourquoi?
3 Tu fais quoi le week-end? Tu sors?

extra! Ajoute deux thèmes: tu peux choisir!

▶ **Stratégies!** *Saying more*

When you're in France, it's friendly to say as much as you can, even if you sometimes make mistakes.

3 c 💬 Jouez votre dialogue.

C'est un dialogue naturel et intéressant? La classe donne une note (1 → 5).

4 a 📖 Lis les textes. Qui…
a fait une confession?
b critique?
c se défend?

> J'ai l'horrible habitude de grignoter entre les repas. Je mange du chocolat quand je fais mes devoirs; je mange des chips quand je regarde la télé. C'est comme une drogue!
> *Pierre*

> À mon avis, il y a trop de fast-foods en ville. Des hamburgers avec de la salade, des hamburgers avec du fromage et de la salade, des hamburgers avec du fromage, des tomates et de la salade… Ce n'est pas très original!
> *Gaëlle*

> Quand je sors avec mes amis, on va souvent au fast-food. Et pourquoi pas? Je fais beaucoup de sport, et je mange beaucoup de légumes à la maison. J'ai un style de vie équilibré: aller dans un fast-food une fois tous les quinze jours ne va pas me faire de mal!
> *Aline*

4 b 📖 Which person is most like you? Give your reasons.

soixante-trois 63

7C On dîne vers huit heures

- compare eating habits in France and Britain
- understand new words and phrases
- understand different uses of *on*

Sadiq	On dîne assez tard en France normalement?
Kévin	Généralement, oui.
Sadiq	Et vous? Vous dînez assez tard aussi?
Kévin	Oui, nous, on dîne vers 8 heures. Et vous?
5 **Sadiq**	Normalement, en Grande-Bretagne, on dîne plus tôt. Nous, on dîne vers 6 heures.
	Et on dîne généralement en famille en France?
Kévin	Ça dépend. Dans ma famille, on dîne ensemble.
Sadiq	Moi, je dîne souvent avec ma sœur,
10	et mes parents dînent plus tard.
Kévin	Pendant la journée je grignote beaucoup. Je mange des chips, des biscuits...
Sadiq	Moi aussi. Et ma mère me gronde.
Kévin	Oui, ma mère me gronde aussi!

1 a Écoute et lis la discussion.

Stratégies! *Class shared reading*

1 *tard* = late ⟶ *assez tard* = ?
 tôt = early; *plus grand* = bigger ⟶ *plus tôt* = ?

2 The **-ment** ending often corresponds to **-ly** in English (e.g. vrai**ment** = real**ly**).
 - Find two examples in the dialogue.
 - Predict the French word: probably = *probable*__?__ finally = *finale*__?__

3 *pendant* les vacances = **during** the holidays; *toute* **la journée** = all **day** ⟶ *pendant la journée* = ?

4 *grignoter*: see page 61 exercise 5.

5 *ma mère* **me** *gronde* = my mother goes on at **me**
The pronoun comes before the verb, like *je* **les** *aime* (I like **them**), *je* **le** *prends* (I'll take **it**).

1 b Réécoute. Puis discutez en classe des problèmes de prononciation.

Exemples: normalement – On ne prononce pas le t. "-ment" rime avec "dans".

1 c Joue le dialogue.
Joue la première section, puis la première et la deuxième, et finalement, tout le dialogue.

64 soixante-quatre

Sadiq en France • 7

♻️ **Grammaire:** *on* people; we
- *on* can mean 'people in general': *en France, **on** dîne tard* in France, **people** eat late
- *on* can also mean 'we': ***on** dîne tard chez moi* **we** eat late in my house
- *on* takes the same form of the verb as *il/elle: il mange* ⟶ *on mange.*

2 📖 **Regarde la discussion à la page 64.**

on = *we (Kévin's family)?*   *we (Sadiq's family)?*   *people in France?*   *people in Britain?*

Exemple: ligne 1: on = *people in France*

ligne 1: on = ?   ligne 6: on = ?
ligne 4: on = ?   ligne 7: on = ?
ligne 5: on = ?   ligne 8: on = ?

3 🎧 **Écoute Estelle et explique "le goûter" et "les hors d'œuvres" en anglais.**

◂ *Les pains au chocolat, c'est bon!*

◂ *Une "assiette anglaise"*

normalement, généralement,	nous, on dîne / moi, je dîne	assez tôt / assez tard
vous dînez / mes parents dînent	en famille / ensemble
on dîne vers 8h	en France / en Grande-Bretagne
et vous?	ça dépend	dans ma famille, on dîne	plus tôt / plus tard
pendant la journée, je grignote beaucoup	moi aussi

4 💬 **Pose les questions à ton/ta partenaire. Change de rôle.**
1 Vous dînez assez tard dans ta famille?   *Ça dépend. Parfois...*
2 Vous dînez généralement ensemble?   *Normalement, on...*
3 Tu grignotes beaucoup pendant la journée?   *Oui, je.../Non, je...*
   (Tu manges quoi?)   *Je mange par exemple...*

extra!
4 Vous mangez quoi généralement le soir?   *Généralement, on mange...*
5 Vous mangez où? Dans la cuisine...?   *Normalement, on...   Mais le week-end, on...*
6 Vous discutez de quoi? Du collège, de la télé...?   *On discute du/de la...*

5 ✏️ **Écris un e-mail à Kévin. Parle du dîner chez toi (avec les détails de l'exercice 4).**

soixante-cinq **65**

7D *extra!* Impressions de la France

- note differences between France and Britain

Voici les impressions de la classe de Sadiq après sa visite à Biarritz.

A Les Français sont fanas de cyclisme. J'ai vu beaucoup de cyclistes, même en montagne! Par contre, les Français ne jouent pas au cricket.

B Mon correspondant m'a dit que les élèves ont beaucoup trop de devoirs. Ça, c'est comme chez nous! Mais les élèves français ont deux mois de vacances en été. Ils ont de la chance!

C En France, on écoute beaucoup de musique anglo-saxonne (des groupes et des chanteurs britanniques et américains), tandis que nous, on n'écoute pas de musique française.

D En France, on doit avoir une carte d'identité. Le soir, quand on sort, on change de pantalon – et la carte d'identité est dans l'autre pantalon! C'est compliqué!

E Les gendarmes sont toujours armés. Moi, je n'ai pas aimé ça. Ça m'a fait peur!

F Généralement, en France, on ne met pas de lait dans le thé. Par contre, quand on dîne, il y a toujours du pain sur la table. J'ai beaucoup aimé ça.

G Pour la fête d'anniversaire, on a un gâteau avec des bougies – comme chez nous!

1 a Écoute et lis les textes. Si nécessaire, demande à ton prof: "C'est quoi en anglais, …?"

1 b What two things surprise you the most?

1 c Compare la France et la Grande-Bretagne avec les expressions:
- par contre, ici… – *on the other hand, here…*
- tandis que chez nous… – *whereas here…*
- ça, c'est comme chez nous – *that's like here/us*

Exemple: Les Français sont fanas de cyclisme, *tandis que chez nous*, le cyclisme n'est pas très populaire.

2 Écoute (1–3). On parle des différences entre la France et la Grande-Bretagne. Note les détails en anglais.

Stratégies! *Shared listening*
Note any clues you can each time you listen. Piece them together as a class.

66 soixante-six

Sommaire

Sadiq en France • 7

Le dîner chez les Cassou
The evening meal at the Cassou's house

assieds-toi là	sit down there
bon appétit	enjoy your meal
tu as faim?	are you hungry?
tu as soif?	are you thirsty?
tu veux... ?	would you like... ?
tu veux encore... ?	would you like more... ?
du potage	soup
du poulet	chicken
du gâteau au chocolat	chocolate cake
de la sauce	gravy/sauce
de la crème chantilly	whipped cream
des pommes de terre	potatoes
des petits pois	peas
des carottes	carrots
oui, je veux bien	yes, please
non, merci	no, thanks

Conversations à table
Conversations at the table

tu me passes la sauce, s'il te plaît?	would you pass me the gravy, please? (to a young person)
vous me passez l'eau, s'il vous plaît?	would you pass me the water, please? (to an adult)
voilà	here you are

On dîne vers huit heures
We eat at about 8 o'clock

normalement	usually
généralement	generally
nous, on dîne...	we eat our evening meal...
dans ma famille, on dîne...	in my family, we eat...
moi, je dîne...	I eat...
vous dînez... ?	do you eat... ?
mes parents dînent...	my parents eat...
assez tôt	quite early
assez tard	quite late
plus tôt	earlier
plus tard	later
en famille	together as a family
ensemble	together
en France	in France
en Grande-Bretagne	in Britain
on dîne vers 8 heures	we eat at about 8pm
et vous?	and you?
ça dépend	it depends
pendant la journée	during the day
je grignote beaucoup	I snack a lot
moi aussi	me too

Grammaire:
- expressions with *avoir*: **j'ai** faim I am hungry, **tu as** soif? are you thirsty?
- use **tu** with people of your own age: verbs used with *tu* usually end in **-s**; use **vous** with adults: verbs used with *vous* usually end in **-ez**
- **on** can mean 'people in general' and also 'we'

Stratégies!
★ it's friendly to say as much as you can – have a go!
★ class shared reading: working out the meaning of new language
★ **extra!** shared listening: noting clues and piecing them together as a class

1 word 2 meanings
les **pommes** – **apples**
les **pommes de terre** – **potatoes**

soixante-sept 67

8 Les médias et les stars

8A Dans le journal

- read news items
- work out new expressions
- use *arriver* in the past tense

Incendie à Miremont

Hier soir, il y a eu un incendie **au centre commercial** de Miremont.

L'incendie a ravagé **un supermarché**.

Les pompiers sont arrivés immédiatement et une ambulance est arrivée **dix** minutes plus tard.

Aujourd'hui, la police a arrêté **deux** suspects.

1 a 💿 Écoute et lis le reportage.

1 b Stratégies! **Class shared reading**
- How many new words can you work out? *How* do you work them out?

    Example: *un incendie* = a fire: you can tell from the photo and the caption

1 c ✏️ Note en français et en anglais:
  a quatre expressions de temps
  b trois services d'urgence.

  Exemple: **a** hier soir – *yesterday evening*, …

2 💿 Écoute la deuxième version. Note cinq différences (les mots en **rouge**).
  Exemple: 1 lundi soir

3 a ✏️ Trouve les paires et écris un reportage.

Hier matin, il y a eu…	…minutes plus tard.
L'incendie a ravagé…	…a arrêté cinq suspects.
Les pompiers sont arrivés…	…un incendie au centre-ville de Beauville.
Une ambulance est arrivée quinze…	…immédiatement.
Aujourd'hui, la police…	…une grande usine.

Il y a eu un incendie à Miremont

3 b 💬 Tu es journaliste de radio. Présente ton reportage.

68 soixante-huit

Les médias et les stars • 8

4 a Grammaire: *le passé avec être*

*l'incendie **a** ravag**é***: can you explain…
1 the auxiliary **a**   2 the **-é** on the past participle?

Like *aller*, the verb *arriver* takes *être* instead of *avoir* in the past tense.
Verbs with *être*: add **-e** (fem. sing.), **-s** (masc. plural), **-es** (fem. plural) to the past participle.

masc: *je **suis** arrivé*   I arrived   fem: *je **suis** arrivée*   I arrived
*un reporter **est** arrivé*   *une ambulance **est** arrivée*
*les pompiers **sont** arrivés*   *les ambulances **sont** arrivées*

4 b Dans les articles A et B trouve:
a six verbes au passé avec **avoir**
b trois verbes au passé avec **être**.

Exemple: **a avoir**: ont pris, …

un voleur

Un cambriolage

4 c Lis les articles A et B. Réponds aux questions 1–6 pour A et B.
1 Il y a eu un cambriolage. Quand?   4 Ils ont pris quoi?
2 Où?   5 La police est arrivée quand?
3 Combien de voleurs?   6 Deux conséquences?

Exemple: **1 A** hier après-midi
           B vendredi matin

A Il y a eu un cambriolage au centre sportif de Seuron hier après-midi. Trois ou quatre voleurs ont pris des ordinateurs et des téléphones portables, puis ils ont disparu. La police est arrivée vers seize heures. On a trouvé deux ordinateurs près du parking et, ce matin, la police a arrêté quatre suspects.

B Il y a eu un grave incident vendredi matin au centre-ville d'Ambon. Une voiture est arrivée devant la banque et deux hommes sont entrés. Ils ont pris vingt mille euros, et puis ils sont partis avec la voiture.
"La police est arrivée immédiatement," a dit Mme Martin, qui était dans la banque.
"Mais c'était trop tard: les voleurs n'étaient plus là!"
Ce matin, la police a déclaré qu'on a arrêté deux suspects. La banque est fermée jusqu'à mardi.

5 Écoute deux autres reportages. Note les détails.
Exemple: incendie, samedi matin, …

6 Écris un reportage: adapte l'article de l'exercice 1. (Change les mots en **rouge**.)
extra! Imagine un incident.
Exemple: **1** *Samedi* soir, il y a eu un incendie…

hier après-midi / hier soir / *vendredi* matin	
il y a eu un incendie *au centre commercial* de…	
l'incendie a ravagé *un supermarché*	
une ambulance / la police	est arrivée
les pompiers	sont arrivés
immédiatement / *dix* minutes plus tard	
aujourd'hui, la police a arrêté *un suspect*	

soixante-neuf   69

8B Les derniers échos

- read and write gossip about stars
- use verbs with *avoir* and *être* in the past tense

les derniers échos – the latest gossip

Estelle et Kévin adorent lire les derniers échos sur les stars.

1 a Écoute les phrases 1–5. Trouve les paires: phrases (1–5) et images (A–E).

1. Alexia Villard a eu son premier bébé!
2. Mathéo Meunier est entré dans une clinique de désintoxication.
3. Océane a divorcé de son mari, Bastien.
4. Enzo a épousé Maeva, et la cérémonie était spectaculaire.
5. Valentin a rompu avec sa femme, Lucie; il sort maintenant avec Noémie Cartin.
6. Il va y rester pendant deux mois.
7. Elle est partie aux Bahamas avec Noah.
8. Il a 45 ans et sa nouvelle petite amie a 18 ans.
9. C'est un petit garçon qui s'appelle Adrien.
10. Après le mariage, ils sont partis au Mexique. Ils y sont arrivés mardi dernier.

1 b Pour chaque phrase 1–5, trouve la suite qui correspond (6–10).

1 c Écoute et vérifie.

1 d Trouve les verbes français (1–8) dans le texte.

Exemple: 1 *has had* – a eu

1. has had
2. has gone into
3. has divorced
4. has married
5. has broken up with
6. has gone off to
7. went off to
8. arrived

- Regarde ta liste. Coche (✔) les verbes avec *être*.

1 e Grammaire: the past tense

- Explain the -**e** on *elle est partie* and the -**s** on *ils sont partis* (<< Grammaire, p. 69).
- The past tense in French can have two meanings in English:
  X *a rompu avec* Y = X **broke up** with Y
  or X **has broken up** with Y

70 soixante-dix

Les médias et les stars • 8

1 f 💬 A commence une des phrases 1–10; B complète la phrase.

Exemple: A Elle est partie...
B ... aux Bahamas avec Noah.

2 ✏️ Recopie et complète les phrases.

Exemple: 1 Tu as entendu? Anne a divorcé de...

1 Tu as entendu? Anne ___ divorcé de son ___, Max.
2 Caroline a ___ avec son petit ami, Martin.
3 Murat et Andréa ___ partis en Australie.
4 Génial! Arthur a ___ sa petite amie, Valérie.
5 Marion est entrée ___ une clinique de désintoxication.
6 Laura a eu son premier ___.

tu as entendu?	
X est	entré(e) dans une clinique
	parti(e) en / au / aux... avec Y
ils sont	partis en / au / aux...
X a	divorcé de / épousé Y
	rompu avec sa femme / son mari
	eu son premier bébé
c'est un petit garçon qui s'appelle...	
Y sort maintenant avec Z	

3 💿 Écoute Estelle et sa mère et lis le texte. Note en anglais quatre histoires inventées sur le président.

> Maman, tu as entendu? Le président et sa femme ont divorcé en secret la semaine dernière! Je l'ai entendu à la radio.
>
> Non! Vraiment?!
>
> Oui, et il sort maintenant avec un top-modèle de dix-sept ans. On dit qu'elle a un petit garçon.
>
> Non, c'est pas vrai!
>
> Si! Et en plus, ils sont partis ensemble aux États-Unis. Ils vont probablement y rester pendant deux mois.
>
> Tu rigoles!
>
> Non, c'est vrai! Et après ça, on dit qu'il va entrer dans une clinique de désintoxication parce qu'il a des problèmes de drogue.
>
> Le président se drogue?!! C'est pas possible!
>
> Poisson d'avril!

poisson d'avril – *April Fool*

4 a ✏️ C'est le premier avril. Écris les derniers échos sur tes stars préférées.
Tu peux inventer des détails amusants et exagérés!

4 b 💬 *extra!* A invente des histoires sur des stars; B donne ses réactions.

Exemple: A Tu as entendu? Eminem sort maintenant avec Britney Spears.
B Vraiment?!
A Oui, et en plus...

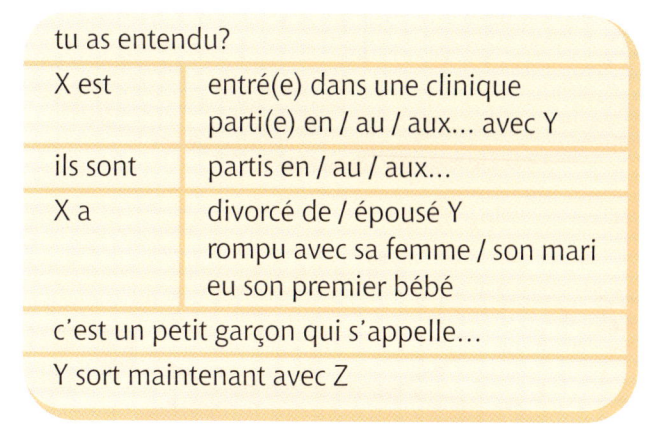

vraiment?
non, c'est pas vrai!
tu rigoles!

soixante et onze 71

8C Un DVD de Johnny Depp

- ask where items are in a shop
- read a biography of a star
- practise negatives

Kévin veut acheter le dernier DVD de Johnny Depp. Il va en ville.

1 Pardon madame/monsieur, avez-vous… ?
- A des journaux anglais
- B des CD vierges
- C des range-CD
- D des agendas
- E des DVD
- F des écouteurs

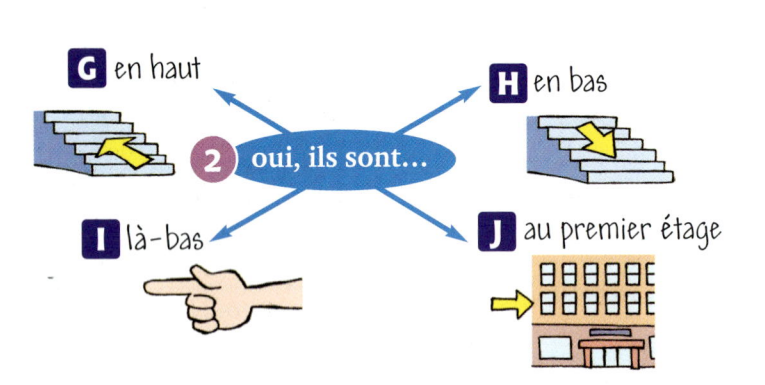

2 oui, ils sont…
- G en haut
- H en bas
- I là-bas
- J au premier étage

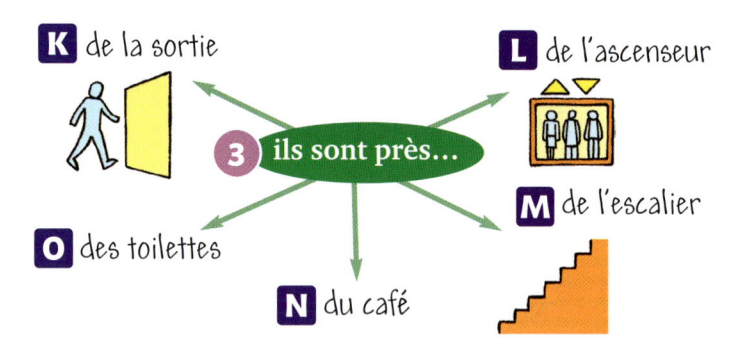

3 ils sont près…
- K de la sortie
- L de l'ascenseur
- M de l'escalier
- N du café
- O des toilettes

1 💿 Regarde les diagrammes. Écoute les conversations 1–5 et note les lettres A–O.

Exemple : E, H, L

2 a ✏️ Écoute et lis le dialogue.

– Pardon madame, avez-vous des DVD?
– Bien sûr. Ils sont au premier étage, près de l'ascenseur.
– Pardon, je n'ai pas compris.
– Au premier étage, près de l'ascenseur.
– Merci bien, madame.
– De rien.

pardon, madame / monsieur		
avez-vous	des journaux anglais / des DVD / des écouteurs / des CD vierges / des range-CD / des agendas	
bien sûr,	ils sont	en haut / en bas là-bas au premier étage
près	du café / de la sortie / des toilettes de l'ascenseur / de l'escalier	
pardon, je n'ai pas compris		
merci bien	de rien	

2 b 💬 Joue le dialogue, puis change les détails en rouge.

3 a 💿 Écoute (1–5). Note en anglais:
a l'objet désiré **b extra!** où exactement?

3 b ✏️ Écris deux dialogues.

72 soixante-douze

Les médias et les stars • 8

Johnny Depp: un Américain en France

L'acteur Johnny Depp, qui habite en France depuis 1998, est riche et célèbre. Mais il a eu des problèmes dans la vie...

Son père et sa mère se sont séparés quand il était petit. À l'école, Johnny s'est drogué.

Plus tard, Johnny et Winona Ryder étaient le couple le plus célèbre de Hollywood. Mais les paparazzi les ont persécutés: ils se sont séparés en 1993, et Johnny est passé par une période difficile parce qu'il n'y avait personne d'important dans sa vie. Il a trop fumé, il a trop bu. En plus, un soir, il a vandalisé sa chambre dans un grand hôtel. Par conséquent, la police l'a arrêté et Johnny a passé la nuit en prison.

Depuis 1998, Johnny vit avec la star française, Vanessa Paradis. Le couple a deux enfants. La vie avec Vanessa a transformé Johnny. Il ne se drogue plus; sa vie n'est plus chaotique. La vie avec Vanessa, c'est le paradis!

4 a Écoute et lis. On mentionne ces thèmes: oui ou non?
1. ses parents
2. sa maison
3. les journalistes
4. ses films
5. sa musique
6. ses problèmes
7. sa famille
8. la fin des ses problèmes

4 b Grammaire: expressions négatives
- How would you change *il fume* to make it mean 'he **doesn't** smoke'?
- Here are some more negative expressions:

ne [verb] **rien**   *il ne fait rien*
                           he does nothing

ne [verb] **jamais**   *il ne sort jamais*
                           he never goes out

ne [verb] **plus**   *il ne fume plus*
                           he doesn't smoke any more

ne [verb] **personne** *il ne voit personne*
                           he doesn't see anyone

4 c Trouve trois expressions négatives dans le texte. Écris-les en français et en anglais.

5 a Recopie le texte et ajoute les expressions négatives 1–6.

Exemple: 1 Elle ne sort pas souvent...

1 ne ... pas	4 ne ... rien
2 ne ... plus	5 ne ... pas
3 ne ... jamais	6 ne ... personne

Sonia Leclerc est une chanteuse célèbre. Elle **sort** (1) souvent le soir. Elle **fume** (2) et elle **boit** (3). Le matin, quand elle se lève, elle boit du café mais elle **mange** (4). Elle **prend** (5) la voiture pour aller au travail. Elle signe des autographes pour tous ses fans: elle **refuse à** (6).

5 b extra! Invente quatre phrases négatives.

6 Écoute (1–5). C'est vrai ou faux?
1. L'actrice Eva a divorcé de son mari, Tom.
2. Mélissa Ngongo a eu un bébé.
3. Il y a eu un incendie au centre sportif.
4. Des voleurs ont pris deux ordinateurs.
5. La police a arrêté un suspect.

Stratégies! Listening to the detail

Don't miss the negative phrase if there is one: it makes all the difference!

e.g. *il n'a pas rompu avec sa femme* – he **hasn't** broken up with his wife

8D extra! Révision du passé

- revise the past tense
- practise verbs with auxiliary *avoir* and *être*

1 a Grammaire: *le passé avec avoir*

The past tense (also called the 'perfect tense') always has two parts: the auxiliary verb + the past participle.

- The auxiliary verb is usually **avoir**: *j'***ai**, *tu* ?, *il* ?, *nous* **avons**, *vous* ?, *elles* ?
- The past participle: regular verbs end in -**é**: *j'ai mang***é**, *la police a arrêt***é**
  other verbs have to be learnt, e.g. *j'ai* **eu** (I had), *elle a* **pris** (she took)

1 b What's the French for… ?

1 we drank   2 I saw   3 they read   4 she went cycling   5 did you eat?

Grammaire: *le passé avec être*

- A few verbs have **être** as the auxiliary verb:
- For these verbs, the past participles must 'agree' with the subject of the verb:

  fem. sing. add -**e**   masc. pl. add -**s**   fem. pl. add -**es**

je suis	allé(e)	I went
tu es	allé(e)	you went
il est	allé	he went
elle est	allée	she went

nous sommes	allé(e)s	we went
vous êtes	allé(e)(s)	you went
ils sont	allés	they went (m)
elles sont	allées	they went (f)

aller to go, *rester* to stay, *entrer* to enter, *sortir* to go out, *arriver* to arrive, *partir* to leave

1 c Read these three sentences and explain how the spelling of *sorti* tells you something about **who** went out.

1 Vous êtes sortie hier soir?   2 Vous êtes sortis hier soir?   3 Vous êtes sorti hier soir?

2 a Écris les expressions en rouge en français.

Exemple: Ma cousine Jade est arrivée…

Ma cousine Jade *[arrived]* vendredi. Le lendemain, nous *[went]* en ville. J'*[bought]* un DVD et Jade *[bought]* un range-CD.
L'après-midi, nous *[stayed]* à la maison, mais le soir nous *[went out]*. Nous *[saw]* un film au cinéma. Jade *[ate]* une glace énorme, et moi, j'*[drank]* un coca.

Stratégies! Working it out logically

Think in five steps:
1 What French verb do you need?
2 Is the auxiliary verb *avoir* or *être*?
3 What's the right form of *avoir* or *être*?
4 How do you spell the past participle?
5 Does the past participle have to 'agree'?

2 b Utilise *huit* verbes de la boîte pour décrire le week-end dernier.

acheter   aller   dîner   faire   inviter   jouer   manger
partir   prendre   regarder   rester   sortir   surfer   voir

74   soixante-quatorze

Sommaire

Les médias et les stars • 8

Dans le journal
hier après-midi	yesterday afternoon
hier soir	yesterday evening
vendredi matin	on Friday morning
il y a eu un incendie	there was a fire
au centre commercial de…	in the shopping centre in…
l'incendie a ravagé un supermarché	the fire damaged a supermarket
une ambulance…	an ambulance…
la police… est arrivée	the police… arrived
les pompiers… sont arrivés	the fire brigade… arrived
immédiatement	immediately
dix minutes plus tard	ten minutes later
aujourd'hui	today
la police a arrêté un suspect	the police arrested a suspect

Les derniers échos
tu as entendu?	have you heard?
X est entré(e) dans une clinique	X has gone into a clinic
X est parti(e) en/au/aux…	X has gone off to (left for)…
ils sont partis en/au/aux…	they have gone off to…
X a rompu avec… sa femme / son mari	X has broken up with… his wife / her husband
X a divorcé de Y	X has divorced Y
X a épousé Y	X has married Y
X a eu son premier bébé	X has had her first baby
c'est un petit garçon qui s'appelle Paul	it's a little boy called Paul
X sort avec Y maintenant	X is going out with Y now
vraiment?	really?
non, c'est pas vrai!	no, it isn't true!
tu rigoles!	you're joking!

Un DVD
pardon, monsieur	excuse me (to man)
pardon, madame	excuse me (to woman)
avez-vous des… ?	do you have any… ?
journaux anglais	English newspapers
range-CD	CD racks
DVD	DVDs
CD vierges	blank CDs
agendas	diaries
bien sûr	of course
ils sont en haut	they're upstairs
ils sont en bas	they're downstairs
ils sont là-bas	they're over there
au premier étage	on the first floor
près du café	near the café
près de la sortie	near the exit
près des toilettes	near the toilets
près de l'ascenseur	near the lift
près de l'escalier	near the stairs
pardon, je n'ai pas compris	sorry, I didn't understand that
merci bien	thanks a lot
de rien	don't mention it

Grammaire:
- the past tense: – with **avoir** (*il a rompu*) and **être** (*elle est arrivée*)
  – two meanings in English: 'did' and 'has done'
- negatives: **ne** … **pas**: *il ne fume pas* he doesn't smoke
  ne … **jamais** never, **ne** … **personne** nobody,
  ne … **plus** no more, **ne** … **rien** nothing

Stratégies!
★ class shared reading: working out the meaning of new words
★ listening to the detail: don't miss the negative phrase if there is one
★ **extra!** thinking one step at a time when writing verbs in the past tense

1 word 2 meanings
là-**bas** – *over there*
en **bas** – *downstairs*

soixante-quinze **75**

Révision: unités 7 et 8

Stratégies! *Preparing for your assessment*
- Look back at the *Sommaire* pages for unit 7 (p. 67) and unit 8 (p. 75). Test yourself on them (alone, or with a partner).
- Write a list of up to ten words or phrases you couldn't remember. Take your list home and fix it to the wall next to your bed. Look at the words on your list from time to time: you'll probably soon know most of them really well!

1 Écoute les quatre dialogues à table (1–4) et regarde les images (A–L).

Écris trois lettres pour chaque dialogue.

Exemple: 1 B, …

2 a Becky, une élève écossaise, est à table chez sa correspondante française, Manon.

Lis le dialogue. On parle de quels thèmes (A–F)?

A une star   B la ville   C un cambriolage
D la télé   E le collège F un incendie

2 b Lis les huit phrases en rouge: écris-les *en anglais*.

Exemple: *Are you hungry, Becky?* …

2 c Recopie les phrases en rouge *en français*: change un élément dans chaque phrase!

Exemple: *Tu as soif, Becky?* …

3 Invente, et puis joue un dialogue dans un centre commercial avec ces expressions:

journaux anglais?   là-bas   près   sortie
pardon   pas compris   merci   de rien

Mme Roux	Assieds-toi là, Becky, près de Manon.
La famille	Bon appétit.
Mme Roux	Tu as faim, Becky? Tu veux de la viande?
Becky	Oui, je veux bien. J'ai très faim aujourd'hui.
M. Roux	Tu as vu le journal, Manon? Des voleurs sont entrés dans un bureau et ils ont pris des ordinateurs!
Mme Roux	Ah! Les journaux! Tu as soif, Manon? Tu veux encore du jus d'orange?
Manon	Non merci, je préfère de l'eau… Dis, Becky, c'est quoi, ta matière préférée?
Becky	J'aime beaucoup les maths. La matière que je n'aime pas, c'est l'histoire.
Mme Roux	Tu me passes les pommes de terre, s'il te plaît, Manon?
Manon	Bien sûr! Voilà, maman. Hé! Tu as entendu? La chanteuse Zoé Souvigny a rompu avec son mari. Elle est partie au Mexique avec un acteur américain! Ça alors!

soixante-seize

Pour les fans d'informatique...

Xbox live

Tu veux discuter avec les membres de ton équipe quand tu joues sur Internet avec ta Xbox? Pas de problème, avec ce casque micro.

Notre avis: Parfait pour jouer entre amis. Mais révise ton anglais, parce que beaucoup de joueurs ne sont pas français!

Kit Xbox Live, de Microsoft, pour Xbox, 59€ environ (un an d'abonnement incl.)

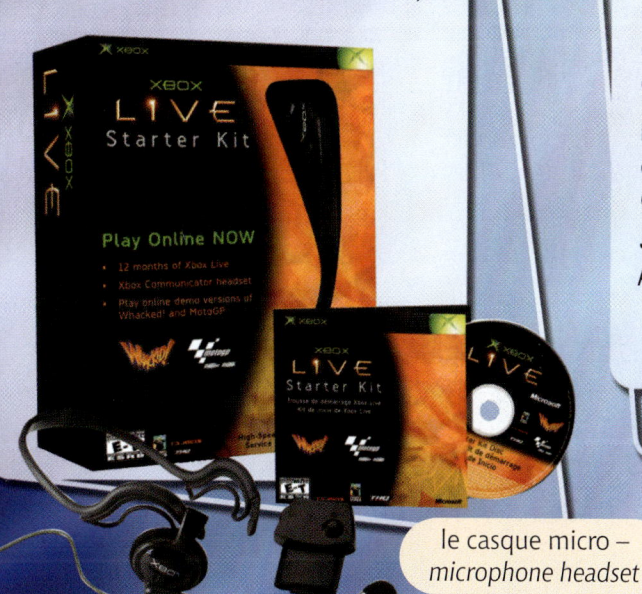

le casque micro – microphone headset

Sim City 4

Tu es maire d'une ville, et tu dois décider où tu vas placer:
- les maisons, les magasins, les rues
- les passages de train et les installations électriques
- la police, les pompiers et les hôpitaux
- les parcs, les centres sportifs et les aires de jeux.

Ce sont des décisions difficiles – et tes solutions ne doivent pas coûter cher!

Notre avis: La série *Sim City*, créée en 1989, est très populaire. Cet épisode est très beau.

Sim City 4, de EA Games, pour PC, 50€ environ

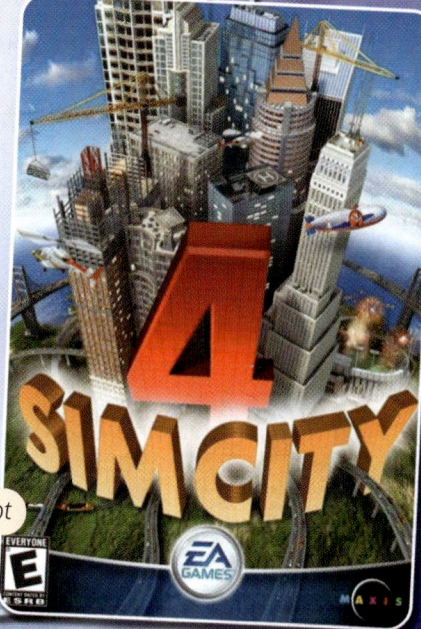

coûter cher – cost a lot

Ta star préférée sur ton PC

Tu veux voir la photo de ta star préférée quand tu travailles sur ton ordinateur? Rien de plus facile!
- Trouve une photo sur un des sites de fans ou tape "wallpaper" sur un outil de recherche comme Yahoo ou Google ("wallpaper", c'est simplement l'anglais pour "papier peint"). Il y a des genres différents: ciné, voitures, séries de télé, animaux...
- Sélectionne ton image et clique sur le bouton droit de ta souris.
- Dans le menu qui apparaît, sélectionne "Établir en tant que papier peint". Et voilà, c'est fait!

établir en tant que papier peint – install as wallpaper

---

1 a What does *Xbox Live* allow you to do? And what's the catch for users in France?

1 b What do you have to do in the *Sim City 4* game? Is the game recommended?

1 c Would you consider buying *Xbox Live* or *Sim City 4*? Why (not)?

2 a What does the third text give you instructions to do?

2 b The third text is full of useful ICT terms! Find the French for...

1 websites
2 type/key in
3 search engine
4 select
5 click
6 button
7 mouse
8 menu

soixante-dix-sept 77

9 Auditions pour la télé

9A Tes ambitions

- say what you have decided to do, started to do and would like to do
- use verbs with the infinitive
- sound interesting

A

Il y a des auditions pour une émission de télé-réalité. 2000 candidats ont fait une vidéo pour se présenter. Voici trois extraits…

Salut! Je m'appelle Karima.
J'aimerais voyager en Amérique du Sud.
C'est pourquoi **j'ai commencé à** apprendre l'espagnol.
J'ai décidé d'acheter un vélo de course parce que **j'aimerais** devenir cycliste professionnelle.

B

Quelles sont mes ambitions?
J'aimerais devenir… **A**
J'ai décidé d'acheter… **B**
J'ai aussi **commencé à** jouer… **C**

C

J'ai commencé à faire… **D**
Et **j'ai décidé de** trouver… **E**
J'aimerais avoir… **F**

j'aimerais – *I would like*
devenir – *to become, to be*

1 a 💿 Écoute et lis. Trouve les mots A–F dans la boîte.

Exemple: A musicien

musicien   du kung-fu   beaucoup d'animaux
un saxophone   de la guitare   un petit job

1 b 💬 A commence une phrase; B complète la phrase.

Exemple: A J'aimerais devenir…
          B J'aimerais devenir musicien.

quelles sont mes / tes ambitions?	
j'aimerais	acheter… / apprendre…
	avoir… / devenir…
j'ai décidé de / d'	jouer… / faire…
	trouver… / voyager…
j'ai commencé à	

Auditions pour la télé • 9

Grammaire: *verbes + infinitif*

When two verbs are used together in a sentence, the second verb is always in the infinitive.
- **verb** + infinitive — *j'aimerais* voyager
- **verb** + **à** + infinitive — *j'ai commencé à* voyager
- **verb** + **de** + infinitive — *j'ai décidé de* voyager

2 Écris huit phrases.

Exemple: 1 J'aimerais acheter un cheval.

j'aimerais / j'ai commencé à / j'ai décidé de/d' → acheter, apprendre, avoir, devenir, jouer, faire, trouver, voyager → le japonais, prof de danse hip hop, de la poterie, en Europe de l'Est, un cheval, trois frères et trois sœurs, de la trompette, un job dans un supermarché

3 a Écoute les auditions (1–4). À deux: notez le maximum de détails pour chaque question A–D!

A Tu as des passe-temps?
B Qu'est-ce que tu fais normalement le soir?
C Tu aimes quels types d'émission à la télé?
D Quelles sont tes ambitions?

3 b Lis les réponses (1–4) et identifie les questions A–D.

1 J'aimerais devenir footballeur professionnel; sinon, j'aimerais voyager en Asie.

2 Je fais de la danse depuis deux ans et j'ai commencé à aller à un club de basket le samedi matin.

3 J'aime beaucoup les jeux comme *Millionaire*: ils sont amusants, et assez intéressants aussi.

4 Normalement, je fais mes devoirs dans ma chambre, puis je me relaxe devant la télé.

3 c Prépare et écris *tes* réponses aux questions A–D de l'audition.

Question A: tes passe-temps ◀◀ unité 1 p. 13
Question B: le soir ◀◀ unité 4 p. 39
Question C: la télé ◀◀ unité 2 p. 21
Question D: tes ambitions ◀◀ cette section!

Stratégies! *Sounding interesting*

Use the French you know *and* the dictionary to give as full answers as you can. For example:
– *Quelles sont tes ambitions?*
– *J'aimerais devenir vétérinaire parce que j'adore les animaux. J'ai trois chiens, et j'ai décidé d'acheter un serpent.*

3 d Joue l'audition avec ton/ta partenaire.

extra! Ajoutez d'autres questions, par exemple:

Qu'est-ce que tu as fait le week-end dernier?

Tu aimerais être célèbre? Pourquoi?

soixante-dix-neuf 79

9B Je me présente

- write an interesting, precise description of yourself
- use adjectives correctly
- read and write a short biography

1 a 📖 Regarde les types d'adjectifs A–F. C'est quoi en français:
ma sœur est **a** cheeky **b** lazy? ▶

1 b ✏️ Recopie les adjectifs 1–5 et note:
- c'est quel type (A–F)?
- l'adjectif féminin.

Exemple: **1** grand, grande (type A)

1 grand – *tall*
2 timide – *shy*
3 heureux – *happy*
4 extraverti – *extrovert*
5 musicien – *musical*

Grammaire: patterns of adjective endings

type A impertinent adj *cheeky*
→ basic rule: add an **-e** for the feminine: *elle est impertinent**e***

type B drôle adj *funny*
→ don't add an **-e** if there's one already: *elle est drôle*

type C mignon, -ne adj *cute*
→ this shows you that the feminine is *mignon**ne***

type D paresseux, -euse adj *lazy*
→ feminine: *paress**euse***

type E sportif, -ive adj *sporty*
→ feminine: *sport**ive***

type F beau, belle adj *good-looking*
→ feminine: *belle*

1 c 💬 Discutez: les adjectifs A–F et 1–5 se prononcent comment (masc. + fém.)?

1 d 💿 Écoute et vérifie.

2 a Stratégies! *Being more precise*

💿 Listen and read Coralie's description of herself for the TV show. To be more precise, she uses words like *toujours* (always).

- Find six more expressions Coralie uses to be more precise, and write them in French and in English.

2 b 💬 A dit une phrase simple; B la transforme en phrase plus précise.

Exemple: **A** Je suis drôle.
B Oui, tu es *vraiment très* drôle!

2 c ✏️ Tu es candidat(e) à l'émission! Décris-toi: exagère, si tu veux!

Décris-toi

Je suis assez grande et on dit que je suis très belle. Je suis souvent assez drôle et toujours heureuse. Je suis vraiment sportive; par contre, je suis parfois un peu paresseuse.

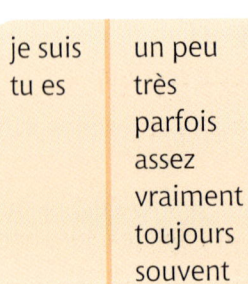

je suis	un peu	extraverti(e) / impertinent(e)
tu es	très	grand(e)
	parfois	timide / drôle
	assez	musicien, -ne / beau, belle
	vraiment	mignon, -ne / sportif, -ve
	toujours	heureux, -euse
	souvent	paresseux, -euse

80 quatre-vingts

Auditions pour la télé • 9

3 a Lis le texte de Kévin. C'est quoi en français?

1. he was born
2. after the war
3. he lived first of all
4. all her life
5. she married
6. they had three children
7. he died
8. my grandmother still lives in

Mes grands-parents en 1955

Mes grands-parents *par Kévin Cassou*

Mon grand-père, Philippe, est né en 1930. Il était drôle et souvent un peu impertinent. Il était aussi très paresseux, et il détestait son collège.

En 1940, c'était la guerre et l'occupation allemande. La vie était difficile en France. "J'avais souvent faim," m'a dit mon grand-père.

Après la guerre, il a d'abord habité à Rouen où il a travaillé dans une usine. Ma grand-mère, qui a habité à Rouen toute sa vie et qui était secrétaire dans l'usine, était très belle, très extravertie et pas timide. Elle a épousé mon grand-père en 1955, et ils ont eu trois enfants: une fille et deux garçons. Le deuxième garçon était mon père.

En 1960 environ, mes grands-parents ont décidé d'acheter un café. J'y suis souvent allé quand j'étais petit. J'aimais beaucoup mon grand-père, mais il est mort en 2001. Ma grand-mère habite toujours à Rouen.

3 b Décris le caractère
a du grand-père **b** de la grand-mère de Kévin.

Exemple: **a** Il était…
b Elle était…

3 c extra! Écris un résumé de la vie du grand-père en *cinq* phrases.

Exemple:
1 Mon grand-père est né en…

1
1. Ma grand-mère est née en 19…
2. Elle a d'abord habité à…
3. Elle a épousé mon grand-père en 19…
4. Elle est parfois…
5. Elle a commencé à…

2
1. Mes grands-parents ont longtemps habité dans…
2. Ils ont travaillé dans…
3. Ils ont décidé d'…
4. Ils sont souvent…
5. Ils sont toujours…

4 Écoute les deux biographies. Recopie et complète les notes 1–5.

5 a extra! Écris la biographie d'un membre de ta famille.

- Ton/Ta partenaire corrige ton texte; puis fais les corrections (c'est plus facile sur ordinateur).
- Ajoute des photos, si tu peux.

5 b extra! Fais une présentation.
Idée: utilise *PowerPoint* et montre tes photos!

---

mon grand-père…/ ma grand-mère…

est né(e) en *1930*
était *drôle*
a d'abord habité à *Rouen*
a travaillé dans *une usine* toute sa vie
a eu deux enfants: une fille et un garçon
est mort(e) en *2001*

habite toujours à *Rouen*

quatre-vingt-un 81

9C Une audition

- describe going for an interview or audition
- read a longer text
- use the past tense with *j'ai dû*

La Nouvelle Star

Le 27 mars, la chaîne de télé *M6* a commencé à faire un grand casting pour une émission de musique qui s'appelle *À la recherche de la nouvelle star*.

À New York, la première saison d'*American Idol* a attiré 10 000 candidats. La deuxième saison, 20 000 candidats!

Et 20 000 jeunes entre 16 et 28 ans ont chanté devant les jurys de M6, dans cinq villes de France, à Bruxelles en Belgique et à Montréal au Canada. Les principes (par exemple, les auditions et le vote du public) sont comme pour *Pop Idol* en Grande-Bretagne. Mais l'heure de l'émission est différente: le "prime time" en France commence vers 20h50; en Angleterre, *Pop Idol* passe à 19h30.

C'est moi, Lucie, la nouvelle star

Mon audition:
8 heures d'attente...

Je suis arrivée à l'hôtel de ville vers 9h. Les autres candidats sont arrivés à 7h! À l'entrée, j'ai dû remplir un questionnaire sur mes artistes préférés. Après ça, j'ai dû attendre pendant huit heures!

J'ai bavardé avec les autres candidats.
"Tu chantes souvent en public?" m'a demandé un garçon qui s'appelait Thomas.
Moi, j'ai répondu: "Non, jamais."
"Ah? Vraiment?" a dit Thomas. "Moi, je chante souvent! Je vais devenir une grande star!"

... 5 minutes d'audition

Après 8 heures de queue, je suis arrivée devant le jury. Quand je suis entrée dans le hall, j'ai eu la frousse!

Bien sûr, j'ai dû chanter ma chanson. J'ai commencé à chanter, mais j'ai mal chanté... et je n'ai pas été sélectionnée. Quelle misère!

Lucie Bartoli

© OKAPI, Bayard Jeunesse, 2003

Huit heures d'attente...

Auditions pour la télé • 9

1 a Écoute et lis la première section de l'article. Réponds en anglais.
1. What sort of TV programme is this article about?
2. How are the British and French versions of the programme similar?
3. How do they differ?

1 b Écoute et lis la deuxième section de l'article.
1. Lucie est arrivée **a** plus tôt **b** plus tard que les autres candidats.
2. Thomas était **a** un peu arrogant **b** assez timide.
3. Devant le jury, Lucie était **a** vraiment extravertie **b** un peu timide.
4. Lucie **a** a été sélectionnée **b** n'a pas été sélectionnée.

1 c Relis la deuxième section, puis recopie et complète les phrases.
1. Quand Lucie est arrivée à l'hôtel de ville, elle a dû… et elle a…
2. À mon avis, Lucie n'a pas été sélectionnée parce que…

2 Grammaire: *le passé*
- Two patterns in the past tense:
  1. *j'ai* joué, *elle a* joué
  2. *je suis* allé(e), *elle est* allée

  Trouve dix exemples du modèle **1** et deux exemples du modèle **2** dans l'article de la page 82.

- *j'ai* **dû** + infinitive **I had to**
  j'ai dû chanter I had to sing
  You already know *je dois* (I have to). *J'ai dû* is the same verb in the past tense.

3 Écoute et note les expressions 1–8 (un mot ou deux mots).
Exemple: 1 au théâtre

Samedi, j'ai passé mon audition. Je suis arrivé ___¹ vers neuf heures. D'abord, j'ai dû remplir un questionnaire sur mes ___². Après ça, j'ai dû attendre pendant au moins ___³ dans un corridor. C'était vraiment ___⁴! J'ai bavardé avec les ___⁵. Ils étaient tous extravertis. Finalement, vers dix-sept heures, je suis ___⁶ le hall. J'ai eu la frousse. J'ai commencé à chanter ma chanson. J'ai ___⁷ chanté, et (par miracle!) j'ai ___⁸ sélectionné!

je suis arrivé(e) vers *15* heures	j'ai eu la frousse
j'ai dû attendre pendant *deux* heures	j'ai commencé à chanter
j'ai bavardé avec les autres candidats	j'ai bien / mal chanté
à… heures, je suis entré(e) dans le hall	j'ai été / je n'ai pas été sélectionné(e)

4 Imagine: tu as passé une audition pour une émission de télé. Décris la journée.

extra! Stratégies! *Pushing the limits of your French!*
- Take expressions from exercise 3 and from the text on page 82, e.g. *par miracle*.
- Use language from earlier units, e.g. unit 3: *j'ai eu mal au cœur* (I felt sick).
- Take risks and experiment: you'll learn from your mistakes.

9D extra! Quand j'avais sept ans

- practise verbs in the imperfect tense

La grand-mère de Kévin raconte....

1 Quand j'**avais** sept ans, j'**habitais** à Rouen.
2 J'**allais** à l'école des Églantiers.
3 J'**avais** une amie qui **s'appelait** Louise.
4 On **jouait** souvent à cache-cache ensemble.
5 J'**aimais** les chiens.
6 J'**étais** assez grande pour mon âge.

1 Écoute et lis les phrases. C'est quoi en français?

1 I used to go
2 I was/I used to be
3 I used to live
4 I used to have
5 we used to play
6 when I was seven
7 I used to like
8 who was called

Grammaire: *l'imparfait* – a second past tense

- The past tense you have used so far is called the **perfect tense**. It describes single actions that happened in the past: hier, **j'ai joué** au tennis   yesterday, **I played** tennis
- The **imperfect tense** is used to say what you used to do or how you used to be: quand **j'avais** sept ans, **je jouais** au tennis   when **I was** seven, **I used to play** tennis

je	jou**ais**	I used to play
tu	jou**ais**	you used to play
il/elle/on	jou**ait**	he/she/we used to play
nous	jou**ions**	we used to play
vous	jou**iez**	you used to play
ils/elles	jou**aient**	they used to play

Add the endings to the 'stem' of the verb, i.e. the *nous* form of the present tense without the -**ons**:
nous all**ons** → stem: **all-**
→ **j'allais**   I used to go
Note: j'**étais**   I was/I used to be
– regular endings, but a special stem.

2 Écris six phrases correctes.

1 Quand j'étais petit, j'avais…
2 Il habitait…
3 Après l'école, j'allais…
4 On jouait…
5 Sa mère faisait…
6 Bruno était…

souvent chez Bruno.
mon meilleur ami.
un gâteau au chocolat délicieux.
un ami qui s'appelait Bruno.
ensemble dans son jardin.
assez près de l'école.

3 Tu étais comment, quand tu étais petit(e)? Tu faisais quoi? Fais une description avec six phrases à l'imparfait.
Tes modèles: les exercices 1 et 2.

Sommaire

Auditions pour la télé • 9

Tes ambitions / Your ambitions

mes ambitions	my ambitions
quelles sont tes ambitions?	what are your ambitions?
j'aimerais…	I'd like…
acheter	to buy
apprendre	to learn
avoir	to have
devenir	to become
faire	to do
trouver	to find
j'ai décidé de voyager	I've decided to travel
j'ai commencé à jouer…	I've started to play…

Je me présente / Introducing myself

je suis…	I am…
tu es…	you are…
parfois	sometimes
souvent	often
toujours	always
un peu	a bit
assez	quite
très	very
vraiment	really
grand(e)	tall
sportif, -ive	sporty
extraverti(e)	extrovert
impertinent(e)	cheeky
timide	shy
drôle	funny
mignon, -ne	sweet, cute
musicien, -ne	musical
heureux, -euse	happy
paresseux, -euse	lazy
beau *m*, belle *f*	good-looking

mon grand-père…	my grandfather…
ma grand-mère…	my grandmother…
est né(e) en 1930	was born in 1930
était drôle	was funny
a d'abord habité à…	first lived in…
a travaillé dans une usine toute sa vie	worked in a factory all his/her life
a eu deux enfants	had two children
une fille	a girl
un garçon	a boy
est mort(e) en 2001	died in 2001
habite toujours à…	still lives in…

Une audition / An audition

je suis arrivé(e) vers 15 heures	I arrived at about 3pm
j'ai dû attendre pendant deux heures	I had to wait for two hours
j'ai bavardé avec les autres candidats	I chatted with other candidates
à… heures, je suis entré(e) dans le hall	at… o'clock, I went into the hall
j'ai eu la frousse	I was scared stiff
j'ai commencé à chanter	I started to sing
j'ai bien chanté	I sang well
j'ai mal chanté	I sang badly
j'ai été sélectionné(e)	I was selected
je n'ai pas été sélectionné(e)	I wasn't selected

Grammaire:

- when two verbs are used together, the second verb is in the infinitive:
  - j'**aimerais** voyager
  - j'ai **commencé à** voyager
  - j'ai **décidé de** voyager
- adjective endings: add an **-e** for feminine if there isn't one already; special feminine adjectives, e.g. mignon**ne**, musicien**ne**, paresseu**se**, heureu**se**, sport**ive**, **belle**
- *j'ai dû* + infinitive = I had to…
- **extra!** the **imperfect tense**: je jou**ais** I used to play, il ét**ait** he was

1 word 2 meanings

je suis **toujours** heureux – I'm **always** happy
elle habite **toujours** à Paris – she **still** lives in Paris

Stratégies!

★ using the French you know and the dictionary to give as full answers as you can

★ using *parfois, souvent, toujours, un peu, assez* and *très* to be more precise

★ **extra!** pushing the limits of your French: experimenting and learning from your mistakes

quatre-vingt-cinq

10 Kévin en Angleterre

10A L'itinéraire de la visite

- say what you are going to do
- use *aller* + infinitive
- write longer sentences

A En février, Sadiq et d'autres élèves de son collège à York ont passé une semaine à Biarritz.

La semaine prochaine, les élèves français vont aller à York. Voici l'itinéraire.

B Jeudi, notre groupe va passer la matinée au collège. L'après-midi, on va faire un quiz dans le centre de York.

Vendredi, s'il fait beau, on va passer la journée sur la côte. Sinon, on va visiter un vieux château à vingt minutes de York.

C Vous allez passer le week-end avec votre famille.

Lundi, on va visiter une réserve naturelle. Le soir, il y aura un barbecue.

il y aura – there will be

1 a Écoute et lis la section A. Quelle est l'option correcte?

Les élèves français **a** *sont allés* **b** *vont aller* en Angleterre.

1 b Écoute et lis la section B. C'est quoi en français?

1 *we're going to spend the day*
2 *our group is going to spend the morning*
3 *at the coast*
4 *we're going to visit an old castle*
5 *if it's good weather*
6 *if not*
7 *20 minutes from York*

1 c Écoute et lis les sections B et C. Regarde les images et note les lettres (A–E) dans le bon ordre.

1 d Écoute, et note les activités pour mardi: matin, midi, après-midi, soir.

Exemple:

matin: beau – visiter la ville; sinon – ...

86 quatre-vingt-six

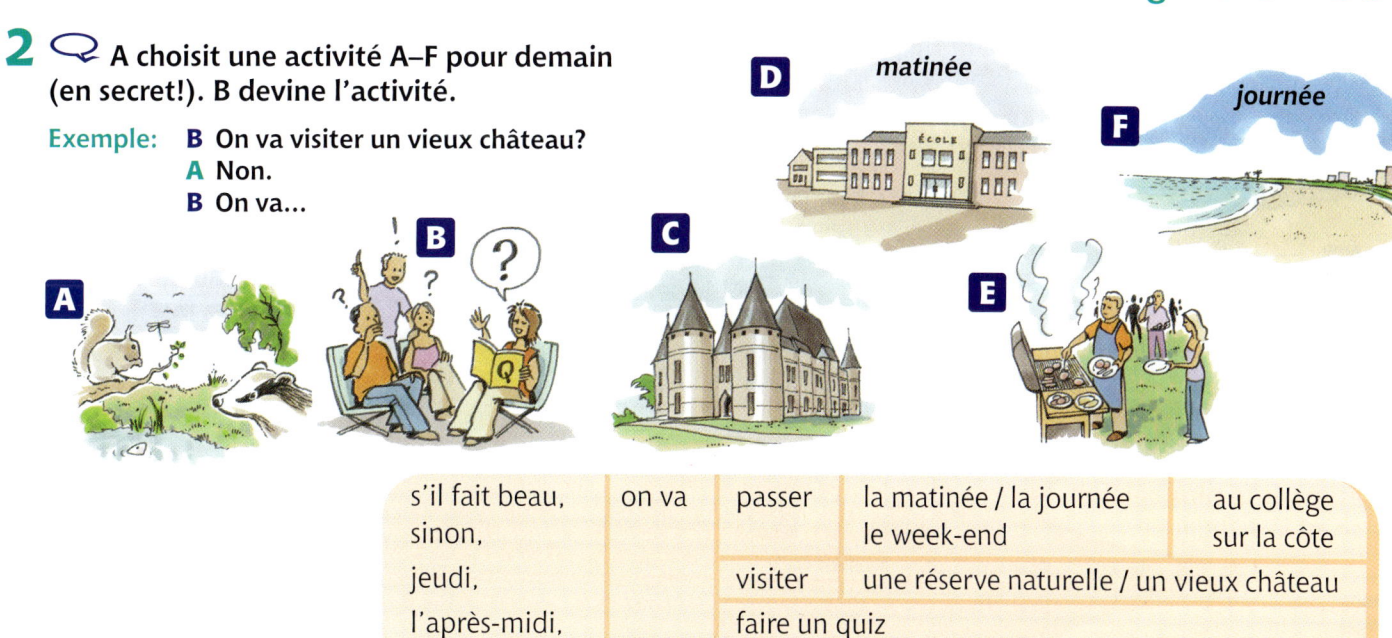

Kévin en Angleterre • 10

2 A choisit une activité A–F pour demain (en secret!). B devine l'activité.

Exemple:
B On va visiter un vieux château?
A Non.
B On va…

D *matinée*

F *journée*

s'il fait beau,	on va	passer	la matinée / la journée	au collège
sinon,			le week-end	sur la côte
jeudi,		visiter	une réserve naturelle / un vieux château	
l'après-midi,		faire un quiz		
le soir,		il y aura un barbecue		

3 Stratégies! *Writing a really long sentence*

You now have the building blocks to write an impressively long sentence in French!
Change two red phrases to make your own version of the sentence below. **extra!** Change all four!

Example: *Jeudi matin*, **on va visiter** *une belle église* à *quinze* **minutes** *du parc*.

S'il fait beau, on va visiter un vieux château à vingt minutes de York.

Grammaire: *le futur: aller + l'infinitif*

on **va** faire un quiz   we're **going** to do a quiz

● Can you write the whole verb *aller* from memory? *je…, tu…, il/elle/on…*, etc.

---

4 Écris six phrases avec *Demain,…* **extra!** Change aussi les mots en rouge.

Exemple: Demain, je vais passer la journée en ville.

je vais	acheter visiter	un grand musée aux cartes
on va	passer la journée	en ville un quiz au collège
les élèves vont	faire jouer	des souvenirs au basket

5 a Imagine: des élèves français vont visiter ta ville. Tu es le/la prof.
Invente et écris un itinéraire intéressant.

Tes modèles: les textes B et C de la page 86, et l'exercice 3.

5 b Travaillez en groupes.

● Chaque personne présente son itinéraire.   Exemple:

● Le groupe choisit l'itinéraire préféré.

> Lundi soir, on va aller dans une pizzeria en ville.

quatre-vingt-sept **87**

10B Le meilleur musée

- describe what is best, most interesting, etc. in your town
- use the superlative form of adjectives

Les élèves français sont arrivés à York. Kévin habite chez Sadiq. Les deux garçons passent le samedi en ville.

A À mon avis, **le musée le plus intéressant** de York, c'est le *Railway Museum*.

B **Le bâtiment le plus célèbre**, c'est la cathédrale.

C **La piscine la plus amusante**, c'est *Aquasplash*.

D **Les cafés les plus chers** sont près de la cathédrale.

E **Les endroits les plus intéressants** sont le marché et les rues près de la cathédrale.

F **Le meilleur magasin** de CD, à mon avis, c'est *Trundles*.

G **La meilleure patinoire** de la région, c'est à Doncaster, au sud de York.

H À mon avis, **les meilleurs magasins** sont dans Coney Street.

le meilleur – *the best*

1 a Écoute et lis (A–H). Sadiq parle de quoi? Réponds en anglais.

Exemple: **A** *a museum*

1 b C'est quoi en anglais, les expressions en **rouge** (A–H)?

Exemple: **A** *the most interesting museum*

1 c Écoute une élève. Note A–H dans le bon ordre.

Exemple: C, …

Grammaire: *le superlatif* (the most interesting, the best, etc.)
la piscine *la plus* intéressant**e** the **most** interesting swimming pool
les café**s** *les plus* cher**s** the **most** expensive café**s**
- use *le, la, les* (depending on the noun)
- remember adjective agreement: add **-e** (fem. sing.), **-s** (masc. pl.), **-es** (fem. pl.)
- note this exception: le **meilleur** café the **best** café, la **meilleure** piscine the **best** pool

2 Recopie les phrases avec la bonne forme de l'adjectif.

Exemple: **1 La rue la plus intéressante,** c'est *the Shambles*.

1 La rue la plus (**intéressant**), c'est *the Shambles*.
2 Le bâtiment le plus (**grand**), c'est la cathédrale.
3 La (**meilleur**) piscine, c'est *Aquasplash*.
4 Les endroits les plus (**intéressant**) sont près de la cathédrale.
5 Les parkings les plus (**cher**) sont en centre-ville.

un endroit *m*
un parking *m*

88 quatre-vingt-huit

Kévin en Angleterre • 10

3 a Écoute les discussions (1–6). Les élèves sont d'accord, oui ou non?

3 b Discute de ta ville. Pose six questions.

Exemple:
A Quelle est la piscine la plus amusante?
B À mon avis, c'est *Aqualand*.
A Tu rigoles? À mon avis, c'est *Wonderwater*.
ou
A Oui, je suis d'accord.

Idées: la patinoire la plus amusante
le bâtiment le plus intéressant
le meilleur café…

à mon avis,	le musée le bâtiment le café	le	plus	amusant(e), intéressant(e), célèbre, cher / chère,	c'est…
	la piscine	la			
	le meilleur magasin / la meilleure patinoire,				
	les endroits les plus intéressants				sont…

4 a Lis le texte. À ton avis, quelle est l'information la plus intéressante pour un(e) touriste?

Londres

Tourisme: Les sites les plus célèbres sont Big Ben, la tour de Londres, Tower Bridge et, bien sûr, Buckingham Palace. Visitez le musée le plus vieux du monde, le British Museum, fondé en 1753. Pour le panorama le plus spectaculaire, faites un tour sur le *London Eye*, la grande roue la plus moderne d'Europe. Vous avez faim? Faites un pique-nique dans un parc. Hyde Park est le plus grand et, à notre avis, Regent's Park est le plus beau. On peut y louer des canots ou des pédalos.

Shopping: Vous voulez faire du shopping? Les endroits les plus intéressants sont les quartiers de Piccadilly Circus, Oxford Street et Covent Garden.

On aime:
Londres est la capitale européenne la plus cosmopolite.

On n'aime pas:
Londres est une des villes les plus chères du monde. Le prix des hôtels, c'est du vol!

Internet:
www.london.diningguide.net
Infos sur les meilleurs restaurants de Londres

La grande roue de Londres

4 b Recopie dix expressions du texte avec un adjectif au superlatif. Écris aussi l'anglais.

Exemple: les sites les plus célèbres – *the most famous (tourist) sites*

5 extra! Écoute les infos sur Paris. Note des détails en anglais.

6 Décris ta ville, ton village ou ta région pour un élève français.

Tes modèles: A–H de la page 88, et le texte sur Londres.

quatre-vingt-neuf 89

10C La semaine à York

- talk about what you have done and are going to do
- understand and use the past and future tenses in the same text

Pendant sa visite à York, Kévin a décidé d'écrire une carte postale à sa famille à Biarritz.

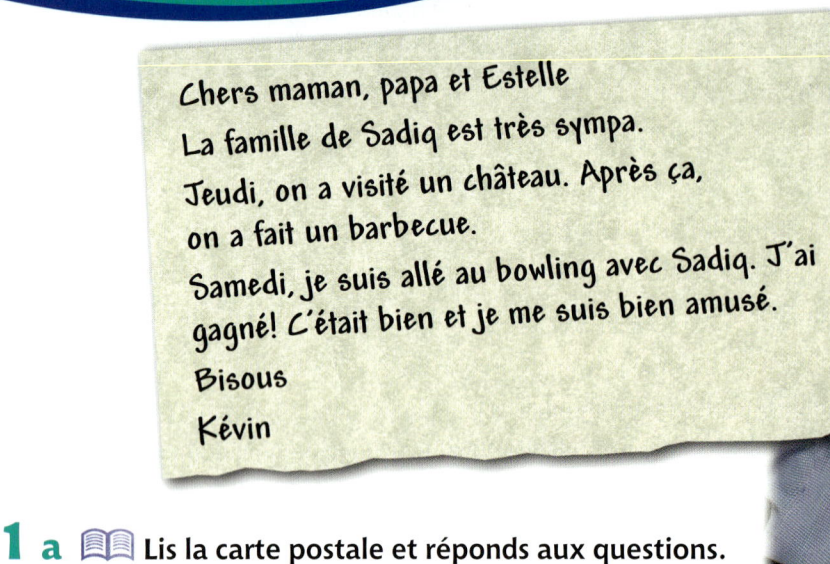

Chers maman, papa et Estelle
La famille de Sadiq est très sympa.
Jeudi, on a visité un château. Après ça, on a fait un barbecue.
Samedi, je suis allé au bowling avec Sadiq. J'ai gagné! C'était bien et je me suis bien amusé.
Bisous
Kévin

1 a Lis la carte postale et réponds aux questions.
1. Kévin aime la famille de Sadiq?
2. Qui a **a** gagné **b** perdu au bowling?

1 b Écoute et lis une version plus longue. Note cinq détails supplémentaires, puis écris des phrases complètes.

Exemple: vraiment ➤ La famille de Sadiq est *vraiment* très sympa.

1 c **Grammaire:** *révision du passé*
- Explain why it's je **suis** allé(e) but j'**ai** gagné.
- Here's a useful set phrase to learn:
  je me suis bien amusé(e) – I enjoyed myself

2 a Écris deux phrases pour chaque verbe. Écris aussi les phrases en anglais.

Exemple:
Je suis allé(e) en bus. – I went by bus.

je suis allé(e)
je suis arrivé(e)
j'ai fait
j'ai passé

une journée sur la côte
de la natation
en bus
chez mes copains vers dix-neuf heures
la matinée en ville
assez tard le soir
du karting
au bowling avec les élèves français

2 b Un jeu de ping-pong oral! Inventez des phrases méga-longues!

Exemple:
A Lundi, on est allé sur la côte…
B …en car…
A …avec les élèves français…
B …et je me suis bien amusé…
A …et après ça, …

90 quatre-vingt-dix

Kévin en Angleterre • 10

3 a ♻ **Grammaire:** *révision du futur*
Read what Kévin says and explain:
- why is it *acheter* rather than *acheté*?
- when do you use *vais* and *va*?

> Demain, je **vais acheter** des cadeaux pour mes parents. Après ça, on **va faire** un barbecue. Le soir, il y aura une soirée.

3 b 💿 Écoute dix phrases. Elles sont au passé ou au futur?

Exemple: 1 passé

4 📖 Anaïs passe une semaine chez Jessica à Édimbourg. Lis sa lettre et décris en anglais:
- **a** les activités au passé
- **b** les projets pour la semaine prochaine.

Exemple:
- **a** *What she's done: visited the castle, …*
- **b** *What she's going to do: …*

Ma visite à Édimbourg

Édimbourg, c'est super! Hier, on a visité le château, on est entré dans la cathédrale et on a visité le parlement écossais. Demain, on va aller voir le *Royal Yacht*, l'ancien bateau de la reine, et puis on va faire un pique-nique près du pont qui traverse le *Firth of Forth*. Jessica rigole quand je dis *Firth of Forth*: c'est impossible à prononcer!!

Samedi, on est allé sur la côte. Jeudi, on a fait les magasins le long de Princes Street, et mardi prochain, on va aller au marché près d'ici. Après les magasins, jeudi, je suis allée au collège avec Jessica. On a eu un match de basket contre les élèves écossais. On a perdu, mais je me suis bien amusée.

Jessica et moi: on rigole!

hier, mardi, etc.	j'ai	acheté… / fait…	demain, jeudi, etc.	je vais	acheter… / faire…
	on a	visité… / passé…		on va	visiter… / passer…
	je suis	allé(e)… / arrivé(e)…			aller… / arriver…
	on est	allé… / arrivé…		il y aura…	
je me suis bien amusé(e)					

5 ✏ Imagine:
- tu fais un échange en France
- *ou* • tu es un(e) élève français(e) au Royaume-Uni (dans ta ville).

Écris une carte postale: décris des activités au passé et des projets au futur.
Écris 6+ phrases. *extra!* Écris 10+ phrases!

quatre-vingt-onze 91

10D extra! Écoute!

- develop your listening skills

Stratégies! *Different words, same topic*

Listening passages often use different words from those used in the questions. In exercises 1 and 2, you'll practise matching words to topics.

1 Recopie les mots par thème.

la viande	la maison	la famille	la musique	la natation	le vélo
le poulet		ma sœur			

le poulet   ma sœur   à la maison   les saucisses   mon frère   musicienne   la piscine
chez moi   le jambon   faire du vélo   chanter   la clarinette   un cycliste
enfant unique   le piano   faire de la natation   ma chambre

2 a Écoute et lis le texte. Puis note les thèmes dans le bon ordre.

A les magasins   **B** le collège   **C** la famille   **D** la musique   **E** le sport

Mon correspondant français s'appelle Paul. Il n'a pas de frère et sœur, mais il a beaucoup d'amis et il est plutôt extraverti. Il est membre d'un centre sportif et aimerait devenir footballeur. Paul aime chanter et, récemment, il a commencé à apprendre à jouer de la clarinette.

Par contre, il n'aime pas son école. Il n'aime surtout pas les profs; il s'ennuie en classe et il déteste les devoirs. Paul fait souvent les courses pour ses parents. Bon, le marché, ça va. Mais les centres commerciaux, non, il déteste ça!

Stratégies! *Beware of negatives*

Bear in mind that if you hear an activity mentioned, it may be to say that Paul *doesn't* do it!

2 b Réécoute le texte sur Paul. Réponds aux questions par *oui* ou *non*.
1 Paul a des frères et sœurs?
2 Il aime le football?
3 Il aime beaucoup son collège?
4 Il aime les centres commerciaux?

3 Écoute Morgane. C'est vrai (V) ou faux (F)?
1 Morgane est allée en ville assez tôt.
2 Elle a acheté à manger.
3 Après ça, elle a fait de la natation.
4 Elle a déjeuné en ville.
5 Elle est végétarienne.
6 Elle a dîné dans sa chambre le soir.

Exercises 1 and 2 were the preparation – now have a go at the real thing!

quatre-vingt-douze

Sommaire
Kévin en Angleterre • 10

L'itinéraire / The itinerary

l'après-midi	in the afternoon
le soir	in the evening
jeudi	on Thursday
s'il fait beau	if the weather's good
sinon	if not
on va passer…	we're going to spend…
la matinée	the morning
la journée	the day
le week-end	the weekend
au collège	at school
sur la côte	at the coast
on va faire un quiz	we're going to do a quiz
on va visiter…	we're going to visit…
un vieux château	an old castle
une réserve naturelle	a nature reserve
à 20 minutes de York	20 minutes from York
il y aura un barbecue	there will be a barbecue

Le meilleur musée / The best museum

le bâtiment	the building
le magasin	the shop
l'endroit *m*	the place
amusant(e)	fun
cher *m*, chère *f*	expensive
à mon avis	in my opinion
le musée le plus célèbre	the most famous museum
la piscine la plus chère	the most expensive swimming pool
les endroits les plus intéressants sont…	the most interesting places are…
le meilleur café	the best café
la meilleure patinoire	the best ice rink

La semaine à York / The week in York

hier	yesterday
j'ai acheté/fait	I bought/did
j'ai passé la journée	I spent the day
on a visité	we visited
on est allé	we went
je suis allé(e)	I went
je suis arrivé(e)	I arrived
je me suis bien amusé(e)	I enjoyed myself
demain	tomorrow
je vais faire/acheter	I'm going to do/buy
je vais passer la matinée	I'm going to spend the morning
on va visiter/aller/arriver	we're going to visit/go/arrive
il y aura…	there will be…

Grammaire:

- **the future**: use *aller* + infinitive
  je vais visiter, tu vas aller, on va faire, etc.
  exception: *il y aura* there will be

- **the past tense** (with *avoir* and *être*)
  j'ai fait, on a visité
  je suis allé(e), on est allé

- the **superlative** form of adjectives (the most interesting, the best, etc.)
  le bâtiment le plus célèbre the most famous building
  les musées les plus intéressants the most interesting museums
  la meilleure patinoire the best ice rink

Stratégies!

★ writing an impressively long sentence

★ *extra!* understanding that different words can refer to the same topic

★ *extra!* reading as you listen helps you picture the words you hear

★ *extra!* listening out for negatives

1 word 2 meanings

passer la journée – to **spend** the day
passer la sauce – to **pass** the gravy

quatre-vingt-treize **93**

Révision: unités 9 et 10

Stratégies! *Preparing for your assessment*
- Look back at the *Sommaire* pages for unit 9 (p. 85) and unit 10 (p. 93). Test yourself on them (alone, or with a partner).
- Make up a sentence with at least four words from unit 9 and four from unit 10. Write out your sentence, and give it to your partner. Can he/she tell you what it means in English?

Example: *J'ai décidé de chanter dans le café le plus cher.*

1 a Lis les questions et les réponses. Trouve les paires.

Exemple: 1 b

1. Quelles sont tes ambitions?
2. Tu es très extravertie?
3. Ton père est prof de maths?
4. Tu vas passer la matinée en ville demain?
5. C'est quoi, le bâtiment le plus célèbre de ta ville?
6. Tu es allée à la soirée hier soir?

a. Non, je suis un peu timide.
b. J'aimerais devenir célèbre.
c. Oui, et puis, s'il fait beau, on va visiter une réserve naturelle.
d. Oui, d'abord c'était un peu barbant, mais plus tard je me suis bien amusée.
e. À mon avis, c'est le vieux château.
f. Non, il a travaillé dans une usine toute sa vie.

1 b Écoute les questions et les réponses. Note les nouveaux mots en rouge.

Exemple: 1 apprendre l'espagnol

1 c Joue le dialogue (six questions et réponses). Change les mots en rouge.

Exemple:
A Quelles sont tes ambitions?
B J'aimerais jouer au tennis.

2 a Lis la lettre. C'est vrai (V) ou faux (F)?
1. Léa est allée en Italie l'année dernière.
2. Elle va aller en Italie en été.
3. Elle parle très bien l'italien.
4. Léa va visiter une réserve naturelle demain.
5. Elle va aller à la réserve à pied.
6. Elle va déjeuner dans un restaurant.

2 b Écris les six questions de Léa en anglais.

Exemple: Ça va? – *Are you OK?*

2 c Réponds à la lettre de Léa.

Chère Camille,

Ça va? En août, on va aller en Italie. On va faire du camping sur la côte. J'ai décidé d'apprendre un peu d'italien, et hier, j'ai acheté un dictionnaire d'italien en ville. Tu parles italien? Tu aimerais aller en Italie?

Demain, on va visiter une réserve naturelle à une heure de chez moi en bus. S'il fait beau, on va faire un pique-nique. Tu fais parfois des pique-niques? Où? Et avec qui?

A+

Léa

---

94 quatre-vingt-quatorze

Les voyages scolaires

Coucou, tout le monde! Le mois prochain, je vais aller passer une semaine à Bolton en Angleterre avec ma classe. C'est mon premier voyage scolaire et je ne sais pas comment ça va se passer. Est-ce qu'il y a d'autres lecteurs et lectrices qui ont fait des voyages intéressants? Si oui, écrivez-moi! Merci.

Caroline, 13 ans

Coucou, Caro

Moi, l'année dernière, je suis allé en Italie avec le prof de latin et la prof d'histoire-géo. Nous avons voyagé en car. Nous avons pris le tunnel du Fréjus, puis nous sommes allés à Sienne et puis à Rome. J'ai adoré! Nous avons logé dans des familles italiennes très sympas. Nous avons pique-niqué dans les jardins du Capitole. Nous avons visité le Colisée, le Forum Romain, le musée du Capitole et le Panthéon. Nous avons aussi visité le Vatican et la Basilique Saint-Pierre. C'était très intéressant. Après Rome, nous sommes restés une journée à Florence, puis nous sommes retournés à Lyon. Super voyage!

Samir

Salut,

Les voyages scolaires, je trouve ça bien. L'année dernière, nous sommes allés en République Tchèque avec le collège. Nous avons visité les quartiers historiques de Prague. C'était très intéressant et j'ai pris beaucoup de photos. Pourtant, ce que j'ai préféré n'était pas à Prague. C'était la visite des grottes de Macocha. Dans ces grottes, il y a des rivières souterraines avec des stalactites et des stalagmites de toutes sortes. C'était hyper beau! Cette année, c'est mon frère qui part en voyage scolaire. Il va aller à Canterbury en Angleterre et il va loger en auberge de jeunesse. Il a de la chance...

Ciao, Caro et bon voyage!

Ophélie

Caroline,

Moi aussi, je vais faire mon premier voyage scolaire cette année. Nous faisons un échange avec une école allemande. Nous partons en Allemagne au mois de mars. Nous allons près de Stuttgart et nous allons voyager en train. Le programme est sympa, alors j'espère qu'on va bien s'amuser. Nous allons aller en cours avec nos correspondants, mais il va aussi y avoir une visite guidée de la ville de Stuttgart, la visite d'un château de la région et la visite d'un moulin. On va aussi organiser une soirée au bowling et une après-midi à la patinoire. J'ai un peu peur de l'inconnu, mais j'aime bien visiter des pays nouveaux, goûter à des plats différents, tout ça. Caroline, j'espère que c'est la même chose pour toi et je te souhaite un bon séjour en Angleterre.

Loïc

---

1 Pour chaque dessin, note la réponse aux questions suivantes.

1 Qui? 3 Où?
2 Quoi? 4 Quand? (passé ou futur?)

Exemple: 
1 Adrien
2 une après-midi à la patinoire
3 à Stuttgart en Allemagne
4 en mars (futur)

A B C  D

2 Choose one of the letters and write a summary in English.

11 Des disputes

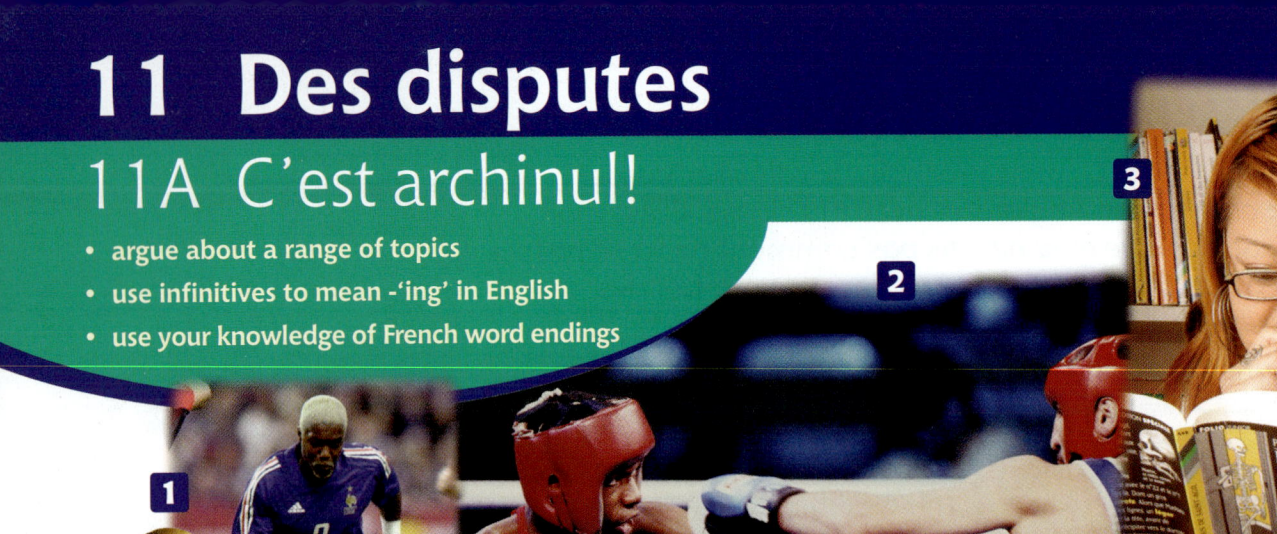

11A C'est archinul!

- argue about a range of topics
- use infinitives to mean -'ing' in English
- use your knowledge of French word endings

A Je déteste **le gangsta rap**. C'est complètement nul!

B Je n'aime pas **la politique**. C'est important, mais barbant!

C J'adore **lire des romans**. C'est génial. Toi aussi?

D Je n'aime pas **la boxe**. C'est trop dangereux!

E Je déteste **la télé-réalité**. C'est stupide, absolument ridicule!

F J'adore **regarder la Coupe du monde à la télé**. C'est passionnant!

G **Faire les magasins**, c'est pénible!

H **Aller danser**, c'est vraiment amusant!

pénible – *a pain*

1 a Écoute et lis les phrases A–H. Les photos 1–3 illustrent quels thèmes?

1 b Écoute (1–8) et note le bon ordre des thèmes A–H.

Exemple: 1 E

1 c Grammaire: French infinitive used for '-ing' in English

Use the **infinitive** in French to give opinions using '-ing' in English:

I like read**ing**   j'aime **lire**
read**ing** is great   **lire**, c'est génial

- Écris les phrases C, F, G et H en français et en anglais.

2 Lis le texte de Stéphanie, et réponds aux questions.

Exemple: 1 Elle aime le...

1. Stéphanie aime quelles sortes de musique?
2. Elle aime faire quels sports?
3. Elle n'aime pas quelle activité?
4. Elle aime aller en ville avec qui?
5. Elle aime faire quoi en ville?
6. Stéphanie fait quoi, le soir?

Je ne joue pas d'un instrument, mais j'aime beaucoup écouter de la musique. Parfois j'aime écouter du gangsta rap, parfois je préfère de la musique classique.

Le sport, c'est passionnant! J'adore faire du kayak, et j'aime jouer au tennis et au handball. J'adore regarder la Coupe du monde et les Jeux olympiques à la télé. Par contre, je déteste la boxe. À mon avis, c'est une activité complètement barbare! C'est trop dangereux.

J'aime sortir avec mes copines. Faire les magasins, c'est amusant: on fait ça souvent. Et le soir? Je regarde la télé, et j'aime lire des romans.

96 quatre-vingt-seize

Des disputes • 11

Dis, Kévin, tu aimes A le gangsta rap, toi?

A Le gangsta rap? Oui, j'adore ça. C'est B absolument génial.

Quoi?? Tu es dingue?! A Le gangsta rap, c'est C archinul!

C Archinul? Tu rigoles?! Pourquoi?

C'est C complètement ridicule!

3 a Écoute et lis la dispute. Puis trouve et recopie en français:
1. Are you joking?
2. Are you mad?
3. What??
4. Hey, Kévin
5. ridiculous
6. it's complete rubbish

3 b Stratégies! *Applying your knowledge*
You know that **-ment** in French is often **-ly** in English (e.g. vrai**ment** real**ly**)

- So what are these in English? 1 *complètement* 2 *absolument* 3 *totalement* 4 *parfaitement*

3 c Trouve et recopie d'autres possibilités pour les expressions A, B et C dans la dispute.

Exemple: A la politique, lire des romans, …

absolument nul   la politique   lire des romans
trop dangereux   la boxe   vraiment amusant   la télé-réalité
complètement stupide   aller danser   vraiment barbant
regarder la Coupe du monde   pénible   très important
faire les magasins   absolument passionnant

4 a Écoute (1–5) et note le thème de la dispute.

Exemple: 1 la boxe

4 b Réécoute et note l'ordre des opinions dans chaque dialogue:

pour → contre

ou   contre → pour

Exemple: 1 la boxe: pour → contre

dis, *Kévin*, tu aimes *le gangsta rap*?	
j'adore	la politique / la boxe / faire les magasins
je déteste	aller danser / lire des romans / la télé-réalité
	regarder la Coupe du monde à la télé
pourquoi? quoi?? tu rigoles? tu es dingue?	
c'est	absolument génial / passionnant
	complètement nul / stupide / ridicule / barbant
	vraiment pénible / amusant / important
	trop dangereux

5 a Joue et adapte la dispute d'Estelle et Kévin (ex. 3a). Ensuite, écris un dialogue similaire.

5 b extra! Discute de quatre thèmes (A–H) avec ton/ta partenaire, avec imagination et expression!

quatre-vingt-dix-sept 97

11B Les zoos

- discuss the pros and cons of zoos
- reuse language you know
- say what *you* want to say

Liberté...

... ou captivité?

A Les zoos sont intéressants pour les enfants.

B J'aime voir les animaux dans les zoos.

C Garder les animaux en captivité, c'est cruel.

D Les cages sont souvent beaucoup trop petites.

E Les zoos sont nécessaires pour préserver les animaux en danger.

F Être dans un zoo, ce n'est pas marrant pour les animaux.

1 a Écoute et lis les phrases A–F. Tu peux les écrire en anglais?

Exemple: **A** *Zoos are interesting for...*

1 b Écoute et note une différence dans chaque phrase.

1 c Recopie les phrases A–F. Fais deux listes.

> **Grammaire:** translating infinitives
> *garder* = to keep   *être* = to be
> - To translate *garder* and *être* in C and F above, look back at the *Grammaire* on page 96.

Pour les zoos	Contre les zoos
	Garder les animaux en captivité, c'est cruel.

je suis / tu es	pour ou contre	les zoos?
garder les animaux en captivité, c'est cruel		
être dans un zoo, ce n'est pas marrant pour les animaux		
les cages	sont	souvent trop petites
les zoos		intéressants pour les enfants
ils		nécessaires pour préserver les animaux en danger
j'aime voir les animaux		

98 quatre-vingt-dix-huit

Des disputes • **11**

2 🔘 **Une vidéoconférence. Écoute et lis la discussion, puis joue le dialogue.**

Kévin	Tu es pour ou contre les zoos, Sadiq?
Sadiq	Je ne sais pas. D'un côté, les zoos sont intéressants; mais d'un autre côté, ce n'est pas marrant pour les animaux. Et toi?
Kévin	Moi, personnellement, je suis contre.
Sadiq	Pourquoi?
Kévin	Ben, à mon avis, garder les animaux en captivité, c'est cruel. Et en plus, les cages sont généralement trop petites.
Sadiq	C'est vrai. Par contre les zoos sont souvent nécessaires pour préserver les animaux en danger.
Kévin	Peut-être, mais moi, je n'y vais jamais.

pour ou contre	for or against
je ne sais pas	I don't know
d'un côté	on the one hand
mais d'un autre côté	but on the other hand
moi, personnellement,	personally, I
pourquoi?	why?
et en plus	and, what's more,
par contre	on the other hand
peut-être	perhaps

3 a ✏️ **Et toi? Tu es pour ou contre les zoos? Écris tes opinions.**

Exemple: Moi, personnellement, je ne sais pas. D'un côté, …

3 b 💬 **Discute des zoos avec ton/ta partenaire.**
Ton modèle: l'exercice 2.

4 🔘 extra! **Écoute. Groupe A note les arguments pour la chasse; groupe B les arguments contre. Répondez en anglais.**

Exemple: Groupe A: *it's exciting*, …

la chasse – hunting

5 a 💬 **Discute de ces trois thèmes.** ▶

5 b ✏️ extra! **Écris tes opinions sur deux thèmes de la liste.**
Puis discute de ces thèmes avec ton/ta partenaire.

- le gangsta rap
- la télé-réalité
- la politique
- les devoirs
- l'alpinisme
- les zoos
- les cigarettes
- l'uniforme scolaire

Les cirques

La chasse

L'élevage en batterie

Stratégies! *Saying what you want to say*

- Decide what *you* want to say, e.g. 'Gangsta Rap lyrics are often violent'.
- Look up words you need, e.g. lyrics *paroles fpl*

  ➝ *Les paroles de gangsta rap sont souvent violentes.*

Have a go! So what if you make a few mistakes? You'll learn from them!

quatre-vingt-dix-neuf 99

11C extra!
Un forum sur Internet

- read a longer text
- understand link words

1 a 📖 Lis la discussion. Qui est pour les zoos? Qui est contre?

1 b Stratégies!
Link words
Words that link sentences help you to see which way the argument is going.

- Find the French for these important link words in Élodie's and Axel's messages:
  1 when
  2 where
  3 because
  4 if
  5 on the other hand
  6 what's more
  7 which
  8 but

1 c 📖 Trouve les équivalents (synonymes) dans les cinq messages.
1 ce thème *(Panda)*
2 très petites *(Élodie)*
3 ils ont souvent faim *(Axel)*
4 près *(Gorille)*
5 très grand *(Gorille)*
6 complètement *(Hatim)*

1 d 📖 Écris un résumé en anglais des opinions d'Élodie, Axel, Gorille et Hatim.
Attention: maximum de *dix* mots par résumé!

Zoos

Auteur: Panda
Que pensez-vous des zoos? Merci de me répondre avec votre avis sur ce sujet.

re: Zoos

Auteur: Élodie
Moi, quand j'étais petite, j'ai vu des zoos où les animaux (tigres, lions, panthères et autres) étaient dans des cages minuscules. Aujourd'hui, je boycotte complètement les zoos parce que les animaux y sont trop souvent maltraités. Va voir un zoo si tu ne me crois pas!

re: Zoos

Auteur: Axel
Maltraités? Non, c'est le contraire! Dans les zoos, on donne à manger aux animaux TOUS LES JOURS. Par contre, dans la nature, ils passent des jours sans manger! De plus, il y a des animaux qui vivent 35 ans dans la nature, mais qui vivent environ 45 ans en captivité.

re: Zoos

Auteur: Gorille
Les zoos ont changé depuis ton enfance, Élodie! Pas loin de chez moi, en Bretagne, il y a un parc qui est immense et où les animaux ne sont pas dans des cages: ils sont en liberté!

Le problème, c'est qu'il n'y a plus d'habitats naturels. Sans les zoos, les tigres, par exemple, seraient gravement en danger parce qu'ils n'ont plus d'habitat naturel. Les zoos ont des programmes de conservation et de réimplantation d'animaux en Afrique et en Asie.

re: Zoos

Auteur: Hatim
Bon, les animaux dans les zoos sont peut-être bien traités, mais ce n'est pas logique que les animaux d'Afrique et d'Asie vivent sous notre climat! Pour préserver les tigres, pourquoi ne pas créer des zoos ou des parcs dans le pays d'origine de l'animal? C'est évident que les tigres en Bretagne sont là principalement pour les visiteurs, pas pour la préservation des espèces en danger! Moi, je suis absolument contre les zoos en Europe! Un zoo en Afrique ou en Asie, c'est plus logique!

Sommaire

Des disputes • 11

C'est archinul!
dis, Kévin
tu aimes regarder la Coupe du monde à la télé, toi?
j'adore...
je déteste...
  le gangsta rap
  la politique
  la boxe
  la télé-réalité
  aller danser
  lire des romans
  faire les magasins
pourquoi?
quoi??
tu rigoles?
tu es dingue?
c'est absolument génial
c'est complètement stupide
  passionnant
  nul
  ridicule
  barbant
  pénible
c'est trop dangereux
  vraiment amusant
  très important

It's complete rubbish!
hey, Kévin
do you like watching the World Cup on TV?
I love...
I hate...
  gangsta rap
  politics
  boxing
  reality TV
  going dancing
  reading novels
  going round the shops
why?
what??
are you joking?
are you mad?
it's absolutely great
it's completely stupid
  exciting
  rubbish
  ridiculous
  boring
  a pain
it's too dangerous
  really funny
  very important

Les zoos
tu es pour ou contre les zoos?
je suis pour/contre
je ne sais pas
d'un côté..., mais d'un autre côté...
moi, personnellement, ...
et en plus...
par contre
peut-être
garder les animaux en captivité, c'est cruel
être dans un zoo, ce n'est pas marrant pour les animaux
les cages sont souvent trop petites
les zoos sont...
  intéressants pour les enfants
  nécessaires pour préserver les animaux en danger
j'aime voir les animaux

Zoos
are you in favour of or against zoos?
I'm in favour/against
I don't know
on the one hand..., but on the other hand...
personally, I...
and, what's more, ...
on the other hand
perhaps
keeping animals in captivity is cruel
being in a zoo is no fun for the animals
the cages are often too small
zoos are...
  interesting for children
  necessary for conserving endangered animals
I like seeing the animals

Grammaire:
- use the **infinitive** in French to give opinions using –'**ing**' in English: I like read**ing** j'aime **lire**

Stratégies!
★ applying your knowledge of French to work out meaning (e.g. -**ment** is often -**ly** in English)
★ saying what *you* want to say: look up and use the words you need
★ **extra!** recognising and using link words (e.g. *quand* when, *par contre* on the other hand, *si* if)

1 word 2 meanings
lire, c'est **amusant** – reading is **fun**
le film est **amusant** – the film is **funny**

cent un 101

12 Une réception à Paris

12A Deux jours à Paris

- describe a trip
- use the perfect and imperfect tenses

A Des élèves, en Grande-Bretagne et dans d'autres pays aussi, ont écrit des histoires en français. Les vingt élèves avec les meilleures histoires ont gagné un prix fantastique: un séjour de deux jours à Paris avec une réception dans un grand hôtel. Et Sadiq a gagné!

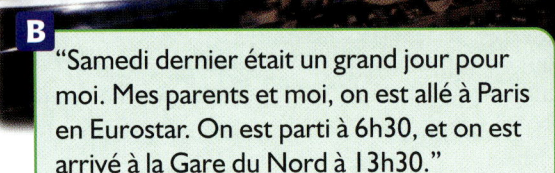

B "Samedi dernier était un grand jour pour moi. Mes parents et moi, on est allé à Paris en Eurostar. On est parti à 6h30, et on est arrivé à la Gare du Nord à 13h30."

C "D'abord, on est allé à l'hôtel et on a déjeuné au restaurant. J'ai parlé à la serveuse en français, et elle a tout compris!"

D "Il faisait très chaud quand on est sorti. On a vu l'arc de Triomphe et puis la tour Eiffel. C'était fantastique! Vers 19h, on est allé à la réception."

E "Je me suis bien amusé à la réception. Il y avait environ cent personnes. Le dîner était formidable! Après le dîner, j'ai reçu mon certificat.

J'ai bavardé avec une fille espagnole qui était très drôle. On a parlé en français, bien sûr! C'était vraiment génial! Elle m'a invité à Barcelone…"

1 a Écoute et lis le texte par sections. Réponds en anglais.

A Why did Sadiq go to Paris?
B What does he say about the journey?
C What happened in the restaurant?
D What sights did they see in Paris?
E What does Sadiq say about the girl he chatted to at the reception?

Une réception à Paris • 12

1 b 📖 Le passé: dans le texte, trouve sept verbes avec *avoir* et quatre verbes avec *être*.

Exemples: **avoir** – on a déjeuné, j'ai parlé, …; **être** – on est allé, …

2 Grammaire: the perfect and imperfect tenses

As you know, the **perfect tense** refers to single actions in the past:
   j'ai bavardé avec une fille **I chatted** with a girl

The **imperfect tense** is used to describe the background situation:
1 *il faisait* très chaud **it was** very hot
2 *il y avait* environ 100 personnes **there were** about 100 people
3 *c'était* vraiment génial **it was** really brilliant
● Change the details in the three examples above:
   1 *très froid*   2 *60 personnes*   3 *amusant*

3 💬 A: pose les questions (1–9).
B: tu es Sadiq. Donne tes réponses.
1 Vous êtes allés où, samedi dernier?
2 Vous êtes partis à quelle heure?
3 Vous êtes arrivés à quelle heure?
4 Vous avez déjeuné où?
5 Il faisait quel temps quand vous êtes sortis?
6 Qu'est-ce que vous avez vu?
7 La réception, c'était bien?
8 Il y avait combien de personnes?
9 Qu'est-ce que tu as fait?

on a / j'ai	déjeuné / parlé bavardé / vu
on est	allé / arrivé parti / sorti
je suis	allé(e) / arrivé(e) parti(e) / sorti(e)
je me suis bien amusé(e)
il faisait *très chaud*
il y avait environ *cent* personnes
c'était *vraiment génial*

4 ✏️ Imagine: tu as gagné un prix similaire. Décris ta visite à Paris. Ton modèle: page 102 B–E.

extra! Ajoute *tes* idées!

5 ♻️ 💿 Écoute les conversations (1–5) à la réception. Identifie le thème de chaque conversation.

- une audition
- la télé
- une soirée
- une excursion
- des ambitions
- le cinéma

Notre-Dame

40 personnes

cent trois 103

12B L'histoire de Sadiq

- understand the story Sadiq wrote
- write the beginning of a murder mystery

Un meurtre au château

Trois célèbres détectives, Hercule Poirot, Sherlock Holmes et l'inspecteur Morse, ont passé un week-end dans un très vieux château en Écosse.

Le premier soir, Hercule Poirot était dans la salle à manger avec son ami, Sherlock Holmes. Le dîner était délicieux. Mais il faisait un temps horrible. Soudain, il y a eu un cri terrible!
"Qu'est-ce que c'est?!" a demandé Poirot. "Vite! Au salon!"
Il est entré dans le salon avec Holmes.

"Mon Dieu!!" a crié Holmes. Ils ont vu le colonel Moutarde. Il était sur le canapé, immobile, les yeux fermés. Il y avait un revolver sur le canapé.

"Suicide ou meurtre?" a demandé Poirot.
"Suicide," a répondu Holmes. "Regardez: il y a un revolver."
"Meurtre!" a insisté Poirot. "La fenêtre est ouverte. Un assassin est peut-être entré par là."
"Non, je ne suis pas d'accord" a dit Holmes. "Le colonel avait beaucoup de problèmes financiers."
"Mais non, mon ami," a répondu Poirot. "J'ai bavardé avec le colonel ce matin. Il faisait beau et nous avons fait une promenade ensemble. Le colonel était très heureux. Ce n'est pas un cas de suicide, c'est un meurtre! C'est certain!"

Soudain, le colonel a ouvert les yeux. "Suicide? Meurtre? Mais non!! Idiots, je ne suis pas mort! Je dormais!"

Et le cri terrible…? Soudain, l'inspecteur Morse est entré dans le salon. "Il y a eu un meurtre dans la salle de bains," a-t-il dit. "Et moi, j'ai déjà trouvé l'assassin!"

les yeux – *eyes*   le canapé – *sofa*
un meurtre – *murder*   je dormais – *I was sleeping*
déjà – *already*

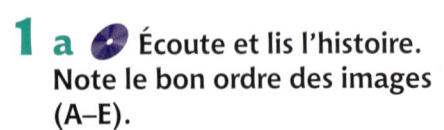

1 a 🔊 Écoute et lis l'histoire. Note le bon ordre des images (A–E).

Une réception à Paris • 12

1 b Réécoute et lis par sections.
Si nécessaire, demande à ton/ta prof:

Monsieur/Madame, c'est quoi en anglais...?

1 c How do **a** Poirot and Holmes **b** Inspector Morse feel at the end of the story?

2 En groupes: lisez l'histoire pour la radio.
Lisez avec beaucoup d'expression!

Les personnages:
un narrateur / une narratrice
Hercule Poirot
Sherlock Holmes
l'inspecteur Morse
le colonel Moutarde

3 Travaille avec ton/ta partenaire.
Vous trouvez combien d'alternatives pour les mots en rouge?

5 points pour chaque alternative!

Exemple: 1 trois jours, un après-midi, ...

1 Trois célèbres détectives ont passé un week-end dans un très vieux château.
2 Il faisait un temps horrible.
3 Hercule Poirot était dans la salle à manger avec son ami.
4 Poirot est entré dans le salon.

4 a Commence *ton* histoire de détective!
Écris ta version des trois premiers paragraphes (*Trois détectives... ➡ ...sur le canapé.*)

Exemple: Trois célèbres détectives, ... ont passé une semaine dans un hôtel à New York.

4 b extra! Continue (et, si tu veux, complète) ton histoire.

X et Y ont passé *un week-end*...
X était dans *la salle à manger*
il faisait *un temps horrible*
soudain, il y a eu un cri terrible!
X est entré dans *le salon*
"...!" a crié X
ils ont vu...

5 Écoute les trois descriptions et regarde les images. Identifie les deux erreurs sur chaque image!

Exemple: 1 a le canapé; b ...

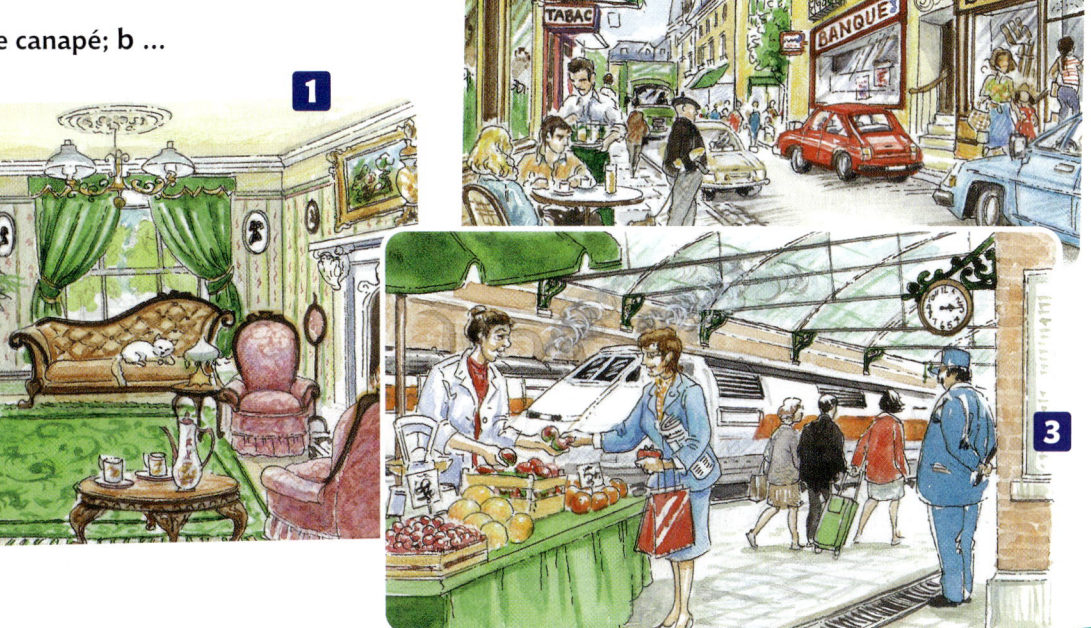

cent cinq 105

12C À la réception

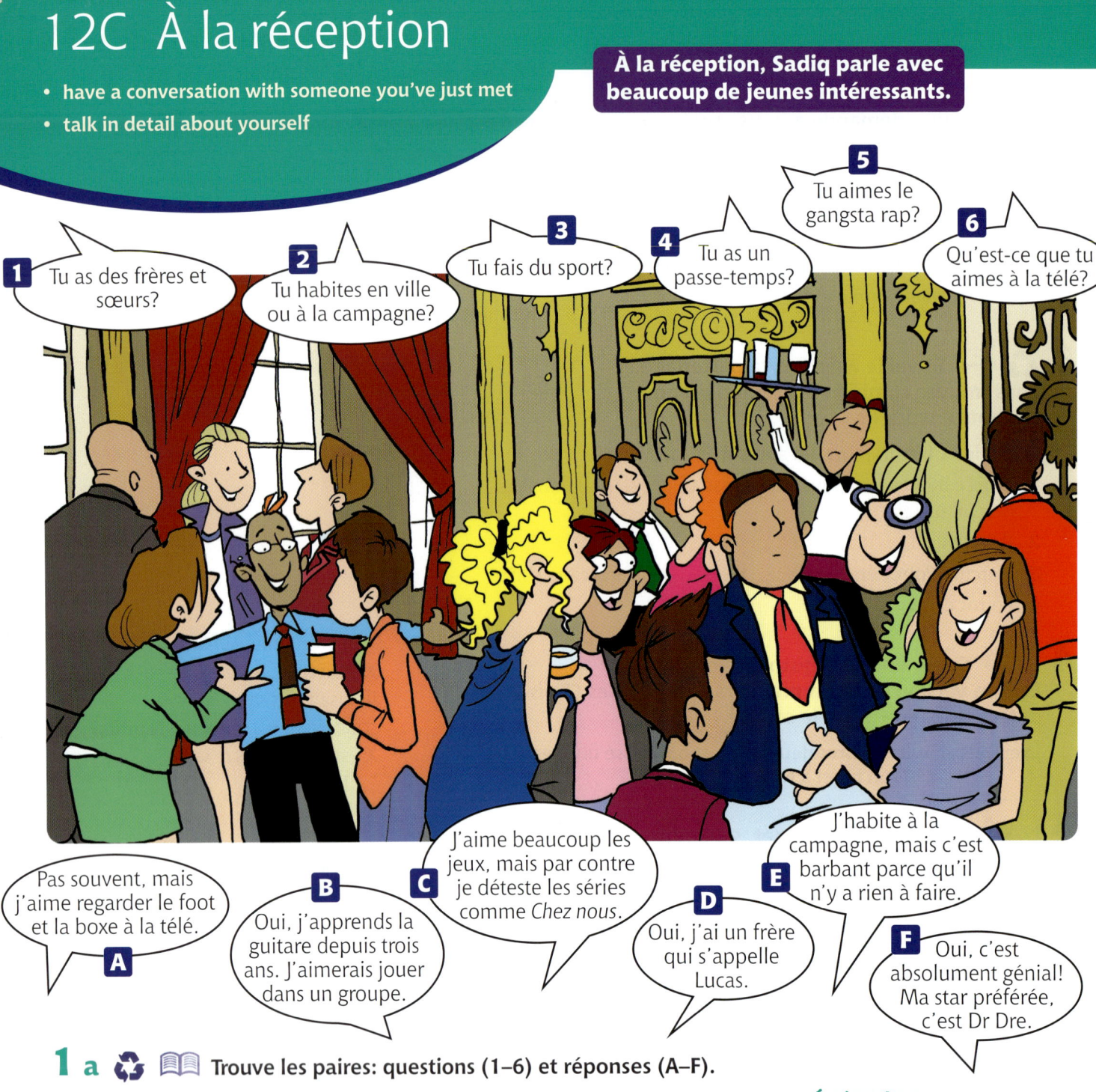

- have a conversation with someone you've just met
- talk in detail about yourself

À la réception, Sadiq parle avec beaucoup de jeunes intéressants.

1 Tu as des frères et sœurs?

2 Tu habites en ville ou à la campagne?

3 Tu fais du sport?

4 Tu as un passe-temps?

5 Tu aimes le gangsta rap?

6 Qu'est-ce que tu aimes à la télé?

A Pas souvent, mais j'aime regarder le foot et la boxe à la télé.

B Oui, j'apprends la guitare depuis trois ans. J'aimerais jouer dans un groupe.

C J'aime beaucoup les jeux, mais par contre je déteste les séries comme *Chez nous*.

D Oui, j'ai un frère qui s'appelle Lucas.

E J'habite à la campagne, mais c'est barbant parce qu'il n'y a rien à faire.

F Oui, c'est absolument génial! Ma star préférée, c'est Dr Dre.

1 a Trouve les paires: questions (1–6) et réponses (A–F).

Exemple: 1 Tu as des frères et sœurs?
          D Oui, j'ai un frère qui s'appelle Lucas.

1 b Écoute et note le détail supplémentaire dans chaque réponse.

Exemple: 1 Il est paresseux.

1 c Écris tes réponses aux questions 1–6. Écris des réponses détaillées et intéressantes.

Exemple: 1 Oui, j'ai une sœur qui s'appelle Sarah. Elle est très sportive.

Stratégies! *Real conversations*

When you start learning a language, you often have to speak in generalisations:

– J'aime le football.

But now you can say more specifically what you mean:

– J'aime regarder le football à la télé, mais je ne joue pas.

– J'adore jouer au football et je joue parfois pour mon collège.

106   cent six

Une réception à Paris • 12

2 a ♻ 💬 Avec ton/ta partenaire, écris une question pour continuer chaque thème des questions 1–6.

Exemples: **1** Elle a quel âge? *ou* Tu aimerais avoir un frère?

2 b 💬 *extra!* Jeu d'improvisation! Improvise trois dialogues, et introduis ces mots.

Exemple: Moi, j'habite près de l'*hôtel de ville*. Et toi?

Dialogue 1	Dialogue 2
carottes hôtel de ville éléphant	maths fumier judo

Dialogue 3
hilarant   vie privée   toute la journée

3 💬 Imagine: tu es à la réception. Joue une conversation avec un(e) autre invité(e).

Idée! Organisez une vraie soirée en classe!

Au signal de ton/ta prof, change de partenaire.

Sommaire

Deux jours à Paris	Two days in Paris	L'histoire de Sadiq	Sadiq's story
j'ai parlé (avec)	I spoke (with)	X et Y ont passé **un week-end**...	X and Y spent **a weekend**...
j'ai bavardé (avec)	I chatted (with)	X était...	X was...
on a déjeuné	we had lunch	il faisait **un temps horrible**	it was **awful weather**
on a vu	we saw	soudain, il y a eu un cri terrible!	suddenly, there was a terrible cry!
je suis allé(e)	I went	X est entré dans **le salon**	X went into **the sitting room**
on est arrivé	we arrived	"...!" a crié X	"…!" shouted X
on est parti	we left	ils ont vu...	they saw...
on est sorti	we went out		
je me suis bien amusé(e)	I enjoyed myself		
il faisait **très chaud**	it was **very hot**		
il y avait environ **cent** personnes	there were about **a hundred** people		
c'était **vraiment génial**	it was **really brilliant**		

Grammaire:
- the perfect tense refers to single actions in the past, e.g. ***j'ai vu** I saw*
- the imperfect tense describes the setting, e.g. **il faisait** très chaud **it was** very hot

Stratégies!
★ real conversations: using your knowledge of French to say exactly what you mean

1 word 2 meanings
j'ai écrit une **histoire** – I've written a **story**
un prof d'**histoire** – a **history** teacher

cent sept **107**

Révision: unités 11 et 12

Stratégies! *Preparing for your assessment*

- Test yourself on the *Sommaire* pages for unit 11 (p. 101) and unit 12 (p. 107).
- Revision is most effective when you're doing something *active* (not just reading through!)

  For example, write out any six words or phrases you find hard to remember. Next to each one, write *what* you find hard (spelling? gender? pronunciation? word order?), e.g.

  > le week-end dernier – last weekend. I forget that *dernier* comes **after** week-end!

  The next day, ask your partner to test you on these six. You'll probably get them right!

1 a Écris les opinions en français et en anglais.

Exemple: 1 C'est ridicule, la politique! – *Politics is ridiculous!*

1. C'*st r*d*c*l*, l* p*l*t*q**!
2. F**r* l*s m*g*s*ns, c'*st p*n*bl*!
3. L* b*x*, c'est tr*p d*ng*r***!
4. C'*st c*mpl*t*m*nt st*p*d*!
5. L*r* d*s r*m*ns, c'*st p*ss**nn*nt!
6. T* *s d*ng**?! C'*st *rch*n*l!

1 b Joue, puis *adapte* le dialogue.

> Tu aimes regarder la Coupe du monde à la télé, toi?
> Oui, mais je préfère faire les magasins.
> Quoi??
> Oui, faire les magasins, c'est passionnant!
> Tu es dingue? C'est absolument ridicule!

Mon père adore regarder la Coupe du monde à la télé!

2 Écoute la discussion sur les zoos. Note en anglais trois opinions *pour* les zoos, et trois opinions *contre* les zoos.

Exemple: *(in favour)* interesting, ...

3 Lis le texte et réponds en anglais.

1. Did the writer enjoy the evening at the disco?
2. What did he/she do there?
3. How many people were there?
4. What unexpected event occurred?
5. Who had stood on Delphine's foot?
6. Look through the text again. What **grammar** clue tells you that the writer is female?

> Normalement, je n'aime pas beaucoup danser, mais samedi dernier, je suis allée danser dans une boîte de nuit, et je me suis très bien amusée. J'ai beaucoup aimé la musique. J'ai dansé et j'ai bavardé avec mes copains.
>
> Il y avait environ cinquante personnes dans la salle et il faisait très chaud. Soudain, on a coupé l'électricité! Il faisait complètement noir et je ne voyais absolument rien! Puis il y a eu un cri terrible!
>
> Finalement, l'électricité est revenue, et on a recommencé à danser. Et le cri? C'était Delphine. Son ami Nicolas lui avait marché sur le pied! (Elle est un peu dingue, Delphine!)

couper – to cut   revenir – to come back
marcher sur – to stand on

Super soirée

1 À la soirée d'Amélie,
On a mangé du curry
Et bu des super jus de fruits.
On a ri, on a dansé,
On a écouté des CD,
On s'est super bien amusé.
Super soirée! Merci, Amélie!

2 J'ai rencontré Alexis.
Il m'a souri et a dit:
"C'est quoi ton groupe préféré?
Tu regardes des séries?
Tu aimes la télé-réalité?
C'est important la liberté?"
Super soirée! Merci, Amélie!

3 On a parlé de musique
Et de télé et d'Afrique
Et aussi de politique.
J'ai dit: "Je suis contre les zoos!
Ce n'est vraiment pas rigolo
Pour tous ces pauvres animaux!"
Super soirée! Merci, Amélie!

4 Il a fini son jus de fruits
Et ses carottes au curry,
Et il a dit "Moi aussi!
Je préfère les bêtes en liberté,
Surtout dans les Pyrénées!
Mais maintenant viens danser!"
Super soirée! Merci, Amélie!

rigolo – *fun*
les bêtes en liberté – *animals in the wild*
surtout – *especially*

1 Trouve dans la chanson l'équivalent français de:
1. *we laughed*
2. *we had a great time*
3. *I met*
4. *he smiled at me*
5. *do you think freedom is important?*
6. *all those poor animals*

2 Réponds aux questions.
1. Comment s'appelle le garçon de la chanson?
2. Le garçon et la fille ont parlé de quatre sujets. Lesquels?
3. Pourquoi est-ce que la fille n'aime pas les zoos?
4. Qu'est-ce qu'Alexis a mangé?
5. Qu'est-ce qu'Alexis a bu?
6. Qu'est-ce que la fille a pensé de la soirée d'Amélie?

3 Choisis ton couplet préféré et apprends-le par cœur.

À ton tour! À Biarritz • 1

1 For each picture, write a sentence with *depuis*. (◂◂ pp. 6–7)

Example: **1** *Je fais du cheval depuis six mois.*

Je	joue	le français	depuis	deux ans.
J'	fais	du cheval		un an.
	apprends	au collège		trois mois.
	habite	au basket		six mois.
	vais	à Marseille		dix ans.

2 Copy and complete the sentences with *à* or *de*; then translate them into English. (◂◂ pp. 8–9)

Example: *En ville il y a trop de brouhaha.*
– In town there is too much hustle and bustle.

1 En ville il y a trop ___ brouhaha.
2 Il y a beaucoup ___ pollution dans ma ville.
3 Dans mon village, il n'y a pas assez ___ bus.
4 Il y a beaucoup ___ choses ___ faire à la campagne.
5 C'est barbant, parce qu'il n'y a rien ___ faire.

3 Copy and complete the text with the words from the box. (◂◂ pp. 8–9)

à   de   depuis   fais
J'ai   J'aime   je   joue

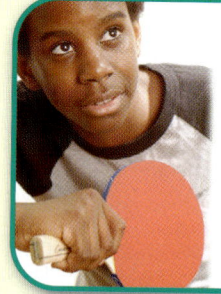

Salut, ___¹ m'appelle Julien. ___² 14 ans. ___³ beaucoup le sport: je ___⁴ au ping-pong, et je ___⁵ du vélo. J'adore la musique, et j'apprends le judo ___⁶ deux mois.

J'habite à Belfort. J'aime la ville parce qu'il y a beaucoup de choses ___⁷ faire et il y a beaucoup ___⁸ distractions.

4 a Read the text, then list the photos (A–F) in the order of the text. (◂◂ pp. 10–11)

Example: **1** photo B

J'habite dans une petite ville historique dans l'ouest de la France. Il y a un vieux château médiéval près de ma maison. Par contre, en face, il y a une grande usine qui produit des bouteilles en plastique!

Ma ville est à cinq kilomètres d'une belle plage. Dans la région, il y a beaucoup de collines vertes. Sur la côte, il y a trois ou quatre lieux de vacances qui sont assez grandes.

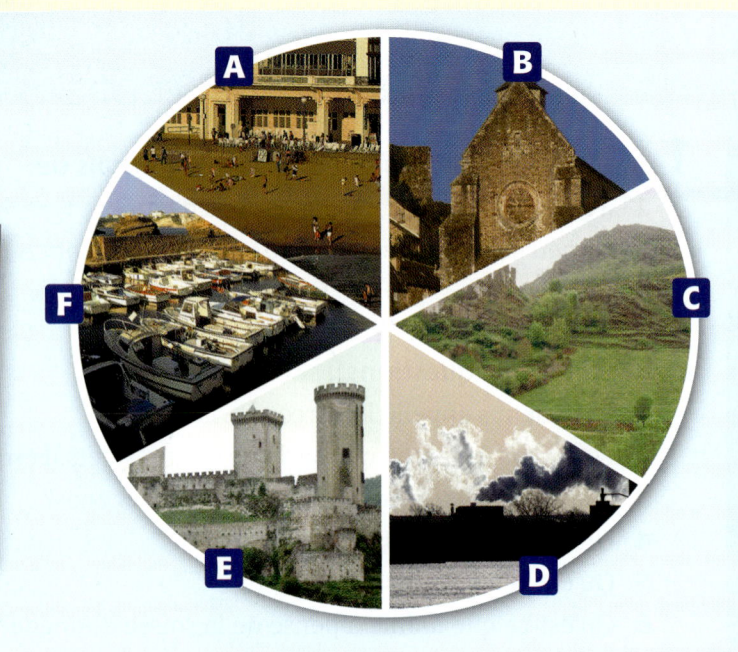

4 b Find the French for:

1 near my house   2 opposite   3 plastic bottles   4 5 km from a beautiful beach   5 on the coast

110 cent dix

À ton tour! extra!

À Biarritz • 1

1 Combien de phrases différentes peux-tu écrire avec cette expression?

Exemples:
1. La semaine dernière, j'ai acheté *un pantalon à pattes d'éléphant*.
2. J'aime *les pantalons à pattes d'éléphant*.

> un pantalon à pattes d'éléphant – *flared trousers*

Ton imagination! Invente des phrases originales!

2 Complète six phrases sur la ville et six phrases sur la campagne. (◀◀ pp. 8–9)

> À la campagne, il y a beaucoup de…
> En ville, il y a beaucoup de…

Trouve les mots dans le dictionnaire.

Exemple:
- Dans le dictionnaire, tu trouves:
  > cow *vache* **f**
- Tu écris la phrase: À la campagne, il y a beaucoup de vaches.

Attention! Écris les mots au pluriel!

3 a Lis le texte. Réponds aux questions en français. (◀◀ pp. 10–11)
1. Où est Cabourg? *(3 détails)*
2. Décris la région. *(3 détails)*
3. Les touristes visitent quoi?
4. Où est-ce qu'il y a beaucoup d'industries?

Une région de France

J'habite à Cabourg. C'est une petite ville dans une région qui est située dans le nord-ouest de la France. Cabourg est au bord de la mer et il y a beaucoup de belles plages. Nous sommes très près de Caen.

Il n'y a pas de hautes montagnes dans la région; par contre, il y a beaucoup de belles collines vertes et beaucoup de vieux châteaux. À Falaise, il y a le château de Guillaume le Conquérant et, aux Andelys, il y a le château préféré de Richard Cœur-de-Lion.

Les touristes visitent les petites villes historiques, les abbayes, la tapisserie de Bayeux et les plages du Débarquement de 1944. La plus grande ville de la région, c'est Rouen. C'est une ville historique, mais il y a aussi beaucoup de grandes usines.

3 b Fais des recherches: le texte décrit quelle région de France?

3 c Écris une petite description de la région Alsace.

L'Alsace:
- dans l'est – près de l'Allemagne
- langues: français et alsacien (un dialecte allemand)
- le Rhin, collines, châteaux, beaux petits villages historiques
- capitale: Strasbourg – siège du parlement européen

La production de vin est une industrie importante en Alsace

le siège – *seat*

cent onze 111

À ton tour! — La télé et les films • 2

1 Write the types of TV programme in French. (◀◀ pp. 14–15)

Example: 1 *une série*

2 a Copy out the discussion, filling in the blanks with the right words from the box. (◀◀ pp. 14–17)

> de est Elles informations les
> Par pas rigoles sont trop

2 b Write five sentences in French giving your own opinions about television.

Example: *J'aime /Je n'aime pas les... parce qu'il y a...*

Camille	Tu aimes les séries, toi?
Maxime	___¹ sont parfois amusantes. À mon avis, il n'y a pas assez ___² séries à la télé. Et toi? Tu aimes les séries?
Camille	Non, ___³ vraiment. ___⁴ contre, j'aime les émissions de télé-réalité.
Maxime	Les émissions de télé-réalité?! Tu ___⁵?
Camille	Pourquoi?
Maxime	Elles sont barbantes! Et il y a ___⁶ de gros mots.
Camille	Tu préfères les ___⁷?
Maxime	Non, je préfère ___⁸ jeux, comme *Le bigdil*, par exemple. C'___⁹ un jeu qui passe le lundi à 18h00. C'est super!
Camille	En général, à mon avis, les jeux à la télé ___¹⁰ nuls!

3 Write the adjectives in the correct form. (◀◀ pp. 18–19)

Example: **Les acteurs sont géniaux.**

1 Les acteurs sont (**génial**).
2 L'histoire est (**passionnant**).
3 La fin est (**hilarant**).
4 C'est un film (**génial**).
5 Les effets spéciaux sont (**nul**).
6 La musique est (**superbe**).

4 Use the box below to write short reviews of five films. (◀◀ pp. 18–19)

c'est un film plein d'action / de suspense		j'ai beaucoup aimé ce film
la fin / la musique / l'histoire est	vraiment	génial(e) / passionnant(e) / barbant(e) stupide / fantastique / superbe / hilarant(e) nul (nulle)
les acteurs principaux sont les effets spéciaux sont		géniaux / passionnants / barbants nuls / médiocres / fantastiques

Example: *Star Wars*: C'est un film plein d'action. L'histoire est passionnante, et les effets spéciaux sont fantastiques.

112 cent douze

À ton tour! extra!   La télé et les films • 2

1 Le magazine *Allô, les jeunes!* veut publier une interview avec toi!   (◀◀ pp. 14–17)
Voici les questions du magazine.
Écris des réponses intéressantes/amusantes pour les lecteurs du magazine.

publier – *to publish*
les lecteurs – *readers*
quels...? – *what...?*

1. Tu aimes les émissions de télé-réalité? Pourquoi?
2. Quels sont tes types d'émission préférés?
3. Quels types d'émission est-ce que tu détestes?
4. Tu regardes souvent la télé? Pourquoi?
5. Il y a trop de violence à la télé, à ton avis?

2 a Lis l'article. C'est quoi en anglais?
(Les expressions ne sont pas en ordre!)   (◀◀ pp. 18–20)

1. *three times*
2. *real actors*
3. *well done to...*
4. *which takes place*
5. *that I've ever seen*
6. *I went to see this film*

Immortel

Film français de Enki Bilal
Genre: Science-fiction
Durée: 102 minutes
Date de sortie en France: mars 2004

Ce film de science-fiction, plein d'action et de suspense, présente une histoire passionnante qui se passe à New York, en 2095.

Les acteurs principaux sont excellents (en particulier: Thomas Kretschmann, alias Nokopol), les effets spéciaux sont extraordinaires, et la musique est fantastique. Dans le film il y a de vrais acteurs et des personnages virtuels.

C'est une idée originale, mais le problème, c'est que les personnages virtuels n'ont pas assez de charisme. Le résultat? Deux ou trois scènes qui sont trop froides.

Je suis allée voir ce film trois fois et j'ai adoré! Un grand bravo à Enki Bilal: c'est le plus beau film de science-fiction que j'ai jamais vu!

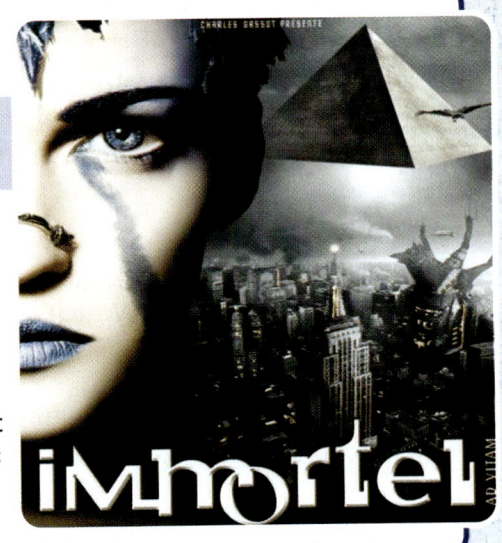

2 b Note les aspects positifs et les aspects négatifs du film.

Exemple: aspects positifs: c'est plein d'action; ...

2 c Stratégies! *Collecting, learning and reusing new words*

- Note any five new words or phrases from the review which you could use in the future, e.g. *extraordinaire* – extraordinary. (Look them up in the *Glossaire* on pp. 147–155.)
- Then write a film review and include your five new words or phrases.

cent treize **113**

À ton tour! Une excursion • 3

1 a The vowels are missing from these verbs. Write them out correctly. (◀◀ pp. 24–25) Don't forget the accents!

Example: **1** *Je suis allée…*

1. Je suis **allée** dans un parc d'attractions.
2. J'ai **acheté** des cadeaux.
3. J'ai **pris** beaucoup de photos.
4. J'ai **mangé** un hot-dog.
5. J'ai **retrouvé** mes amis.
6. J'ai **fait** un tour sur les autos tamponneuses.
7. J'ai **eu** la frousse!
8. J'ai **dépensé** tout mon argent.

1 b Now find the right picture for each sentence.

Example: **1** F

2 Copy the dialogue, adding in the missing words from the box. (Watch out – there are two extra words!) (◀◀ pp. 26–27)

Au C'est combien euros la la madame merci Pardon pas regrette

___, monsieur. C'est ___, cette bague?
C'est sept ___ cinquante.
Je ___ trouve bien; je ___ prends.
___ tout ?
Oui. Voilà, monsieur.
Tu n'as ___ 50 centimes?
Non, je ___.
Merci. ___ revoir.

3 Match up the half-sentences to produce a description of an outing. (◀◀ pp. 28–29)

1. On a fait…
2. Il a plu…
3. Papa a perdu…
4. Mon petit frère a eu…
5. Il a vomi…
6. J'ai acheté…
7. On a pris…
8. J'ai eu la frousse…

…sur le roller coaster.
…dans la voiture.
…beaucoup de photos.
…mal au cœur.
…toute la journée.
…une excursion en voiture.
…son appareil-photo.
…de la barbe à papa.

114 cent quatorze

À ton tour! *extra!*   Une excursion • 3

1 Improvisation game!
- Close your eyes and stab your finger on to the box below.
- Note the word which is nearest your fingertip.
- Repeat the process to select a second word.
- Now invent a sentence which uses both the words!

Do this five times so that you have five sentences.

Example: fait + ce ⟶ J'ai *fait* un tour sur les autos tamponneuses et puis j'ai acheté *ce* porte-monnaie.

> allé   fait   cette   beaucoup   dépensé   matin *m*   eu
> après   œufs brouillés *mpl*   bu   éléphant *m*   frousse   dernier
> grand-mère *f*   acheté   argent   pour   banane *f*   ce

2 Finis les deux phrases. Tu trouves combien d'exemples en deux minutes? (◄◄ pp. 26–27)

Exemple: J'aime cette *maison, vidéo, …*

> J'aime cette…   C'est combien, ce… ?

3 Recopie et complète les paires de contraires. Si nécessaire, cherche dans le *Glossaire*.

Exemple: 1 trouvé – perdu

1 trouvé –
2 de bonne humeur –
3 grand –
4 barbant –
5 quitter –
6 non –
7 bonjour –
8 l'homme –
9 adorer –
10 il n'y a pas –

Stratégies! *Learning words*
A good way to learn words is to group them together in categories, e.g. opposites.

4 Recopie et complète cette description d'une excursion. Invente les détails! (◄◄ pp. 28–30)

> Samedi dernier, j'ai fait une excursion avec…
> On est allé à…
> Le matin, il a fait beau, mais l'après-midi…
> Le matin, j'ai… avec… Après ça… À midi, on a… et l'après-midi, on a… C'était vraiment…!

cent quinze   115

À ton tour!   Les célébrités • 4

1 a Write six sentences. (◀◀ pp. 32–33)

Example: **1** *Je me lève à sept heures.*

Je	me lève	devant la télé.
	lis	beaucoup de café.
	sors	les journaux.
	travaille	à sept heures.
	bois	avec mes amis.
	me relaxe	jusqu'à 18 heures.

1 b Find *two* pictures (A–L) for each sentence.

Example: **1** *Je me lève à sept heures* – images E + G

2 Answer the questions about your lifestyle. Write complete sentences. (◀◀ pp. 34–35)

Example: **1** *Oui, je fais beaucoup d'exercice.*
ou *Non, je ne fais pas beaucoup d'exercice.*

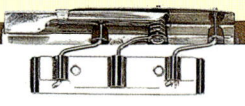

Questionnaire
1. Tu fais beaucoup d'exercice?
2. Tu manges beaucoup de fruits?
3. Tu manges beaucoup de légumes?
4. Tu te relaxes devant la télé?
5. Tu te couches avant minuit?
6. Tu as un style de vie équilibré?

Grammaire: *le présent avec je*
Attention aux verbes:
je (ne) fais (pas)…
je (ne) mange (pas)…
je (ne) mange (pas)…
je (ne) me relaxe (pas)…
je (ne) me couche (pas)…
j' (je n')ai (pas)…

avant minuit – before midnight

3 Here's a magazine interview with Danny, a young singer. (◀◀ pp. 36–37)

1. Read the article and list in French *three* advantages and *one* disadvantage of being a star, according to Danny.
2. Write the French for:
   – on the one hand
   – of course
   – for example
   – perhaps.
3. Copy the three negative sentences. Then translate them into English.

🟢 *Salut, Danny. Tu as une belle maison ici.*
🟣 *Oui, j'aime beaucoup ma maison. Mais je ne suis pas souvent ici. Je voyage beaucoup.*
🟢 *C'est génial, être une star?*
🟣 *D'un côté, c'est génial, bien sûr. Je rencontre des gens intéressants. Il y a beaucoup d'invitations à des soirées de gala. C'est amusant!*
🟢 *Il y a des problèmes aussi?*
🟣 *Bien sûr! Les journalistes, par exemple. C'est difficile d'avoir une vie privée. Je ne vais plus au supermarché. Et je ne vais jamais à la piscine en ville.*
🟢 *C'est une vie superficielle, peut-être?*
🟣 *C'est un danger.*
🟢 *Merci, Danny. Au revoir.*

116 cent seize

À ton tour! extra!   Les célébrités • 4

1 ✏️ Décris ta routine: écris huit phrases avec les expressions: **Normalement**, je... **mais parfois** je...   (◀◀ pp. 32–33)

> je me lève...   je mange...   je bois...
> je travaille...   je sors...   je vais...
> je me relaxe...   je me couche...

Exemple: *Normalement*, je me lève à sept heures, *mais parfois* je me lève à sept heures dix.

... mais parfois je travaille chez mon ami.

2 a 📖 Read the text. Summarise what it is about in a maximum of eight words in English.

Example: It's about...

Stratégies! *Understanding an authentic French text*

Many texts will have some words you don't know. You'll be able to guess some of them but you can still understand much of a text even if you can't get every word.

2 b 📖 Copy the words for four rooms in a house.

2 c 📖 List any French words in the text whose meaning you can guess because they look like English.

Example: *certains* – certain
But note that *une pièce* is 'a room', not 'a piece'!

2 d 📖 Look at the first paragraph. Without looking up any words, write in English what three activities are said to take place in the parents' rooms in French homes.

2 e 📖 Now write in English what the following numbers refer to in the second paragraph.
a 87%   **b** 59%   **c** 73%   **d** 58%

La maison idéale

Certaines pièces du logement deviennent multifonctionnelles. La chambre des parents sert ainsi à travailler (12% des Français), à regarder la télévision (4%) ou surtout à surfer sur Internet (17%).

87% des Français préféreraient une grande cuisine à une grande salle de bains et 59% choisiraient deux petites salles de bains plutôt qu'une grande.

73% préféreraient avoir une pièce séparée pour l'ordinateur. 58% considèrent qu'il est très important d'avoir une salle à manger séparée.

3 ✏️ Regarde l'interview à la page 116 (exercice 3).   (◀◀ pp. 36–37)
Écris une interview similaire avec une star. Invente les détails.

Thèmes possibles:
famille   collège   passe-temps   style de vie
routine   voyages   problèmes   ambitions...

cent dix-sept **117**

À ton tour!   La France et le tourisme • 5

1 ✏️ Write out this dialogue with the words in the correct order. (◀◀ pp. 42–43)

Example: – *Bonjour, madame. Je peux vous aider?*

– madame. Bonjour, vous aider? peux Je
– Oui. une s'il vous plaît? la ville, sur brochure Avez-vous
– brochure? Une voilà. Oui,
– Merci. du cheval peut Biarritz? faire Est-ce qu'on à
– sûr! Bien l'allée Dorziat. dans un club Il y a
– ville? un Avez-vous de la plan
– madame. Oui, Voilà.
– le C'est de cheval? loin, club
– minutes à quinze C'est à pied. Non.

2 📖 Match up the half-sentences. (◀◀ pp. 44–45)

Example: **1** *Hier, j'ai fait une randonnée en montagne.*

1	Hier, j'ai fait une randonnée...	... de l'escalade.
2	On a marché pendant...	... a plu.
3	Le matin, il...	... la frousse!
4	On a fait griller...	... et une grotte.
5	On a fait...	... mais heureuse.
6	J'ai eu...	... deux heures.
7	On a vu une cascade...	... en montagne.
8	À la fin, j'étais fatiguée...	... des saucisses.

3 📖 Do this quiz! (◀◀ pp. 46–47)

Quiz sur la France

1 C'est quoi, le "Languedoc-Roussillon"?
   a une ville historique
   b une région
   c une danse traditionnelle

2 Où en France est la Bretagne?
   a dans l'ouest
   b dans le sud-ouest
   c dans le sud-est

3 Quel est le site touristique le plus visité de France?
   a la tour Eiffel
   b la forêt de Fontainebleau
   c Disneyland Paris

4 Paris est dans quelle région?
   a en Provence
   b en Normandie
   c en Île de France

5 C'est quoi, le "mistral"?
   a un vent violent
   b un aqueduc romain
   c une soupe de poissons

6 Où est la forêt de Fontainebleau?
   a près des Alpes
   b près de Biarritz
   c près de Paris

cent dix-huit

À ton tour! extra!   La France et le tourisme • 5

1 ✏️ **Combien de phrases peux-tu inventer en trois minutes: quinze? vingt-cinq?!**   (◀◀ pp. 42–43)

Exemple: On peut faire du judo, du shopping, du surf, …

- On peut faire…
- On peut aller…
- On peut visiter…

2 ✏️ **Imagine: tu as fait une excursion super!**   (◀◀ pp. 44–45)
Un magazine t'interviewe. Invente les détails et écris l'interview.

Exemple: **Question:** Tu as fait une randonnée en août. Où exactement?
Réponse: J'ai fait une randonnée dans l'Himalaya avec un groupe d'amis.

Stratégies! *Having a go*
- Use words you know from earlier units.
- You could also look a few words up in the dictionary.

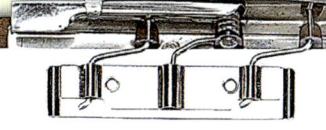

Q: Tu as fait une randonnée en août. Où exactement?
Q: Vous avez marché pendant longtemps?
Q: Vous avez mangé quoi?
Q: Il a fait quel temps?
Q: Qu'est-ce que vous avez vu dans la montagne?
Q: Tu étais fatigué(e) à la fin?

3 📖 **Lis les textes. Réponds en anglais.**
(◀◀ pp. 46–47)

Biron
1 *ennuyeux* = boring. What's *je m'ennuie*?
2 *vider* = to empty *grenier m* = attic.
  So what is *un vide-grenier*?

Sandra
1 Where is Saint-Ouen?
2 How long has she been going there?

Fana
1 What's the difference between the winter and summer events in Normandy?
2 What does Fana like doing there?

Cado
1 Which events does Cado go to?
2 What does Cado find strange?

Ah!! Je m'ennuie, l'hiver. Mais voilà les beaux jours qui reviennent… et les vide-greniers aussi!! Chez nous, ça commence le dimanche 13 mars. Et dans votre région? Biron

Tu connais le marché aux puces de Saint-Ouen, au nord de Paris? C'est génial: il y a plus de 2500 stands! J'y vais depuis trois ans. J'ai trouvé des habits de marque comme un jean Levis à 2 euros, un ensemble Gap à 2 euros… S@ndr@

Ici, en Normandie, il y a des vide-greniers toute l'année, l'hiver à l'intérieur, et à partir de mai en extérieur. J'adore me promener, et discuter et bavarder avec les visiteurs et les acheteurs. Fana

Nous faisons tous les vide-greniers de la région. C'est bizarre: même quand il pleut, il y a du monde et ils achètent!!! Cado

Message privé ●
Répondre ●
Alerte ●

cent dix-neuf   **119**

À ton tour!   Problèmes • 6

1 **What are the missing words in the story? Choose the right words from the box.** (◀◀ pp. 50–51)

Example: **1** *était*

Laurent et son monocycle

Laurent ___¹ en vacances à Nice avec ses parents et son frère. Un ___², il est allé dans un parc en ville avec son frère. ___³, une très belle fille est arrivée. "Tu aimes ___⁴ du vélo?" a demandé Laurent.
"Non, pas spécialement," a-t-___⁵ répondu.
"Moi, j'ai un monocycle. Je suis expert!" a-t-il ___⁶. "Regarde!"
Et Laurent est parti sur son monocycle.
"Regarde!" a crié Laurent. "Avec un pied seulement! Et les ___⁷ sur la tête!"
Mais il n'a pas ___⁸ la canette de limonade devant lui...
"Attention!" ___⁹ crié la fille.
Trop tard! Laurent est tombé, et il s'est cassé le ___¹⁰.
Une demi-heure plus ___¹¹, Laurent était à l'___¹². Et la fille? Elle était à la ___¹³ avec le ___¹⁴ de Laurent.

> a bras dit elle
> était frère hôpital
> jour faire mains
> patinoire Soudain
> tard vu

2 **Write the three dialogues.** (◀◀ pp. 52–53)

– Maman, j'ai mal ___.
– Depuis longtemps?
– Oui, depuis ___.
– Ce n'est pas amusant, ça!
– Je peux ___?
– ___.

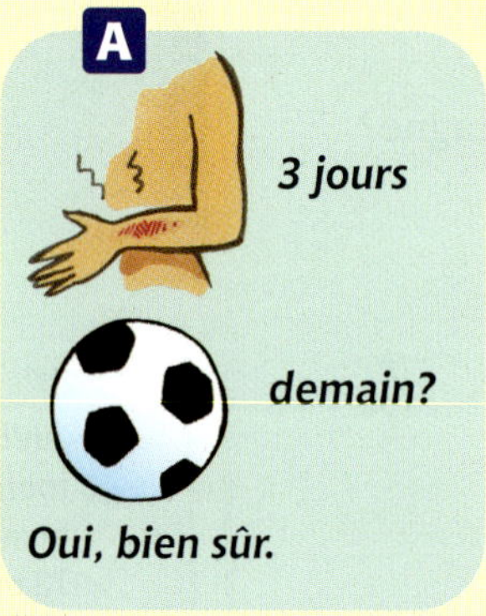

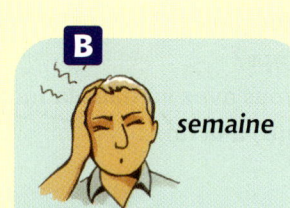

A 3 jours   demain?   Oui, bien sûr.
B semaine   ce week-end?   Je ne sais pas.
C 4 jours   ce soir?   Oui, bien sûr.

3 a **Unjumble the story and write the letters (A–J) in the correct order.** (◀◀ pp. 54–55)

Example: C, G, ...

A Le lundi suivant, M. Blanc est allé au bureau.
B Mais le patron était furieux. "Regardez cette photo!" a-t-il dit.
C M. Blanc, qui habite à Paris, adore le tennis.
D "Restez au lit!" a répondu le patron.
E M. Blanc n'est pas allé au lit. Il a quitté la maison. Et il est allé au tournoi de tennis!
F "Vous êtes allé regarder le tennis!" a dit le patron. "Vous êtes renvoyé!"
G Une semaine de juin, il a téléphoné à son bureau.
H M. Blanc: "Je ne peux pas venir travailler aujourd'hui. J'ai mal à la tête!"
I "Ah! M. Blanc! Ça va bien aujourd'hui?" a demandé le patron.
J "Oui, mais la semaine dernière, c'était horrible!" a répondu M. Blanc.

3 b **Write the nine missing letters in the order of the sentences in the story. What word do they make?**

À ton tour! extra!   Problèmes • 6

1 a 📖 Lis l'histoire de Chloé à Paris. Puis réponds aux questions 1–6 en anglais.

Chloé à Paris

Chloé, son frère et ses parents habitent St Rémi, un petit village dans les montagnes. L'été dernier, Chloé et ses parents sont allés à Paris. Ils ont passé trois nuits dans un grand hôtel en centre-ville, près de la Gare du Nord.

Un jour, Chloé est allée voir sa cousine Carla, et les deux filles ont fait du shopping en ville. "Fais attention, Chloé," a dit son père. "Une grande ville comme Paris, c'est parfois dangereux! Il y a des pickpockets, par exemple. Ce n'est pas comme à St Rémi!"

D'abord, les deux filles ont bu une limonade sur la place devant la cathédrale de Notre-Dame. Après ça, elles sont allées faire les magasins. Dans un magasin, Chloé a vu un beau T-shirt noir et rouge, avec l'image de la tour Eiffel dessus. "Voilà un cadeau pour mon frère," a dit Chloé. "Je vais acheter ce T-shirt."

Mais quand elle a cherché son porte-monnaie dans son sac… désastre! Le porte-monnaie n'était pas là. "Mon porte-monnaie!" a-t-elle crié. "Un voleur a pris mon porte-monnaie!"

1 What is St Rémi?
2 When did Chloé go to Paris, and where exactly did she stay?
3 What warning did her father give her?
4 What did she do with her cousin in Paris?
5 Describe the T-shirt she found.
6 What was her problem when she wanted to pay?

un porte-monnaie – *purse*
un voleur – *thief*

1 b ✏️ Réponds avec des phrases complètes.
1 Où habite Chloé? *Elle…*
2 Où est-elle allée l'été dernier? *Elle…*
3 Qu'est-ce qu'elle a fait avec Carla? *Elle…*

Stratégies! Answering in French

You may need to change the form of the verb found in the text:

ses parents ~~habitent~~ → Chloé **habite**

1 c ✏️ Regarde l'image à droite et écris comment l'histoire continue (trois phrases).
- Chloé – allée – avec Carla – hôtel – métro
- dans – chambre – vu – quoi?
- il – sur – lit

Le soir, à l'hôtel…

1 d ✏️ Invente et écris la fin de l'histoire.

Chloé et Carla ont fêté ça ensemble. Elles…

fêter – *to celebrate*

cent vingt et un 121

À ton tour!   Sadiq en France • 7

1 Write the dialogue with the words in the correct order. (◀◀ pp. 60–61)

- assieds-toi   de Fatima   là,   en face   Jérémy,
- appétit!   Bon
- faim,   as   Jérémy?   Tu
- j'ai   Oui,   faim
- voudrais   Tu   poulet?   du
- bien   veux   Oui,   je
- de l'eau?   encore   veux   Tu
- merci   Non,
- du   au chocolat?   veux   Tu   gâteau

2 Copy *pommes de terre*, written vertically, down the middle of your page.

Then write food words to connect horizontally. Can you find one for each letter? (◀◀ pp. 60–63)

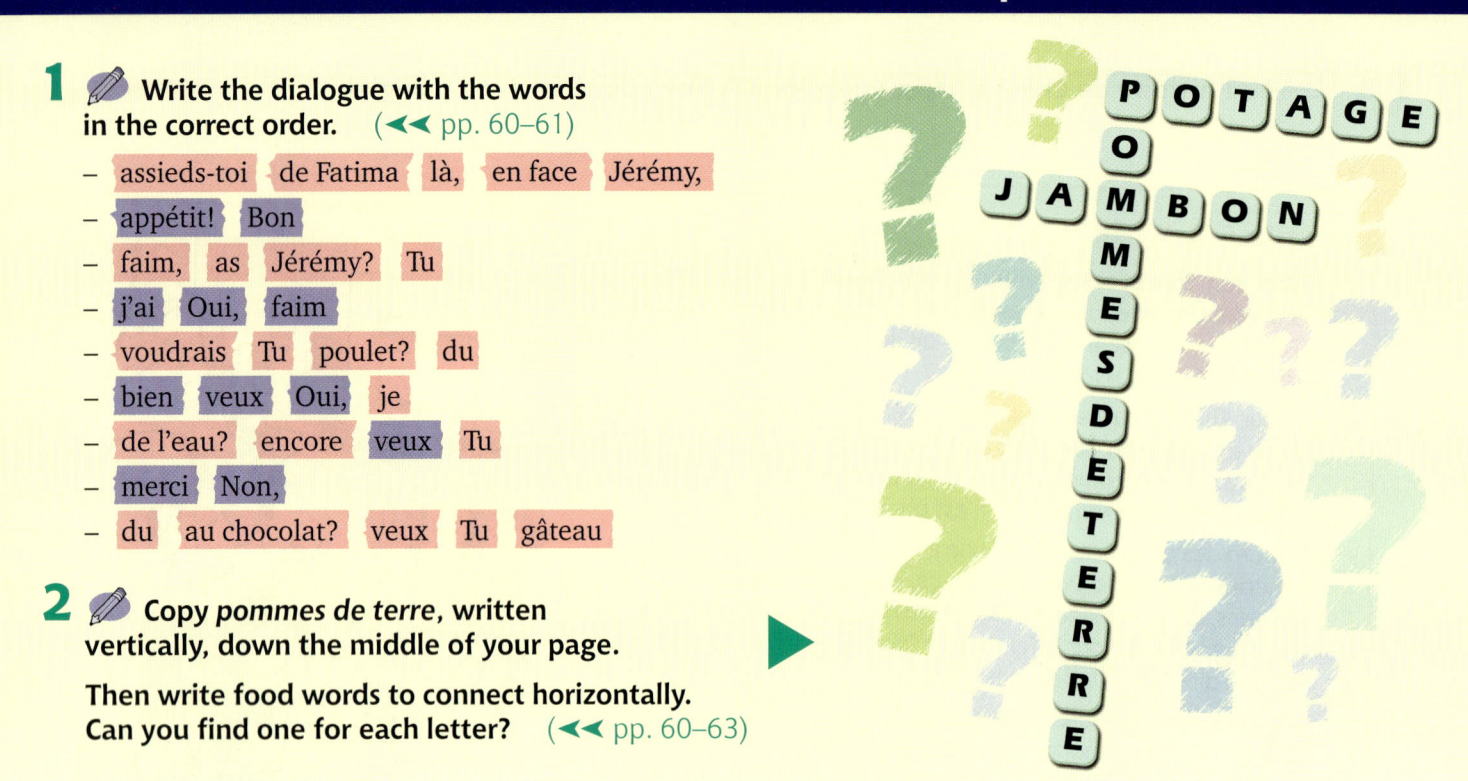

```
        P O T A G E
          O
      J A M B O N
          M
          E
          S
          D
          E
          T
          E
          R
          R
          E
```

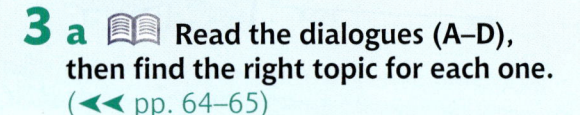

3 a Read the dialogues (A–D), then find the right topic for each one. (◀◀ pp. 64–65)

un parc d'attractions   les excursions
la famille   la ville   le collège   la télé

Example: **A** – *la famille*

A
– Tu as des frères et sœurs?
– Non, je suis enfant unique.
– Et ta mère est prof?
– Oui, elle est prof et mon père travaille dans un hôtel.

B
– Parfois on sort ensemble en voiture. On va sur la côte ou à la montagne.
– Vous faites de la marche?
– Oui, et du vélo aussi.

C
– Il y a un centre sportif?
– Oui, pas loin de ma maison.
– Et un centre commercial?
– Oui, mais il faut prendre le bus.

D
– Tu aimes les séries?
– Oui, elles sont amusantes.
– Et les émissions de cuisine?
– Non, pas vraiment. Elles sont souvent barbantes.

3 b Write out two of the dialogues and change two details in each one.

4 Re-write the dialogue with the correct words from the box. (◀◀ pp. 64–65)

- On dîne assez tard ___[1] France normalement?
- ___[2], oui.
- Et ___[3]? Vous ___[4] assez tard aussi?
- Oui, nous, on dîne ___[5] 8 heures. Et vous?
- Nous, on dîne vers 6 heures. Et on ___[6] généralement en famille en France?
- Ça ___[7]. Dans ma famille, on dîne ___[8].

dépend   dîne   dînez   en
ensemble   Généralement
vers   vous

122   cent vingt-deux

À ton tour! extra!   Sadiq en France • 7

1 ✏ Écris un menu varié pour deux jours de la semaine.   (◀◀ pp. 60–61)

Exemple:

menu

lundi | petit déjeuner: | du jambon, des œufs, du pain
 | | *à boire*: du thé, du lait
 | déjeuner: | du poisson, des pommes de terre, des petits pois
 | | *à boire*: de l'eau   *dessert*: du yaourt
 | dîner: | des spaghettis à la bolognaise
 | | *à boire*: du jus de pommes   *dessert*: des fruits

2 ✏ Tu es en France, dans une famille française.
Un jour, la mère te demande: "Tu as un style de vie équilibré?"
Écris une réponse complète, intéressante (et peut-être amusante?).

Des idées:
- le matin, je (ne) mange (pas) beaucoup, tandis que le soir, je…
- pendant la journée, je (ne) grignote (pas) souvent, par exemple je…
- j'adore/je déteste les fruits et les légumes, par exemple…
- par contre, je (ne) fais (pas) beaucoup d'exercice, par exemple…

3 a 📖 Lis les textes. Qui parle…
a d'émissions de télé?
b de sport?
c du petit déjeuner
d de politesse dans la famille?
(◀◀ pp. 64–66)

Les impressions de quatre Français en Grande-Bretagne

J'ai beaucoup aimé les séries anglaises à la télé. Elles sont très intéressantes. Je trouve qu'il y a moins de séries américaines en Grande-Bretagne, et moins de films. Les jeux et les émissions de télé-réalité? Pas de différence entre la France et la Grande-Bretagne, à mon avis!
Sandrine

Dans la famille où j'ai habité, il n'y a pas beaucoup de contact physique. Quand un invité arrive, par exemple, on ne se donne pas la main. On dit "Hi" ou "Hello", c'est tout.
Par contre, j'ai remarqué qu'il est très important de dire "s'il vous plaît" et "merci".
Victor

Le matin, on mange des céréales ou des toasts avec du beurre et de la confiture d'oranges. Attention à un produit qui s'appelle *Marmite*. J'ai pensé que c'était du chocolat, mais ce n'est pas sucré! Il faut en mettre très, très peu sur son pain.
Alizéa

En Angleterre, j'ai découvert le cricket. Les règles de ce jeu sont très compliquées et un match peut durer trois ou quatre jours!
À la télé, j'ai vu beaucoup plus de snooker qu'en France, tandis que je n'ai pas vu beaucoup de cyclisme.
Alexandre

3 b 📖 Réponds en anglais.
1 Sandrine found fewer of what in Britain?
2 Describe three things that Victor noticed.
3 What mistake did Alizéa make?
4 What struck Alexandre about TV sport in Britain?

cent vingt-trois 123

À ton tour!   Les médias et les stars • 8

1 ✏️ **Separate out the words and write the newspaper report. Then write the report in English.** (◂◂ pp. 68–69)

Example: *Hier après-midi, …*
             Yesterday afternoon, …

hieraprès-midiilyaeuunincendieenville.
l'incendiearavagéuncentresportif.
lespompierssontarrivésimmédiatement.
uneambulanceetlapolicesontarrivéesaussi.
aujourd'huilapoliceaarrêtéquatresuspects.

2 📖 **Read the biography, then answer the questions in English.** (◂◂ pp. 70–71)

1 When did Lola come to France?
2 Who did she
    a go out with?   b marry?
3 What was her husband's work?
4 Was their child a boy or a girl?
5 How long did the marriage last?
6 Where did she go after the divorce?
7 Why did she go into a clinic?
8 What happened when she came out of the clinic?

Lola Luline

Lola, d'origine suisse, est arrivée en France en 1999. Chanteuse célèbre à l'âge de 18 ans, Lola a rencontré beaucoup d'autres célébrités. Elle est sortie pendant un an avec l'acteur Patrick Ronsard.

Quand elle a rompu avec Patrick, elle a épousé Richard Grandet, le pianiste. Elle a eu son premier bébé (une petite fille) à l'âge de 20 ans. Mais il y a eu des problèmes, et le couple a divorcé après dix-huit mois de mariage.

Après ça, Lola est partie aux États-Unis. Elle a commencé une carrière à New York, mais elle s'est droguée, et elle est entrée dans une clinique de désintoxication.

Quand elle est sortie de la clinique, elle a fait son deuxième album – un succès spectaculaire!

3 ✏️ **Look again at the dialogue on page 72. Then copy the sentences, filling in the missing vowels.**

Example:
1 *Avez-vous des agendas?*

1 vz-vs ds gnds?
2 ls snt n bs, prs d l'scnsr
3 Prdn, j n' ps cmprs
4 Mrc bn, mnsr
5 D rn

4 ✏️ **How many letters of the alphabet can you find examples for?** (◂◂ p. 72)

Avez-vous…
des **a**gendas?
des **b**ics?
du **c**afé?
…
des **x**ylophones?
des **y**aourts?
des **z**èbres?

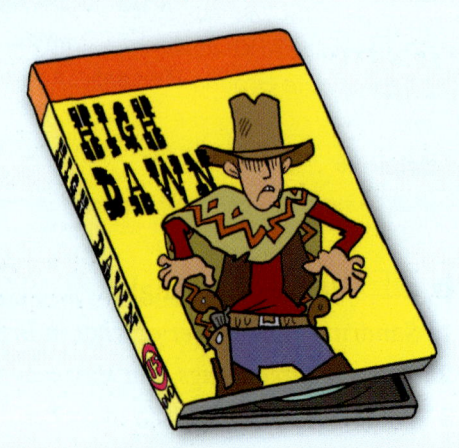

*Avez-vous des **w**esterns?*

124   cent vingt-quatre

À ton tour! extra! — Les médias et les stars • 8

1 a 📖 Lis l'article de journal. Puis regarde les plans. Quel plan est correct? A, B ou C? (◀◀ pp. 68–69)

Incident sur l'A7

Il y a eu un incident jeudi soir sur l'autoroute A7 entre Montélimar et Valence.

Vers 22h, à Montélimar, un automobiliste est entré sur la voie nord de l'autoroute en direction de Valence.

L'automobiliste était sous l'influence de l'alcool, et, soudain, il a eu la *fausse* impression qu'il allait vers le sud. Conséquence? Il a fait demi-tour, et a continué sa route. Bien sûr, il allait maintenant vers le sud… sur la voie *nord* de l'autoroute!

L'automobiliste n'a pas compris pourquoi les autres voitures arrivaient en sens inverse sur sa voie de l'autoroute. Finalement, il a garé sa voiture "à droite" (= à gauche pour les autres voitures!).

Par miracle, il n'y a pas eu d'accident. Trente-deux automobilistes ont téléphoné à la police. Quand les policiers sont arrivés, ils ont arrêté l'automobiliste, qui a fini la nuit dans une cellule au poste de police.

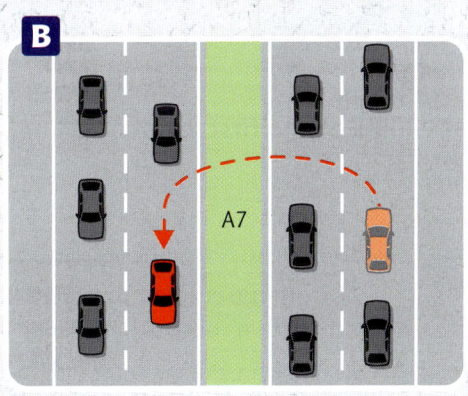

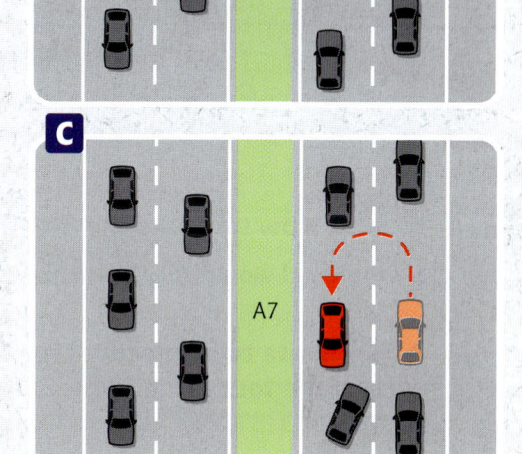

un automobiliste – *driver*
fausse – *false*
une voie – *carriageway*
allait – *was going*
il a fait demi-tour – *he turned round*
arrivaient – *were arriving*
garer – *to park*

1 b 📖 Write a summary of the main points of the incident in English (80–100 words).

2 ✏️ Écris les phrases au passé. (◀◀ pp. 68–71)

Exemple: 1 Un incendie a ravagé une banque.

A Un incendie ravage une banque!
B La police arrive trop tard!
C Rémi part pour les États-Unis!
D Clara entre dans une clinique!
E Maxime épouse Mathilde!
F Romane a un bébé!
G Léo et Eva vont en Tunisie!
H Pierre divorce de sa femme!

3 📖 Match the questions and answers. Then write what the answers mean in English. (◀◀ p. 73)

1 Tu as invité Justine?
2 Ton copain fume?
3 Tu achètes tes cadeaux ici?
4 Tu vas souvent en ville?

a L'année dernière, oui; mais maintenant il ne fume plus.
b Non, je ne vais jamais en ville.
c Non, je n'ai invité personne.
d Non, je n'achète rien ici.

cent vingt-cinq 125

À ton tour! — Auditions pour la télé • 9

1 a Copy the two texts with the right verb endings from the box. (<< pp. 78–79)

| -ais | -é | -er | -ir | -re |

Example: 1 *Moi, j'aimerais beaucoup voyager en…*

Moi, j'aimer● beaucoup voyag● en Chine. Voilà pourquoi j'ai commenc● à apprend● le chinois. Mais ce n'est pas facile! J'ai aussi décid● de fai● de la gymnastique au centre sportif près de chez moi. J'ai commenc● lundi dernier.

Je joue de la guitare depuis cinq ans. J'ai commenc● à jou● quand un oncle m'a donné une guitare. Maintenant, j'ai décid● d'achet● une guitare électrique et de prend● des leçons de guitare. J'aimer● aussi deven● membre d'un groupe ici en ville.

1 b Now translate the first three lines of the first letter into English.

Example: *I would very much like to…*

2 a Write two adjectives for each of the four categories. (<< pp. 80–81)

Write the masculine, the feminine, and what the word means in English.

Example:
1 *impertinent* m, *impertinente* f – cheeky

1 For the feminine adjective, add an *-e* to the masculine form.
2 The masculine adjective already ends in *-e*: it doesn't change in the feminine.
3 The masculine *-eux* ending changes to *-euse* in the feminine.
4 The masculine adjective ends in a consonant (e.g. *n*). Double the consonant and add an *-e* in the feminine.

2 b Now write a sentence to describe the people below (A–E). Use the words in the box.

heureux   sportif
drôle   grand
petit   musicien

Example: A *Elle est musicienne.*

3 Match the half-sentences about going for an audition. (<< pp. 82–83)

Example: 1 *Quand je suis arrivé à mon audition, j'ai eu la frousse.*

1 Quand je suis arrivé à mon audition,…
2 J'ai dû attendre…
3 J'ai bavardé avec…
4 Finalement, je suis entré…
5 J'ai dû répondre…
6 Après ça, j'ai commencé à…

…pendant six heures.
…les autres candidats.
…chanter devant les membres du jury.
…dans le hall.
…j'ai eu la frousse.
…à trois ou quatre questions.

126   cent vingt-six

À ton tour! extra! Auditions pour la télé • 9

1 📖 **Lis le texte, puis réponds aux questions en anglais.** (◀◀ pp. 80–81)

Exemple: **1** *in a village in the…*

Ma grand-mère

Ma grand-mère est née en 1929 dans un village d'Alsace, une région de l'est de la France, près de l'Allemagne. Ma grand-mère dit que, quand elle était petite, elle était belle et mignonne, assez timide et un peu paresseuse.

Pendant la guerre, les élèves en Alsace devaient parler l'allemand au collège, ma grand-mère aussi. Après la guerre, ma grand-mère est allée travailler dans un grand magasin à Paris. Elle y était heureuse, parce qu'elle avait de bonnes copines, mais son travail était un peu ennuyeux.

Un jour, un client est entré dans le magasin et a acheté une chemise. Il a bavardé un peu avec ma grand-mère. Le lendemain, il a décidé d'épouser ma grand-mère! Et ma grand-mère a dit "Oui!"

Mon grand-père a commencé à chercher un appartement. Ce n'était pas facile, parce qu'il n'y avait pas assez d'appartements à Paris après la guerre.

Jordan

devaient – had to
chercher – to look for

1 Where was Jordan's grandmother born?
2 Where is this part of France?
3 What was she like when she was a girl?
4 What did she have to do during the war?
5 Where did she go after the war?
6 What did she like about her job?
7 What didn't she like about her job?
8 Describe how she met her future husband.
9 When did he propose to her?
10 What was the problem they faced?

2 ✏️ **Imagine the following lines applied to your grandfather.** (◀◀ pp. 80–81)
Copy the text and make all the necessary changes.

Example: **Mon** grand-**père** est **né** en 1929. Il…

Ma grand-mère est née en 1929. Elle dit que, quand elle était petite, elle était belle et mignonne, assez timide et un peu paresseuse. Après la guerre, ma grand-mère est allée travailler à Paris.

3 ✏️ **Combien de phrases peux-tu inventer en trois minutes?** (◀◀ p. 84)

Exemple: *Quand j'avais huit ans, j'allais souvent à la patinoire.*

- Quand j'avais huit ans, j'allais…
- Quand j'avais huit ans, je jouais…
- Quand j'avais huit ans, j'aimais…

cent vingt-sept **127**

À ton tour! Kévin en Angleterre • 10

1 ✏️ Write these sentences correctly in French and in English. (◀◀ pp. 86–87)

Example: **1** *Mercredi, on va passer la matinée sur la côte.*
On Wednesday, we're going to spend the morning at the coast.

1. la matinée / on va / passer / Mercredi, / sur la côte
2. un pique-nique. / beau, / faire / S'il fait / on va
3. on va / Sinon, / un restaurant. / dans / manger
4. visiter / L'après-midi, / naturelle. / on va / une réserve
5. il y / Le soir, / aura / barbecue / au collège. / un

2 📖 What are the missing words? Choose the right ones from the box. (◀◀ pp. 88–89)

Watch out! There are *three* words you don't need!

avez   cher   dans   de   est   faire   la
le   les   musée   plus   sont   théâtre

Londres

Londres ___¹ la capitale européenne la plus cosmopolite. Les sites ___² plus célèbres sont Big Ben, la tour de Londres, Tower Bridge et Buckingham Palace. Pour le panorama le ___³ spectaculaire, faites un tour sur le *London Eye*, la grande roue ___⁴ plus moderne d'Europe. Puis visitez le plus vieux ___⁵ du monde, le British Museum, fondé en 1753.

Vous voulez ___⁶ du shopping? Les endroits les plus intéressants ___⁷ les quartiers de Piccadilly Circus, Oxford Street et Covent Garden. Vous ___⁸ faim? Faites un pique-nique ___⁹ un parc: Regent's Park est le parc ___¹⁰ plus beau de Londres.

3 ✏️ Write the sentences about this week with the verbs in the correct form (past or future). NB Today is Wednesday! (◀◀ pp. 90–91)

Example: **1** *Lundi soir, j'ai regardé un DVD.*

1. Lundi soir, (**j'ai regardé / je vais regarder**) un DVD.
2. Vendredi soir, (**on va aller / on est allé**) au théâtre.
3. Demain, (**j'ai visité / je vais visiter**) un vieux château.
4. Mardi matin, (**on a fait / on va faire**) un quiz.
5. Vendredi, (**j'ai passé / je vais passer**) la matinée en ville.
6. Hier soir, (**je vais arriver / je suis arrivé**) chez Luc à 19h.
7. Lundi après-midi, (**j'ai acheté / je vais acheter**) un agenda.
8. Jeudi, s'il fait beau, (**on va faire / on a fait**) du vélo.

À ton tour! *extra!*   Kévin en Angleterre • 10

1 a Trouve les trois possibilités pour A, B, C et D. (◂◂ pp. 86–87)

Exemple: **1 A** la journée, …

1 On va passer …A… sur la côte.
2 S'il fait beau, on va visiter …B…
3 Sinon, on va aller …C…
4 Ce soir, il y aura …D… au collège.

> un barbecue   un vieux château   au cinéma
> une fête   la journée   la matinée
> à la patinoire   une réserve naturelle
> samedi après-midi   une soirée
> au théâtre   une ville historique

1 b Invente deux autres possibilités pour A, B, C et D.

Exemple: **1 A** une semaine, …

La tour Montparnasse

La tour Eiffel

2 a Lis le texte. C'est quoi en français? (◂◂ pp. 88–89)

1 *was built by*
2 *312m high*
3 *since 1889*
4 *built between*
5 *it was overtaken by*

Les deux tours de Paris

La tour Eiffel a été construite par Gustave Eiffel pour l'Exposition universelle de 1889 (l'Exposition a célébré le centenaire de la Révolution française de 1789). La tour Eiffel, haute de 312m, était le bâtiment le plus haut du monde. Depuis 1889, on a ajouté une antenne: aujourd'hui, la tour est haute de 318m.

Le bâtiment habitable le plus haut de Paris, c'est la tour Montparnasse. Elle a 59 étages, et une hauteur de 210m. Construite entre 1969 et 1973, la tour Montparnasse était le bâtiment le plus haut d'Europe de 1973 à 1990, quand elle a été dépassée par la Messe Turm en Allemagne.

2 b Note en anglais quatre informations intéressantes sur:
   a la tour Eiffel
   b la tour Montparnasse.

3 a Recopie le texte avec les seize accents nécessaires! (◂◂ pp. 90–91)

Exemple: Hier, j'ai pass**é**…

3 b Écris deux paragraphes: *Hier…, Demain…*

Attention! *Hier* + verbes au passé,
            Demain + verbes au futur!

> Hier, j'ai passe la matinee en ville. J'ai achete un CD pour mon frere parce que c'etait son anniversaire. Apres ca, je suis alle dans un cafe avec un copain. On a bavarde et je me suis bien amuse.
>
> Demain apres-midi, on va aller chez ma grand-mere. Nous allons faire un barbecue dans son jardin. Puis nous allons visiter un musee. Il est dans un grand batiment moderne, pres d'un vieux chateau.

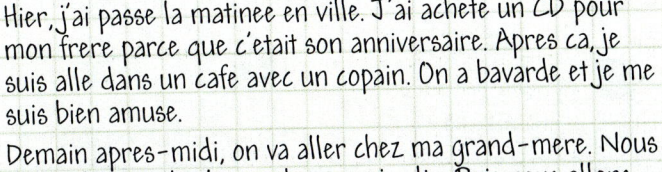

cent vingt-neuf   **129**

À ton tour! — Des disputes • 11

1 In sentences 1–5, each symbol represents *two* letters. Can you crack the code? (◀◀ pp. 96–97)
- Write the sentences in correct French.
- Say what these symbols represent:

♣ ♧ ◆ ✚ ★ ✺ ♥

Example:
1 *Je déteste la télé-réalité. À mon avis, c'est pénible.* (So symbol ♣ = es)

1 Je dét♣te la télé-réalité. À mon avis, c'♣t pénible.
2 Tu aim♣ regarder la C♥pe du monde à la télé?
3 J'ado◆ li◆ d♣ rom★s. C'♣t absolum✺t passionn★t.
4 La ✚litique, ce n'♣t pas s♥v✺t inté◆ss★t, mais c'♣t très im✚rt★t.
5 J'aime fai◆ l♣ magas✺s. P♥rquoi? Parce que c'♣t amus★t.
6 Quoi? Tu ♣ d✺gue? Fai◆ l♣ magas✺s, c'♣t vraim✧t barb★t!

2 Write what *you* think of each activity (A–H). (◀◀ pp. 96–97)

Example: **A** *Je n'aime pas regarder la Coupe du monde à la télé: c'est barbant.*

3 Be careful: there's a word missing in each sentence! (◀◀ pp. 98–99)
Write the complete sentences with the missing words.

Example: **1** *J'aime voir les animaux dans les zoos.*

1 J'aime voir les animaux les zoos.
2 Les zoos sont nécessaires pour préserver animaux en danger.
3 Les zoos sont intéressants les enfants.
4 Être dans un zoo, ce n'est marrant pour les animaux.
5 Les cages souvent beaucoup trop petites.
6 Garder les animaux captivité, c'est cruel.

130 cent trente

À ton tour! extra! Des disputes • 11

1 a Lis les opinions (A–G) sur les courses de voitures. (◀◀ pp. 96–97)
Les opinions sont pour ou contre ce sport?

Exemple: **A** contre

A C'est beaucoup trop dangereux.
B C'est plus passionnant que le football.
C C'est très mauvais pour l'environnement.
D C'est un sport ultra-polluant.
E Les voitures sont un miracle de technologie moderne.
F Ça donne un mauvais exemple aux automobilistes.
G C'est bon pour le tourisme et pour l'économie du pays.

Les courses de voitures

1 b Djamel est pour les courses de voitures; Laura est contre. Invente et écris une dispute entre Djamel et Laura.

Exemple:
Laura: Dis, Djamel, tu aimes les courses de voitures, toi?
Djamel: Les courses de voitures? Oui, j'adore ça. C'est…

Un phoque

2 a Read the text below and note four facts about polar bears.

2 b Write five words from the text whose meaning you guessed from the context or photos.

Example: un phoque – *a seal*

Les ours polaires (22 000 animaux) habitent les territoires polaires. Mais la population de ces beaux carnivores blancs est en danger à cause du réchauffement du climat et des effets de la pollution toxique.

Les contaminants constituent un danger urgent. Les ours mangent des phoques, les phoques mangent des poissons, et les poissons sont trop souvent contaminés par des métaux lourds, des polluants organiques et des isotopes radioactifs.

Un ours polaire

3 Regarde les pages 96–99. Trouve un mot français pour chaque lettre de l'alphabet. Écris les mots en français et en anglais.

• Tu peux trouver des mots pour plus de 20 lettres?!

Exemple:
A absolument – *absolutely*
B barbant – *boring*
…
Z zoos – *zoos*

cent trente et un 131

À ton tour! Une réception à Paris • 12

1 Read questions 1–8 below. Then read the newspaper article and answer the questions in English. (◀◀ pp. 102–103)

A 1 When was the story competition organised?
2 How many pupils took part? From how many different countries?

B 3 When was the reception for the winners held?
4 What two things impressed the mayor?

C 5 What does Sadiq plan to do next year?

D 6 What happened on Sunday morning?
7 Where did the pupils have lunch?
8 Where did the bus take them after lunch?

Réception à l'hôtel Louis XIV

A En mars dernier, l'Association Nationale du Français a organisé un concours international, "Histoires en langue française". Environ deux cent cinquante élèves de quinze pays différents ont participé, et le jury a choisi vingt gagnants.

B Les gagnants sont arrivés à Paris samedi, et le soir, il y a eu une réception à l'hôtel Louis XIV en présence du maire de Paris. Monsieur le Maire a lu les histoires: il a dit être très impressionné par "la qualité de la langue" et "l'originalité des idées".

C Après les formalités, il y a eu une soirée pour les jeunes invités. "C'était formidable!" a dit Sadiq Akbar, de York en Angleterre. "J'ai bavardé avec une fille qui habite à Barcelone. Elle m'a invité à Barcelone, et je vais y aller l'année prochaine."

D Dimanche matin, les jeunes gens ont visité les sites de Paris en bus. Après un déjeuner au premier étage de la tour Eiffel, le bus a conduit les invités à l'aéroport Charles de Gaulle.

un concours – *a competition*
impressionné par – *impressed by*

2 Look again at Sadiq's story on page 104. Then write the sentences with the words in the right order. Finally, write what the sentences mean in English.

Example: *Qu'est-ce que c'est?* – *What is it?*

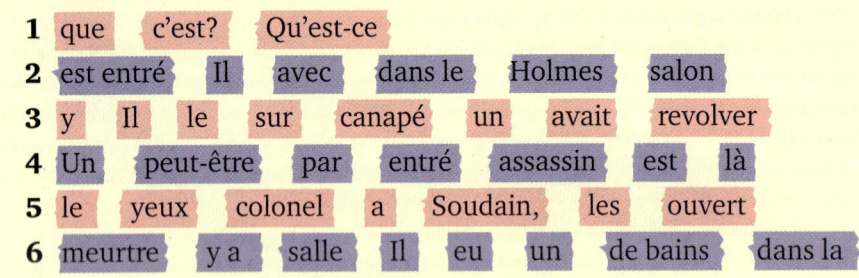

1 que c'est? Qu'est-ce
2 est entré Il avec dans le Holmes salon
3 y Il le sur canapé un avait revolver
4 Un peut-être par entré assassin est là
5 le yeux colonel a Soudain, les ouvert
6 meurtre y a salle Il eu un de bains dans la

3 Which is the odd one out in each shape, and why?

A on est arrivé / on est parti / on est sorti / on a vomi

B les chats / les lions / les zoos / les tigres

C j'ai crié / je suis allé / j'ai discuté / j'ai fait

D barbant / amusant / génial / intéressant

E on a mangé / on a bavardé / on a dîné / on a déjeuné

132 cent trente-deux

À ton tour! extra! — Une réception à Paris • 12

1 a 🖊 Une femme mystérieuse est entrée dans un commissariat de police. Elle a perdu la mémoire! La police veut reconstruire les mouvements de la femme aujourd'hui.

Regarde le contenu de son sac et écris tes conclusions.

le contenu – contents

Exemple: À huit heures heures moins vingt, environ, elle a mangé un croissant au café, à la gare...

CINÉMA CAPITOL
rue Clemenceau
3 juin
18h30
salle 2   8,50 €

Galeries Lafayette
appareil photo
type Monécam
259,99 €
(carte de crédit)
3 juin 9h03

Café de la Gare
café   1,50
croissant   1,00
total   2,50 €
merci!
3 juin   7h50

Musée d'histoire naturelle
rue Voltaire
1 adulte.....3,10 € merci de votre visite!
3 juin 13h24

tan
Aller simple
8h10   3 juin

10 EURO

Chère Miriam,
Me voilà à Nantes! Mon audition est cet après-midi!! Après, je vais retourner à Vannes et

Le vieux Saïgon
Restaurant vietnamien
menu à 12 euros
1 thé
total: 13€
service compris

PARIS MATCH
Sophie Marceau
"Mon fils et mon compagnon d'abord"
Exclusif
Emile Louis
Une nouvelle mort suspecte sur la route du tueur
Inondations
La France sous l'eau
10 pages spéctales

MONT BLANC
Glace au chocolat

CHOCOLAT AU LAIT

Théâtre Graslin
Place Graslin

Casting pour *À la recherche de la nouvelle star.*
Vous allez chanter votre chanson!

Audition
Nantes, théâtre Graslin, place Graslin
Date: le 3 juin
Heure: 5h30
Nom:

1 b 🖊 *List eight things which could be deduced about the character/identity of the woman.*

Example: Elle aime les glaces.

cent trente-trois **133**

Grammaire Contents

A Masculine and feminine, singular and plural

A1 Nouns — page 135
- A1.1 Singular and plural nouns
- A1.2 Masculine and feminine nouns

A2 Determiners — page 135
- A2.1 le, la, les *the*
- A2.2 un, une *a, an*
- A2.3 du, de la, de l', des *some*
- A2.4 mon, ton, son, etc. *my, your, his/her*
- A2.5 ce, cette *this*, ces *these*
- A2.6 Summary of determiners

A3 Adjectives — page 136
- A3.1 Masculine/feminine, singular/plural adjectives
- A3.2 The position of adjectives
- A3.3 No capitals for adjectives of nationality
- A3.4 Comparing adjectives
- A3.5 The superlative (*the most interesting, the best*)

B Verbs

B1 The present tense of regular verbs — page 137
- B1.1 Verbs with infinitives ending in *-er*
- B1.2 Other present tense verb patterns

B2 Reflexive verbs — page 138

B3 The present tense of irregular verbs — page 138
- B3.1 avoir *to have*
- B3.2 être *to be*
- B3.3 aller *to go*
- B3.4 faire *to do*
- B3.5 Some other irregular verbs
- B3.6 Depuis (*for*) and the present tense

B4 The perfect tense/past tense — page 139
- B4.1 The past tense of regular verbs with *avoir*
- B4.2 The past tense of irregular verbs with *avoir*
- B4.3 The past tense of verbs with *être*

B5 The imperfect tense — page 140

B6 Telling people what to do (the imperative) — page 141
- B6.1 Speaking to someone of your age
- B6.2 Speaking to more than one person, or to an adult not in your family
- B6.3 Telling people what <u>not</u> to do

B7 The infinitive — page 141

B8 The future — page 141

C Pronouns

- C1 je *I* — page 141
- C2 tu, vous: two words for 'you' — page 141
- C3 moi, toi *me, you (after prepositions)* — page 141
- C4 il, elle *he, she* — page 142
- C5 on *we, they, people* — page 142
- C6 nous *we* — page 142
- C7 ils, elles *they* — page 142
- C8 le, la, les *it, them* — page 142
- C9 qui/que *who, which* — page 142
- C10 y *there* — page 142

D Prepositions

D1 à: au, à la, aux — page 142
- D1.1 à
- D1.2 au, à la, à l', aux *to the, at the*

D2 de: du, de la, de l', des — page 143
- D2.1 de
- D2.2 du, de la, de l', des *of the*

D3 Prepositions with countries — page 143

D4 More prepositions — page 144

E Shaping and linking sentences

- E1 Negative sentences — page 144
- E2 Questions — page 144
- E3 Linking ideas and sentences — page 145
- E4 Qualifiers — page 145
- E5 Word order — page 145

F Numbers, time, frequency

- F1 Numbers — page 146
- F2 Days and dates — page 146
- F3 Time — page 146
- F4 When and how often — page 146

Here's an example to show where you can find explanations of various parts of a French sentence:

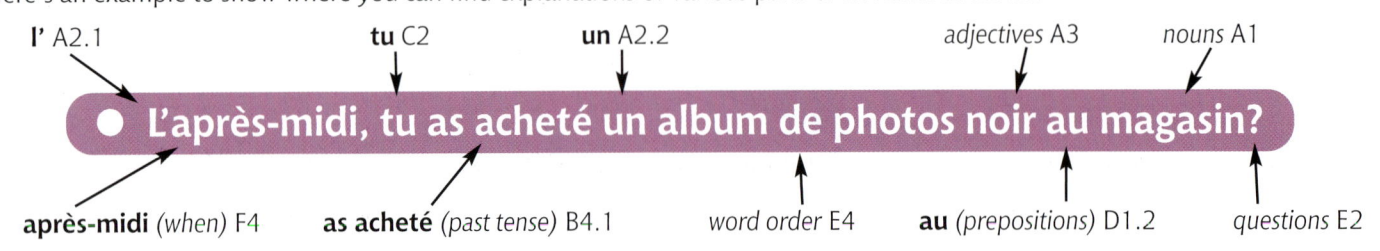

l' A2.1 tu C2 un A2.2 adjectives A3 nouns A1

● **L'après-midi, tu as acheté un album de photos noir au magasin?**

après-midi (when) F4   **as acheté** (past tense) B4.1   word order E4   **au** (prepositions) D1.2   questions E2

134 cent trente-quatre

Grammaire

Glossary of terms

- **Adjectives** *Les adjectifs*
  ... are words that describe somebody or something:
  grand *big*, **vert** *green*

- **Determiners**
  ... come before nouns and limit them:
  les *the*, **un** *a*, **ma** *my*

- **The infinitive** *L'infinitif*
  ... is the 'name' of the verb, as listed in a dictionary:
  jouer *to play*, **aller** *to go*

- **Nouns** *Les substantifs*
  ... are words for somebody or something:
  frère *brother*, **musique** *music*

- **Prepositions** *Les prépositions*
  ... are words used with nouns to give information about when, how, where, etc.
  à *at, in, to*   **pour** *for*
  avec *with*   **dans** *in*

- **Pronouns** *Les pronoms*
  ... are short words used instead of a noun or name:
  je *I*, **tu** *you*, **il** *he*, **elle** *she*

- **Singular and plural** *Singulier et pluriel*
  Singular refers to just <u>one</u> thing or person:
  chat *cat*, **sœur** *sister*

  Plural refers to more than one thing or person:
  chats *cats*, **sœurs** *sisters*

- **Verbs** *Les verbes*
  Verbs express an action or a state:
  j'**habite** *I live*
  j'**ai** *I have*
  elle **aime** *she likes*

A Masculine and feminine, singular and plural

A1 *Les noms* Nouns

A1.1 Singular and plural nouns

- As in English, French nouns can be singular or plural. Most plural nouns end in -*s*:
  1 frère, 2 frères *1 brother, 2 brothers*

  Unlike in English, the added -*s* is usually <u>not</u> pronounced.

- Some French nouns take a different ending in the plural:
  1 château, 2 châteaux *1 castle, 2 castles*

A1.2 Masculine and feminine nouns

- One key difference between English and French grammar is that <u>all</u> French nouns fall into one of two categories. We call these categories **masculine** and **feminine**.
  For example: **château, film, vélo, musée** are all masculine nouns.
  ville, limonade, danse, plage are all feminine nouns.

- Some nouns have a masculine and a feminine form:
  le prof *the male teacher*   **la prof** *the female teacher*

- Other nouns have two different forms:
  un copain *a male friend*   **une copine** *a female friend*

A2 Determiners

A2.1 le, la, les *the*

- The word for 'the' depends on whether the noun is masculine or feminine, singular or plural.

masculine singular	feminine singular	masculine and feminine plural
le	**la**	**les**

  le chat *the cat*   **la** ville *the town*   **les** magasins *the shops*

  If singular nouns begin with a vowel or a silent *h*, **le** and **la** are shortened to **l'**: **l'**animal *the animal*

- **le**, **la** and **les** are sometimes used when we don't say 'the' in English:
  la capitale de **la** France *the capital of France*
  Je rentre à **la** maison. *I go home.*

- **le** is also used with expressions of time:
  le soir *in the evening*
  le matin *in the morning*
  le week-end *at the weekend*
  le lundi *on Mondays*
  (lundi *on one particular Monday*)
  le lundi après-midi *on Monday afternoons*

- **le**, **la** and **les** can mean 'it' or 'them' (see Section C8).

A2.2 un, une *a, an*

- The word for 'a' or 'an' depends on whether the noun is masculine or feminine.

masculine singular	feminine singular
un	**une**

  un village *a village*   **une** brochure *a brochure*

- **un** or **une** is usually omitted with professions:
  Elle est prof au collège en ville.
  *She's **a** teacher at the school in town.*

cent trente-cinq **135**

Grammaire

A2.3 du, de la, de l', des some

- Like the words for 'the', the words for 'some' depend on whether the noun is masculine or feminine, singular or plural.

	masculine singular*	feminine singular*	masculine and femine plural
some	**du**	**de la**	**des**

*if the singular noun starts with a vowel or silent *h*
de l'

  du lait *some milk*
  de la salade *some salad*
  des carottes *some carrots*
  de l'eau *some water*

- **du, de la, de l', des** are sometimes used when we don't say 'some' in English:
  Je voudrais **des** frites.
  I'd like chips or *I'd like some chips.*

A2.4 mon, ton, son, etc. my, your, his/her

- The word for 'my' depends on whether the noun it is used with is masculine or feminine, singular or plural.

masculine singular	feminine singular	masculine and feminine plural
mon	**ma**	**mes**

  mon frère *my brother*
  ma sœur *my sister*
  mes parents *my parents*

- The word for 'your' also depends on whether the noun it is used with is masculine or feminine, singular or plural.

masculine singular	feminine singular	masculine and feminine plural
ton	**ta**	**tes**

  ton frère *your brother*
  ta sœur *your sister*
  tes parents *your parents*

- The word for 'his' and 'her' is the same. It depends on whether the noun it is used with is masculine or feminine, singular or plural.

masculine singular	feminine singular	masculine and feminine plural
son	**sa**	**ses**

  son frère *his brother, her brother*
  sa sœur *his sister, her sister*
  ses parents *his parents, her parents*

- Use the masculine form with a vowel or silent *h*:
  mon amie Claire   **my** *friend Claire*

A2.5 ce, cette, cet this, ces these

- The words for 'this' and 'these' depend on whether the noun that follows is masculine or feminine, singular or plural.

	masculine singular*	feminine singular*		masculine and femine plural
this	**ce**	**cette**	*these*	**ces**

*if the singular noun starts with a vowel or silent *h*
cet

  ce livre *this book*
  cette bague *this ring*
  ces bics *these biros*
  cet appareil-photo *this camera*

A2.6 Summary of determiners

	masculine singular	feminine singular	masculine and feminine plural
the	**le**	**la**	**les**
a	**un**	**une**	*(not applicable)*
some	**du**	**de la**	**des**
my	**mon**	**ma**	**mes**
your	**ton**	**ta**	**tes**
his, her	**son**	**sa**	**ses**
this, these	**ce**	**cette**	**ces**

A3 Les adjectifs Adjectives

A3.1 Masculine/feminine, singular/plural adjectives

- Adjectives are words that describe nouns. The basic rules in French are:
  – add an **-e** to the adjective if the noun it describes is feminine singular
  – add an **-s** to the adjective if the noun it describes is masculine plural
  – add **-es** to the adjective if the noun it describes is feminine plural

	masculine	feminine
singular	mon petit frère	ma petit**e** sœur
plural	mes petit**s** frères	mes petit**es** sœurs

- Adjectives that end in -e anyway don't take a second -e in the feminine:
  (masc. sing.)   il est **timide** *he is shy*
  (fem. sing.)   elle est **timide** *she is shy*

- But adjectives that end in -é <u>do</u> take a second -e in the feminine:
  (masc. sing.)   il est **marié** *he is married*
  (fem. sing.)   elle est **mariée** *she is married*

136   cent trente-six

Grammaire

- Adjectives that end in *-eux* become *-euse* in the feminine

masculine	feminine
paress**eux**	paress**euse**
ennuy**eux**	ennuy**euse**
heur**eux**	heur**euse**

- Here are some special cases:

	masculine singular	feminine singular
cute	mignon	mignon**ne**
musical	musicien	music**ienne**
white	blanc	blan**che**
sporty	sportif	sport**ive**
old	vieux	v**ieille**
good-looking	beau	b**elle**
awful	nul	nul**le**
long	long	lon**gue**
brown	marron	marron
nice	sympa	sympa
super	super	super

  une table **blanche** *a white table*
  elle est **sportive** *she is sporty*
  une ceinture **marron** *a brown belt*
  ma sœur est **sympa** *my sister is nice*

- Most adjectives ending in *-al* change to *-aux* in the masculine plural:
  les effets **spéciaux** *the special effects*

- Where an adjective describes a group including masculine and feminine, use the masculine form of the adjective:
  Les élèves sont **bruyants**.
  The pupils (boys and girls) are noisy.

A3.2 The position of adjectives

- **petit** (small), **grand** (big), **vieux** (old) and **beau** (beautiful) come before the noun, as in English:
  un **petit** village *a small village*
  une **grande** ville *a big town*
  un **vieux** village *an old village*
  une **belle** ville *a beautiful town*

- Other adjectives come after the noun they describe:
  un film **intéressant** *an interesting film*
  une ville **historique** *a historic town*

A3.3 No capitals for adjectives of nationality

Adjectives of nationality begin with small letters:
Thomas est **anglais**. *Thomas is English.*
Sarah est **écossaise**. *Sarah is Scottish.*

A3.4 Comparing adjectives

- Use **plus** + adjective + **que**...
  Français est **plus** intéressant **que** maths.
  French is more interesting than maths.
  La Seine est **plus** longue **que** la Tamise.
  The Seine is longer than the Thames.

- Remember to add *e* for feminine and *s* for plural, as usual.

A3.5 The superlative (the most interesting, the best)

le bâtiment **le plus** célèbre *the **most** famous building*
la piscine **la plus** grande *the **biggest** swimming pool*
les cafés **les plus** cher**s** *the **most** expensive café**s***

- Use *le, la, les* depending on the noun.

- Remember adjective agreement: add **-e** (fem. sing), **-s** (masc. pl), **-es** (fem. pl).

- Note this exception:
  le **meilleur** café *the **best** café*
  la **meilleure** piscine *the **best** pool*

B Verbs

B1 The present tense of regular verbs

B1.1 Verbs with infinitives ending in -er

- French verbs take different endings according to <u>who</u> is doing the action.

The regular pattern is:

verb: **regarder** *to watch*

je	**-e**	je regard**e**	I watch, I'm watching
tu	**-es**	tu regard**es**	you watch, you're watching
il	**-e**	il regard**e**	he watches, he's watching
elle		elle regard**e**	she watches, she's watching
on		on regard**e**	we/they watch, are watching
nous	**-ons**	nous regard**ons**	we watch, we're watching
vous	**-ez**	vous regard**ez**	you watch, you're watching
ils	**-ent**	ils regard**ent**	they (boys) watch, they're watching
elles		elles regard**ent**	they (girls) watch, they're watching

For use of the pronouns (tu/vous, on, il/elle, etc.) see Section C (page 141).

Grammaire

- *regarde*, *regardes*, *regardent* are all pronounced the same.
- Other verbs that follow this pattern include:

j'adore *I love*	je joue *I play*
j'aime *I like*	je loue *I hire*
j'arrive *I arrive*	je mange *I eat*
je bavarde *I chat*	je parle *I talk*
je chante *I sing*	je quitte *I leave*
je déjeune *I have lunch*	je reste *I stay*
je déteste *I hate*	je retrouve *I meet*
je dîne *I have my evening meal*	je surfe *I surf*
j'écoute *I listen (to)*	je travaille *I work*
je gagne *I win, I earn*	je trouve *I find*
j'habite *I live*	je visite *I visit*
j'invite *I invite*	je voyage *I travel*

  Tu aimes le tennis? – Oui, j'aime le tennis.
  Do you like tennis? – Yes, I like tennis.
  Vous habitez à Paris? – Non, nous habitons à Boulogne.
  Do you live in Paris? – No, we live in Boulogne.
  Les stars voyagent beaucoup. *Celebrities travel a lot.*

- Singular nouns take the same endings as *il / elle*:
  Ma mère travaill**e**. *My mother works.*
- Plural nouns take the same endings as *ils / elles*:
  Mes parents travaill**ent**. *My parents work.*

B1.2 Other present tense verb patterns

- A few common verbs have the following endings:

je ...-s	je fais *I do*
tu ...-s	tu bois *you drink*
il/elle ...-t	il dort *he sleeps*

- Other verbs which have these endings include:
  je lis *I read*   je vois *I see*
  je sors *I go out*   je pars *I leave*

B2 Reflexive verbs

- Reflexive verbs have an extra part between the pronoun and the verb, e.g. **se coucher** *to go to bed*

je **me**	couche	*I go to bed*
tu **te**	couches	*you go to bed*
il/elle/on **se**	couche	*he/she goes to bed*
nous **nous**	couchons	*we go to bed*
vous **vous**	couchez	*you go to bed*
ils/elles **se**	couchent	*they go to bed*

- Other reflexive verbs include:
  se lever *to get up*   je me lève *I get up*
  s'appeler *to be called*   tu t'appelles *you are called*

B3 The present tense of irregular verbs

- The following verbs don't follow the regular verb pattern described in Section B1 above.

B3.1 avoir to have

j'	**ai**	*I have*	nous	**avons**	*we have*
tu	**as**	*you have*	vous	**avez**	*you have*
il	**a**	*he has*	ils	**ont**	*they have*
elle	**a**	*she has*	elles	**ont**	*they have*

Tu as un animal? Oui, j'ai un hamster.
Do you have a pet? Yes, I have a hamster.

- J'ai means 'I have'. But in these phrases, it means 'I am':
  j'ai 14 ans *I am 14*
  j'ai faim *I am hungry*
  j'ai soif *I am thirsty*

- You also use **avoir** with most verbs in the past tense. See Section B4 below.

B3.2 être to be

je	**suis**	*I am*	nous	**sommes**	*we are*
tu	**es**	*you are*	vous	**êtes**	*you are*
il	**est**	*he is*	ils	**sont**	*they are*
elle	**est**	*she is*	elles	**sont**	*they are*

Je suis française. *I am French.*
Ils sont amusants. *They're funny.*

- For saying how old you are, see the verb **avoir** (to have) in Section B3.1 above.

B3.3 aller to go

je	**vais**	*I go, I'm going*	nous	**allons**	*we go, we're going*
tu	**vas**	*you go, you're going*	vous	**allez**	*you go, you're going*
il	**va**	*he goes, he's going*	ils	**vont**	*they go, they're going*
elle	**va**	*she goes, she's going*	elles	**vont**	*they go, they're going*

Je vais en France en juin. *I'm going to France in June.*
Nous allons en ville. *We go to town*

- This verb is often followed by **à**, **au**, **à la** (see Section D1.2).
- Use **aller** and the infinitive to say what people are going to do in the future (see Section B8).
- The past tense is: **je suis allé** *I went (male)*, **je suis allée** *I went (female)* (see Section B4.3).

138 cent trente-huit

Grammaire

B3.4 faire to do

je	fais	I do, I'm doing	nous	faisons	we do, we're doing
tu	fais	you do, you're doing	vous	faites	you do, you're doing
il	fait	he does, he's doing	ils	font	they do, they're doing
elle	fait	she does, she's doing	elles	font	they do, they're doing

- This verb has a range of meanings, depending on the noun it is used with:
  faire du cheval to **go** horse riding
  faire du sport to **do** sport
  faire un pique-nique to **have** a picnic
  faire un gâteau to **make** a cake
  faire des recherches to **carry out** research

Je fais de la natation. *I go swimming.*
Mes copains font du judo. *My friends do judo.*

- **Faire** is also used in expressions with weather:
  il fait froid *it's cold*
  il fait mauvais *the weather's bad*

B3.5 Some other irregular verbs

apprendre		to learn
j'	apprends	I learn
tu	apprends	you learn
il/elle	apprend	he/she learns
nous	apprenons	we learn
vous	apprenez	you learn
ils/elles	apprennent	they learn

J'apprends le piano.
I'm learning the piano.

devoir	+ infinitive	must
je	dois	I must
tu	dois	you must
il/elle	doit	he/she must
nous	devons	we must
vous	devez	you must
ils/elles	doivent	they must

Mon frère doit faire la vaisselle.
My brother must do the washing up.

finir		to finish
je	finis	I finish
tu	finis	you finish
il/elle	finit	he/she finishes
nous	finissons	we finish
vous	finissez	you finish
ils/elles	finissent	they finish

Tu finis à quelle heure?
What time do you finish?

pouvoir	+ infinitive	can
je	peux	I can
tu	peux	you can
il/elle	peut	he/she can
nous	pouvons	we can
vous	pouvez	you can
ils/elles	peuvent	they can

Je peux sortir?
Can I go out?

boire		to drink
je	bois	I drink
tu	bois	you drink
il/elle	boit	he/she drinks
nous	buvons	we drink
vous	buvez	you drink
ils/elles	boivent	they drink

Il boit beaucoup d'eau.
He drinks a lot of water.

sortir		to go out
je	sors	I go out
tu	sors	you go out
il/elle	sort	he/she goes out
nous	sortons	we go out
vous	sortez	you go out
ils/elles	sortent	they go out

Nous sortons souvent en famille.
We often go out as a family.

vouloir	+ infinitive	to want to
je	veux	I want to
tu	veux	you want to
il/elle	veut	he/she wants to
nous	voulons	we want to
vous	voulez	you want to
ils/elles	veulent	they want to

Tu veux faire du karting?
Do you want to go go-karting?

B3.6 Depuis (for) and the present tense

- The word **depuis** is used to say for how long something has been happening.

- Use **depuis** with the present tense:
  J'**habite** ici **depuis** un mois.
  I'**ve been living** here **for** one month

B4 *Le passé* The perfect tense/past tense

- The perfect tense consists of <u>two</u> parts:

	1 auxiliary verb	2 past participle	
j'	ai	joué	au rugby *I played rugby*
elle	a	regardé	la télé *she watched TV*
je	suis	allé(e)	en ville *I went to town*

cent trente-neuf **139**

Grammaire

- The first part, the *auxiliary verb*, is usually **avoir** (**j'ai, tu as, il a,** etc.), but it can be **être** (**je suis, tu es, il est,** etc.).
- The second part, the *past participle*, often ends in **-é**: the **-é** is pronounced.
- The past tense in French can have two meanings in English:
  on a mangé *we ate* or *we have eaten*

B4.1 The past tense of regular verbs with avoir

- Examples of regular verbs are listed in Section B1 above.
- The auxiliary verb is **avoir**:

j'ai	nous avons	
tu as	vous avez	+ participe passé
il/elle/on a	ils/elles ont	

- The past participle is formed by replacing the verb ending with **-é**.

present   **past**
je joue   →   j~~e~~ 'ai jou~~e~~ **é**   →   j'ai jou**é**
I play   *I played*

Hier, on **a** regard**é** un film.
Yesterday we watched a film.

À midi, j'**ai** mang**é** un hot-dog.
At midday I ate a hot-dog.

Mon père **a** achet**é** des bonbons.
My dad bought some sweets.

B4.2 The past tense of irregular verbs with avoir

- The auxiliary verb is **avoir** (**j'ai, tu as, il/elle a, nous avons,** etc. – see Section B3.1).
- The past participle is unpredictable and has to be learnt.

verb	past tense
faire *to do*	j'ai **fait** *I did*
lire *to read*	j'ai **lu** *I read*
avoir *to have*	j'ai **eu** *I had*
boire *to drink*	j'ai **bu** *I drank*
prendre *to take*	j'ai **pris** *I took*
voir *to see*	j'ai **vu** *I saw*
devoir *to have to*	j'ai **dû** + infinitive *I had to*
pleuvoir *to rain*	il a **plu** *it rained*

B4.3 The past tense of verbs with être

- A few verbs have **être** as the auxiliary verb:
  aller *to go*   rester *to stay*
  entrer *to enter*   sortir *to go out*
  arriver *to arrive*   partir *to leave*

- For these verbs, the past participles must 'agree' with the person doing the verb:
  fem. sing. add **-e** masc. pl. add **-s** fem. pl, add **-es**:

je suis	allé**(e)**	*I went*
tu es	allé**(e)**	*you went*
il est	allé	*he went*
elle est	allé**e**	*she went*
nous sommes	allé**(e)s**	*we went*
vous êtes	allé**(e)(s)**	*you went*
ils sont	allé**s**	*they went (m)*
elles sont	allé**es**	*they went (f)*

La police est arriv**ée**. *The police arrived.*
Elles sont entr**ées** dans une clinique. *They went into a clinic.*

- For mixed groups, use the masc. pl. form.
  Ils sont part**is** au Mexique. *They went off to Mexico.*

B5 *L'imparfait* The imperfect tense

The past tense you have used so far is called the 'perfect tense'. It describes single actions that happened in the past, e.g. hier **j'ai joué** au tennis yesterday **I played** tennis

- The imperfect tense is used to say what you *used to do* or how you *used* to be:
  Quand j'**avais** huit ans **je jouais** au tennis.
  *When I **was** eight **I used to play** tennis.*

- Add the endings to the 'stem', i.e. the *nous* form of the present tense without the *-ons*:
  nous **all**~~ons~~ stem: **all-** j'**allais** *I used to go*

jouer *to play*		
je	jou**ais**	*I used to play*
tu	jou**ais**	*you used to play*
il/elle/on	jou**ait**	*he/she/we used to play*
nous	jou**ions**	*we used to play*
vous	jou**iez**	*you used to play*
ils/elles	jou**aient**	*they used to play*

- Note j'**ét**ais *I was/I used to be*: it takes regular endings, but has a special stem.

- The **imperfect tense** is also used to describe the background setting:
  il faisait très chaud *it was very hot*
  il y avait environ 100 personnes *there were about 100 people*
  c'était vraiment génial *it was really brilliant*

Grammaire

B6 Telling people what to do (the imperative)

B6.1 Speaking to someone of your own age

- To people with whom you would say **tu** (see Section C2 below), use the verb ending in **-e**:
  écoute les dialogues *listen to the dialogues*

- Some irregular verbs have an **-s** ending:
  écris une lettre *write a letter*

B6.2 Speaking to more than one person, or to an adult not in your family

- To people with whom you would say **vous** (see Section C2 below), use the verb with the **vous** endings:
  (vous prenez *you take*) **Prenez** le bus. *Take the bus.*

B6.3 Telling people what <u>not</u> to do

- Use **ne** before the verb, **pas** after the verb:
  (**tu** form) **Ne** regarde **pas** le livre.
  Don't look at the book.
  (**vous** form) **Ne** prenez **pas** le 11.
  Don't take the number 11 bus.

B7 The infinitive

- The infinitive is the 'name' of the verb – the form you find in a dictionary. Unlike the forms used after *je, il*, etc. (*je fais, il fait*, etc.), the infinitive never changes.

- The infinitive of regular verbs ends in **-er**.
  The infinitive of other verbs ends in **-ir** or **-re**.
  bavarder *to chat*
  finir *to finish*
  apprendre *to learn*

- Use the infinitive after the following verbs:

j'aime, tu aimes, etc. *like*	J'aime **aller** en ville. *I like going into town.*
je dois, tu dois, etc. *have to*	Tu dois **laver** la voiture. *You have to wash the car.*
je peux, tu peux, etc. *can*	On peut **louer** des vélos. *You can hire bikes.*
je veux, tu veux, etc. *want to*	Anne veut **faire** du vélo. *Anne wants to go cycling.*
j'aimerais *I would like*	J'aimerais **voyager**. *I would like to travel.*

- Some verbs are followed by **à** + infinitive:
  J'ai commencé à voyager *I've started to travel*

- Some verbs are followed by **de** + infinitive:
  J'ai décidé de voyager *I've decided to travel*

- Use **aller** and the infinitive to say what people are going to do in the future (see Section B8 below).

- Use the infinitive after **il faut** (*it is necessary to*):
  Il faut **payer** à la caisse.
  It is necessary to (= you have to) pay at the till.

- Use the infinitive in French to give opinions using <u>-ing</u> in English
  I like read<u>ing</u> j'aime **lire**
  read<u>ing</u> is great **lire**, c'est génial

B8 The future

- Use **aller** and the infinitive to say what people are <u>going to</u> do in the future:
  Je **vais acheter** des souvenirs. *I'm going to buy some souvenirs.*
  On **va faire** un quiz. *We're going to do a quiz.*
  Vous **allez jouer** au basket. *You're going to play basketball.*

The exception is the special phrase: **il y aura** *there will be*.
  Il y aura un barbecue. *There will be a barbecue.*

C Pronouns

C1 *je* I

- **je** and **j'** both mean 'I'. Use **j'** if the word that follows begins with *h* or a vowel:
  Je regarde la télé. *I watch TV.*
  J'ai une souris. *I have a mouse.*

C2 *tu, vous*: two words for 'you'

- Use **tu** when you're talking to someone (one person) of your own age or someone in the family.

- Use **vous** when you're talking to an adult (one person) not in your family, e.g. your teacher.

- Use **vous**, also, when talking to more than one person – whatever their age, whether or not you know them well.

Tu me passes les carottes, s'il te plaît, Marie?
Would you pass me the carrots, please, Marie?
Vous me passez l'eau, s'il vous plaît, madame?
Would you pass me the water, please?
Vous travaillez, Karen et Michael?
Are you working, Karen and Michael?

C3 *moi, toi* me, you (after prepositions)

- avec **moi** *with me* avec **toi** *with you*
  chez **moi** *at my house* chez **toi** *at your house*

cent quarante et un 141

Grammaire

C4 *il, elle* he, she

- **il** usually means 'he'; **elle** means 'she'.
    Matthieu habite à Lyon. **Il** a 11 ans.
    Matthieu lives in Lyon. He's 11 years old.
    J'ai une sœur. **Elle** s'appelle Emma.
    I have a sister. She's called Emma.

- **il** can mean 'it', referring to a masculine noun; **elle** can mean 'it', referring to a feminine noun:
    J'aime ma maison. **Elle** est grande.
    *I like my house. **It** is big.*

- **il** is also used in set expressions:
    – **il y a** *there is, there are*
        Il y a des cafés en ville. *There are cafés in town.*
        Mais il n'y a pas de cinéma. *But there isn't a cinema.*
    – **il faut** + infinitive (see Section B7 above) *it is necessary to, you have to*
        Il faut attendre le guide. *You have to wait for the guide.*
    – weather expressions
        il pleut *it rains, it is raining*
        il fait chaud *it's/the weather's hot*

C5 *on* we, they, people

- **on** takes the same part of the verb as *il/elle*.

- **on** can mean 'we', and can be used instead of *nous*:
    On a fait de l'escalade. **Nous** avons fait de l'escalade.
    We went rock-climbing.

- **on** can also mean 'people generally' (in English, we often say 'they' or 'you'):
    En France **on** roule à droite.
    In France, people (you, they) drive on the right.
    On peut faire du surf.
    You can go surfing.

C6 *nous* we

- **nous** means 'we':
    Nous allons au centre commercial.
    We go to the shopping centre.

C7 *ils, elles* they

- There are two words for 'they':
    ils = *they* (all male, or mixed group of males and females)
    elles = *they* (female)

    Tes parents aiment la musique? – Oui, **ils** aiment beaucoup la musique.
    Do your parents like music? – Yes, they like music a lot.

Ils and **elles** can also refer to masculine and feminine nouns:
    Les jeux? **Ils** sont barbant**s** *Game shows? They're boring.*
    Les séries? **Elles** sont barbant**es**. *Series? They're boring.*

C8 *le, la, les* it, them

masculine	le bic	je **le** prends	*I'll take it*
feminine	la bague	je **la** prends	*I'll take it*
m. and f. pl.	les bonbons	je **les** prends	*I'll take them*

C9 *qui/que* who, which

- **qui** means **who** when talking about people:
    j'ai un frère **qui** s'appelle…
    *I have a brother **who** is called…*

- **qui** can also mean **which** or **that**:
    une région **qui** a beaucoup d'usines
    *a region **which** has a lot of factories*

Qui is always followed by a **verb**.

Que can also mean *who* or *which/that*. It is followed by a **noun** or **pronoun**:
    un film **que** j'aime *a film **that** I like*
    une chanteuse **que** j'adore *a singer **who** I love*

C10 *y* there

- **y** replaces *à* + *place*
    Je vais à la banque. *I go to the bank.*
    J'**y** travaille. *I work **there**.*

D Prepositions

D1 *à: au, à la, aux*

D1.1 *à*

- **à** can mean:
    in J'habite **à** Paris. *I live in Paris.*
    at J'arrive **à** une heure. *I arrive at one o'clock.*
    to Je vais **à** Londres. *I'm going to London*
        (for 'to' + *countries*, see Section D3 below)

- Some special expressions:
    – il n'y a rien **à** faire *there's nothing to do*
    – c'est **à** 15 minutes *it's 15 minutes away*
    – **à** pied *on foot*, **à** vélo *by bike*
    – une glace **à** trois boules *an ice cream with three scoops*
    – l'équipe a gagné 3 **à** 0 *the team won 3-0*

142 cent quarante-deux

Grammaire

D1.2 au, à la, à l', aux to the, at the

- à + le always combine to form the one word **au**.
  à + les always combine to form the one word **aux**.
  à + **la** and à + **l'** are fine.

with masculine nouns	with feminine nouns
je vais **au** collège *I go to school*	tu vas **à la** plage? *do you go to the beach?*

if the singular noun begins with a vowel or silent *h*
je suis allé **à l'**hôpital *I went to hospital*

with all plural nouns
il va **aux** halles *he's going to the covered market*

- **au, à la, à l' aux** are also used to talk about aches and pains: j'ai mal…
    - **au** + masculine noun:
      j'ai mal **au** dos *I have a bad back*
    - **à la** + feminine noun:
      j'ai mal **à la** main *I have a sore hand*
    - **à l'** + masc. or fem. noun if it begins with a vowel:
      j'ai mal **à l'**estomac *I have stomach ache*
    - **aux** + masc. or fem. plural noun
      j'ai mal **aux** pieds *I have sore feet*

- **au** is also used
    - with flavours and fillings:
      un gâteau **au** chocolat *a chocolate cake*
    - with sports:
      Je joue **au** basket. *I play basketball.*

D2 de: du, de la, de l', des

D2.1 de

- **de** can mean 'of'. Shorten **de** to **d'** before *h* or a vowel:
  la chambre **de** ma sœur *(the room of my sister =)*
  my sister's room
  le prof **d'**histoire *(the teacher of history =)*
  the history teacher

- **de** is used with <u>quantities</u> of food:
  un paquet **de** chips *a packet of crisps*
  un kilo **d'**oranges *a kilo of oranges*

(But when you say 'some', use **du / de la / des** – see Section A2.3 on page 136.)

- **de** is sometimes part of an expression with different meanings:

  beaucoup de *a lot of*   Il y a **beaucoup de** plages.
                                There are a lot of beaches.
  trop de *too much*   Il y a **trop de** gros mots.
                            There is too much bad language.
  assez de *enough*   Il n'y a pas **assez de** bus.
                           There aren't enough buses.
  près de *near*   J'habite **près de** Calais.
                        I live near Calais.
  de… à … *from… to…*   **de** 10h00 **à** 18h00
                             from 10 am to 6 pm

D2.2 du, de la, de l', des of the

- **de** + le always combine to form the one word **du**.
  de + les always combine to form the one word **des**.
  de + **la** and **de** + **l'** are fine.

Use this pattern:

- to express 'of the', and after **près** (near) and **en face** (opposite):

with masculine nouns	with feminine nouns
près **du** cinéma *near the cinema*	en face **de la** gare *opposite the station*

if the singular noun begins with a vowel or silent *h*
près **de l'**escalier *near the stairs*

with all plural nouns
la capitale **des** États-Unis *the capital of the USA*

- with **jouer** + musical instruments:
  Je joue **du** piano. *I play the piano.*
  Je joue **de la** guitare. *I play the guitar.*

- with activities and the verb **faire**:
  Je vais faire **du** karting. *I'm going to go go-karting.*
  Tu fais **de l'**escalade? *Do you go rock-climbing?*

D3 Prepositions with countries

- The same French preposition means both 'in' and 'to' a country.

	masculine singular	feminine singular	all plural countries
in or to + country	**au** Brésil	**en** France	**aux** États-Unis

J'habite en Grande-Bretagne.
I live in Great Britain.
En été, je vais aller au Pakistan.
In the summer, I'm going to go to Pakistan.

cent quarante-trois **143**

Grammaire

D4 More prepositions

after	**après**	Après ça, je suis allée. *After that, I went.*
at	**à** + precise time	J'arrive au collège à 8h40. *I arrive at school at 8.40.*
	vers + vague time	Nous allons rentrer vers 20h00. *We'll return at about 8 pm.*
	le + weekend	Je fais mes devoirs le week-end. *I do my homework at the weekend.*
	chez (at …'s house)	On se retrouve chez moi? *Shall we meet at my house?*
by	**à** + bike	Je vais au collège à vélo. *I go to school by bike.*
	en + other transport	Tu vas en bus ou en auto? *Are you going by bus or by car?*
during	**pendant**	Je travaille pendant les vacances. *I'm working during the holidays.*
for	**pour**	C'est super pour les jeunes. *It's great for young people.*
in	**à** + named town	J'habite à Birmingham. *I live in Birmingham.*
	dans + club	Je joue dans l'orchestre. *I play in the orchestra.*
	dans + direction	C'est dans le nord. *It's in the north.*
	en + language	Nous avons bavardé en anglais. *We chatted in English*
	en + month	en août *in August*
	en, au + season	en hiver, été, automne *in winter, summer, autumn* au printemps *in spring*
	no preposition + part of day	Le soir, nous avons bavardé. *In the evening, we chatted.*
in front of	**devant**	On se retrouve devant le cinéma? *Shall we meet in front of the cinema?*
near	**près de** (see D2.2)	C'est près du café. *It's near the café.*
on	**sur**	Je surfe sur Internet. *I surf (on) the internet.*
	à + pied	Je vais au collège à pied. *I go to school on foot.*
opposite	**en face de** (see D2.2)	C'est en face de l'église. *It's opposite the church.*
to	**à** + named town	Je vais à Nice. *I'm going to Nice.*
	en + ville	Le week-end, je vais en ville. *At the weekend, I go to town.*
	'to a country'	see D3 above
	chez + people	Il va chez sa tante. *He's going to his aunt's.*
	'to the' –	see D1.2 above
with	**avec** + person	Je suis allé avec mes copains. *I went with my friends.*
	par + letter	Ça commence par "c". *It begins with 'c'.*

E Shaping and linking sentences

E1 Negative sentences

- The basic rule is: to make a sentence negative, put **ne** before the verb and **pas** after it:
  Il fait froid.   Il **ne** fait **pas** froid.
   It's cold.   *It isn't cold.*

- Shorten **ne** to **n'** if the word that follows begins with *h* or a vowel:
  J'aime le fromage.   Je **n'**aime **pas** le fromage.
   I like cheese.   *I don't like cheese.*

- In negative sentences, **un** and **une** are replaced with **de**:
  J'ai un frère; je n'ai pas **de** sœur.
  I have a brother; I don't have a sister.

- Here are some other negative expressions:

ne (verb) **rien**	il ne fait rien	*he does nothing*
ne (verb) **jamais**	il ne sort jamais	*he never goes out*
ne (verb) **plus**	il ne fume plus	*he doesn't smoke any more*
ne (verb) **personne**	il ne voit personne	*he doesn't see anyone*

E2 Questions

- You can ask questions simply by making your voice go higher at the end of the sentence:
  Tu as un bic.   *You have a pen.*
  Tu as un bic?   *Do you have a pen?*

- You can start the question with **est-ce que**:
  Est-ce que tu as un bic?   *Do you have a pen?*

- Or you can swap around the pronoun and the verb:
  As-tu un bic?   *Do you have a pen?*

- Many questions contain special question words:

combien how much	C'est combien?	*How much is it?*
comment how	Ça s'écrit comment?	*How do you spell it?*
comment what	Comment t'appelles-tu?	*What are you called?*
où where	Où habites-tu?	*Where do you live?*
pourquoi why	J'aime l'histoire. Pourquoi? Parce que c'est facile. *I like history. Why? Because it's easy.*
quand when	C'est quand, ton anniversaire? *When's your birthday?*

Grammaire

quel (m) *which, what*	Une glace? Oui. Quel parfum? *An ice cream? Yes. Which flavour?* Tu as quel âge? *(what age have you? =) How old are you?*	
quelle (f) *which, what*	C'est quelle photo? *Which photo is it?* À quelle heure? *At what time?*	
qu'est-ce que *what*	Qu'est-ce que tu aimes? *What do you like?*	
qui *who*	Tu joues au tennis avec qui? *Who do you play tennis with?*	
quoi *what*	Ta couleur préférée, c'est quoi? *What's your favourite colour?*	

E3 Linking ideas and sentences

● Use the following words to link ideas, or to link shorter sentences together to make longer ones:

et *and*	Je suis anglaise et j'habite à York. *I'm English and I live in York.*
et puis *and then*	Nous dînons et puis nous sortons. *We have our evening meal and then we go out.*
mais *but*	J'aime le jambon mais je déteste le fromage. *I like ham but I hate cheese.*
ou *or*	Je vais à la piscine ou à la patinoire. *I go to the swimming pool or to the ice rink.*
parce que *because*	J'aime les jeux parce qu'ils sont amusants. *I like gameshows because they're funny.*
d'un côté *on the one hand*	D'un côté, les stars voyagent beaucoup. *On the one hand, stars travel a lot.*
d'un autre côté *on the other hand*	D'un autre côté, elles n'ont pas de vie privée. *On the other hand, they don't have a private life.*
en plus *what's more*	En plus, elles sont vite oubliées. *What's more, they're quickly forgotten.*
par contre *on the other hand*	Par contre, il y a trop de pollution. *On the other hand, there is too much pollution.*

E4 Qualifiers

● Use the following to make what you say more precise:

très *very*	Il fait très chaud. *It's very hot.*	
vraiment *really*	Il fait vraiment froid. *It's really cold.*	
assez *quite*	Elle est assez sportive. *She is quite sporty.*	
un peu *a little*	Je suis un peu timide. *I'm a little shy.*	
souvent *often*	Il est souvent paresseux. *He is often lazy.*	
parfois *sometimes*	Je suis parfois impertinent(e). *I am sometimes cheeky.*	
toujours *always*	Il est toujours heureux. *He is always happy.*	
absolument *absolutely*	C'est absolument génial. *It's absolutely brilliant.*	
complètement *completely*	C'est complètement stupide. *It's completely stupid.*	
trop *too*	C'est trop dangereux. *It's too dangerous.*	

E5 Word order

● Descriptions (adjectives or phrases) usually come <u>after</u> the noun in French.

● Adjectives usually come after the noun they describe:
    les effets spéciaux *special effects*

grand, *petit*, *vieux* and *beau* are exceptions:
une petite maison *a small house*

● The French word order is often the reverse of English:
la télé-réalité	*reality TV*
une émission de sport	*a sports programme*
la salle à manger	*the dining room*

● Names of places
    la place Saint-Pierre *St Peter's Square*

● Word order when you say 'he said', etc.
"Salut!" **a**-t-il **dit**. *"Hello!" he said*.
"Salut!" **a dit** Julien. *"Hello!" said Julien*.
"Salut!" **a dit** la fille. *"Hello!" said the girl*.
Pronouns (*il* and *elle*) come <u>before</u> the past participle; nouns and names come <u>after</u>.

A 't' is added to prevent two vowel sounds coming together: a-**t**-il dit.

cent quarante-cinq **145**

Grammaire

F Numbers, time, frequency

F1 Numbers

1 un	6 six	11 onze	16 seize
2 deux	7 sept	12 douze	17 dix-sept
3 trois	8 huit	13 treize	18 dix-huit
4 quatre	9 neuf	14 quatorze	19 dix-neuf
5 cinq	10 dix	15 quinze	20 vingt

20 vingt	60 soixante	100 cent
30 trente	70 soixante-dix	1000 mille
40 quarante	80 quatre-vingts	1 000 000 un million
50 cinquante	90 quatre-vingt-dix	

21 vingt et un	25 vingt-cinq
31 trente et un	35 trente-cinq
41 quarante et un	45 quarante-cinq
51 cinquante et un	55 cinquante-cinq
61 soixante et un	65 soixante-cinq
71 soixante et onze	75 soixante-quinze
81 quatre-vingt-un	85 quatre-vingt-cinq
91 quatre-vingt-onze	95 quatre-vingt-quinze
101 cent un	105 cent cinq

- *quatre-vingts* on its own has an *-s* on the end. Linked with other numbers, it hasn't: *quatre-vingt-un*, *quatre-vingt-deux*, etc.

- Ordinal numbers are as follows:

  1st = 1er premier *m*,
      1ère première *f*
  2nd = 2ème le/la deuxième
  3rd = 3ème le/la troisième
  4th = 4ème le/la quatrième (note the *e* in *quatre* is dropped)
  5th = 5ème le/la cinquième

  C'est la première rue à gauche. *It's the first road on the left.*
  Mon premier jour à l'école. *My first day at school.*

F2 Days and dates

- Use the usual numbers in dates (and no word for 'of'):
  Mon anniversaire, c'est le trois avril.
  My birthday is on the third of April.

- Exception: use **le premier** for the first of the month:
  le premier mai *the first of May*

- Days and months don't have capitals in French.

F3 Time

- Write the 24-hour clock with **heures** separating the minutes from the hours:
  il est dix heures quinze *it's ten fifteen*
  à treize heures quarante *at thirteen-forty*

  The abbreviation is written 10h15, 13h40, etc.

- The 12-hour clock is written as follows:
  il est deux heures cinq *it's five past two*
  il est deux heures et quart *it's a quarter past two*
  il est deux heures vingt *it's twenty past two*
  il est deux heures vingt-cinq *it's twenty-five past two*
  il est deux heures et demie *it's half-past two*
  il est trois heures moins vingt-cinq *it's twenty-five to three*
  il est trois heures moins vingt *it's twenty to three*
  il est trois heures moins le quart *it's a quarter to three*
  il est trois heures moins dix *it's ten to three*
  il est trois heures *it's three o'clock*

- Note: il est midi *it's midday*, il est minuit *it's midnight*

F4 When and how often

- There is no word for 'in' the evening, 'on' Saturday, or 'at' the weekend:

le soir in the evening	Le soir, je regarde la télé. *In the evening, I watch TV.*
le week-end at the weekend	Je vais en ville le week-end. *I go to town at the weekend.*
le samedi après-midi on Saturday afternoons	

- Use the following words to say how often you do an activity:

parfois sometimes	Je vais parfois au parc. *I sometimes go to the park.*
souvent often	Nous allons souvent à la mer. *We often go to the sea.*
toujours always	Je déjeune toujours à midi. *I always have lunch at midday.*

146 cent quarante-six

Glossaire français–anglais

Stratégies! Using the glossary

Words are in alphabetical order. To find a word, look up its first letter, then find it according to the alphabetical order of its second and third letters: e.g. **école** comes before **été** because **éc-** comes before **ét-**.

A

à 1 *in*: à Biarritz *in Biarritz*
  à mon avis *in my opinion*
  2 *on*: à la radio *on the radio*
  à la droite *on the right*
  3 *with*: à la crème *with cream*
  4 *at + time*: à trois heures *at three o'clock*
  à quelle heure? *at what time?*
  5 *away*: à 20 minutes (de) *20 minutes away (from)*
  à bientôt *hear from you soon!*
  à demain *see you tomorrow*
  à partir de 14 ans *from the age of 14*
  à pied *on foot*
  à ton tour *it's your turn*
  à cause de *because of*
a *has*
  il a 14 ans *he's 14 years old*
  n'a pas *doesn't have*
a + (= à plus tard) *see you later*
abbaye *f* abbey
absolument *absolutely*
accepter *to accept*
accord: être d'accord *to agree*
  je suis d'accord *I agree*
acheté *bought*
  j'ai acheté *I bought*
acheter *to buy*
  ils achètent *they buy*
acheteurs *mpl* buyers
acteur *m*, **actrice** *f* actor
activité *f* activity
adapter *to adapt*
adjectif *m* adjective
adorer *to love, adore*
adulte *m* or *f* adult
aéroport *m* airport
affreux *m*, **affreuse** *f* awful
Afrique *f* Africa
âge *m* age
  quel âge as-tu? *what age are you?*
agenda *m* diary
agriculteur *m*, **agricultrice** *f* farmer
aidé *helped*
  j'ai aidé *I helped*
aider *to help*
aigle *m* eagle
aimais: j'aimais *I used to like*
aimer *to like, love*
  je n'aime pas *I don't like*
aimerais: j'aimerais acheter *I would like to buy*
  tu aimerais… ? *would you like… ?*
aire de jeux *f* playground
ajouter *to add*
album de photos *m* photo album
alcool *m* alcohol
allais: j'allais *I used to go*
allé *went*
  je suis allé(e) *I went*
  on est allé *we went*
Allemagne *f* Germany
allemand *m*, **allemande** *f* German
aller *to go*
  je vais *I go*

aller simple *m* single (ticket)
alors *then*
  ça alors! *goodness!*
alpinisme: faire de l'alpinisme *to go mountain-climbing*
ambition *f* ambition
ambulance *f* ambulance
américain *m*, **américaine** *f* American
Amérique du Sud *f* South America
ami *m*, **amie** *f* friend
  petit ami *boyfriend*
  petite amie *girlfriend*
amour *m* love
amusant *m*, **amusante** *f* funny
amusé *had fun*
  je me suis bien amusé(e) *I had fun, enjoyed myself*
an *m* year
ancien *m*, **ancienne** *f* ancient, former
anglais *m*, **anglaise** *f* English
Angleterre *f* England
anglo-saxon *m*, **anglo-saxonne** *f* Anglo-Saxon
animaux *mpl* animals
année *f* year
anniversaire *m* birthday
  c'est quand, ton anniversaire? *when's your birthday?*
  mon anniversaire, c'est le… *my birthday is the…*
antenne *f* aerial, antenna
août *August*
apparaît *appears*
appareil-photo *m* camera
appartement *m* apartment
appelait: qui s'appelait *who was called*
appeler *to call, name*
  comment t'appelles-tu? *what's your name?*
  je m'appelle… *my name is…*
appétit *m* appetite
  bon appétit! *enjoy your meal!*
apprendre *learn*
  apprendre par cœur *to learn by heart*
apprends *learn*
  j'apprends l'anglais depuis *I have been learning English for*
après *after*
  après ça *after that*
après-midi *m* afternoon
aqueduc *m* aqueduct
archinul *really bad*
argent *m* money
arrêté *stopped*
  la police a arrêté *the police arrested*
arrivaient: ils, elles arrivaient *they were arriving*
arrivé(e) *arrived*
  je suis arrivé(e) *I arrived*
  il est arrivé *he arrived*
  ils sont arrivés *they arrived*
arrogant *m*, **arrogante** *f* arrogant
articulations *fpl* joints
ascenseur *m* lift
Asie *f* Asia

assassin *m* assassin
asseoir: s'asseoir *to sit down*
  assieds-toi *sit down*
assez *quite, enough*
  assez (de) *enough (of)*
assiette *f* plate
  assiette anglaise *plate with cold meats*
a-t-il: a-t-il dit *… he said*
attendre *to wait for*
attente *f* wait
  deux heures d'attente *two hours' wait*
attention! *be careful! watch out!*
attiré *attracted*
  il a attiré *he attracted*
au (see p. 142)
  1 *to (the)*: du 01/10 au 30/04 *from 1st October to 30th April*
  2 *with*: au beurre *with butter*
  3 *at (the)*: je mange au collège *I eat at school*
  4 *in*: au Canada *in Canada*, au passé *in the past*
  au revoir *goodbye*
auberge de jeunesse *f* youth hostel
aujourd'hui *today*
aussi *also*
auteur *m* author
automobiliste *m* or *f* driver, motorist
autoroute *f* motorway
autos tamponneuses *fpl* bumper cars
autre *m* or *f* other
aux (see p. 142)
  1 *to the (pl)*
  2 *with (pl)*: aux tomates *with tomatoes*
avais: j'avais *I had (from avoir)*
  j'avais 7 ans *I was sept years old*
avant *before*
  avant de manger *before eating*
avec *with*
avez *have (from avoir)*
  vous avez *you (pl) have*
avis *m* opinion
  à mon avis *in my opinion*
avoir (see p. 138) *to have*

B

bague *f* ring
Bahamas *mpl* Bahamas
banque *f* bank
barbant *boring*
barbare *m* or *f* barbarous
barbe à papa *f* candy floss
barbecue *m* barbecue
  faire un barbecue *to have a barbecue*
bas *m*, **basse** *f* low
  en bas *downstairs*
basket *m* basketball
  je joue au basket *I play basketball*
bateau *m* boat
  bateau renverseur *swing boat (fairground ride)*
bâtiment *m* building
batterie *f* battery
  l'élevage en batterie *battery farming*
bavardé: j'ai bavardé *I chatted*

cent quarante-sept **147**

Glossaire français–anglais

beau *m*, **belle** *f* good-looking
  il a fait beau *the weather was fine*
  s'il fait beau *if the weather is fine*
beaucoup (de) *lots of, many*
  beaucoup trop petit *far too small*
  je fais beaucoup de sport *I do a lot of sport*
bébé *m* baby
beignet *m* doughnut
belle *f* beautiful
ben well
berk! yuk!
bête *f* beast
  les bêtes en liberté *animals in the wild*
beurre *m* butter
bic *m* biro
bien 1 *well*: tu as bien joué *you played well*
  2 *good, fine, OK*: très bien *very good*
  ça va bien *I'm fine*
  bien sûr *of course*
bière *f* beer
billet *m* ticket
biographie *f* biography
biscuit *m* biscuit
blanc *m*, **blanche** *f* white
bleu *m*, **bleue** *f* blue
bloc-notes *m* notepad
boire to drink
  quelque chose à boire *something to drink*
boit drinks
  il, elle boit *he, she drinks (from boire)*
boîte de nuit *f* night club
boivent drink
  ils, elles boivent *they drink (from boire)*
bon *m*, **bonne** *f* good
  de bonne humeur *in a good mood*
  bon appétit! *enjoy your meal!*
  bon voyage! *have a good trip!*
bonbon *m* sweet
bonjour hello
bord *m* side
  au bord de la mer *seaside*
boulanger *m*, **boulangère** *f* baker
boutique *f* shop
bouton *m* button
bowling *m* bowling alley
boxe *f* boxing
boycotter to boycott
bras *m* arm
  j'ai mal au bras *my arm aches/hurts*
brésilien *m*, **brésilienne** *f* Brazilian
Bretagne *f* Brittany
breton *m* Breton
britannique *m* or *f* British
brochure *f* brochure
  une brochure sur la ville *a brochure about the town*
brouhaha *m* hustle and bustle
Bruxelles Brussels
bu drank
  j'ai bu *I drank (past tense of boire)*
  il, elle a bu *he, she drank*
bureau *m* office
bus *m* bus

C

ça that
  ça va? *are you OK?*
  ça va *I'm OK*
  et avec ça? *anything else?*
  ça dépend *that depends*
  j'aime ça *I like it*
cadeau *m* (*pl* **cadeaux**) present(s)
café *m* 1 *coffee* 2 *café*

cage *f* cage
cambriolage *m* robbery
campagne *f* countryside
  à la campagne *in the countryside*
canadien *m*, **canadienne** *f* Canadian
canapé *m* sofa
candidat *m*, **candidate** *f* candidate
canette *f* can
canot *m* dinghy
capitale *f* capital
captivité *f* captivity
  en captivité *in captivity*
car *m* coach
caractère *m* personality
carnivore *m* or *f* carnivorous
carottes *fpl* carrots
carré *m*, **carrée** *f* squared
  2000 km carrés *2000 km^2*
carrière *f* career
carte *f* card
  carte de crédit *credit card*
  carte d'identité *identity card*
  carte postale *postcard*
cas *m* case
cascade *f* waterfall
casque *m* helmet
cassé broke
  je me suis cassé le bras *I broke my arm*
cause *f* cause
  à cause de *because of*
CD vierge *m* blank CD
ce *m* (see p. 136) *this, it*
célèbre *m* or *f* famous
cellule *f* cell
  cellules nerveuses *nerve cells*
cent one hundred
centime *m* cent (100 cents = 1 euro)
centre *m* centre, middle
  centre sportif *sports centre*
  centre commercial *shopping centre*
  au centre (ville) *in the centre (of town)*
céréales *fpl* (breakfast) cereal
cérémonie *f* ceremony
certain *m*, **certaine** *f* certain
cerveau *m* brain
ces *pl* (see p. 136) *these*
c'est *it's, is it?*
  ce n'est pas *it isn't*
c'est combien? *how much is it?*
cet *m* (see p. 136) *this*
  cet après-midi *this afternoon*
c'était *it was*
  c'était bien *it was good*
cette *f* (see p. 136) *this*
chaîne de télé *f* TV channel
chambre *f* bedroom
chance *f* luck
  avoir de la chance *to be lucky*
  ils ont de la chance *they're lucky*
chanson *f* song
chanteur *m*, **chanteuse** *f* singer
chaque *m* or *f* every, each
  chaque jour *every day*
chasse *f* hunting
  je suis contre la chasse *I'm against hunting*
chat *m* cat
château *m* (*pl* **châteaux**) castle
chaud hot
  il fait chaud *it's hot*
  il faisait très chaud *it was very warm*
chauffeur *m* driver
chef de cuisine *m* chef
cher *m*, **chère** *f* dear
cherché looked for
  j'ai cherché *I looked for*

chercher to look for
cheval *m* horse
chez at the house of
  chez les Cassou *at the Cassous' house*
  chez moi *my home, where I live*
chien *m* dog
chinois *m*, **chinoise** *f* Chinese
chips *fpl* crisps
chocolat *m* chocolate
  chocolat au lait *milk chocolate*
choisi chose
  j'ai choisi *I chose*
choisir to choose
chose *f* thing
  quelque chose à manger *something to eat*
cigarette *f* cigarette
cinquante fifty
cirque *m* circus
citron *m* lemon
clarinette *f* clarinet
  je joue de la clarinette *to play the clarinet*
climat *m* climate
clinique *f* clinic
  clinique de désintoxication *detoxification clinic*
cliquer sur to click on
cœur *m* heart
  j'ai eu mal au cœur *I felt sick*
collège *m* school
collègue *m* or *f* colleague
colline *f* hill
combien (de) how many
comme like
commencé began
  j'ai commencé à *I began*
commerciaux: **centres commerciaux** *mpl* shopping centres
complètement completely
compliqué *m*, **compliquée** *f* complicated
compris 1 *understood*: je n'ai pas compris *I haven't understood*
  2 *included*: service compris *tip included*
concours *m* competition
conduit drove, took
  le bus a conduit *the bus took, drove*
confiture *f* jam
  confiture d'oranges *marmalade*
conséquent *m* consequence
  par conséquent *as a result*
conservatoire *m* conservatory
constituer to constitute
construit constructed
  il a été construit *it was constructed*
contaminé par contaminated by
contraire *m* opposite
contre against
  par contre *on the other hand*
contrôle *m* school test
copain *m*, **copine** *f* friend, pal
Corée *f* Korea
correspondant *m*, **correspondante** *f* pen-pal
corriger to correct
Corse *f* Corsica
cosmopolite *m* or *f* cosmopolitan
côte *f* coast
côté *m* side
  d'un côté... d'un autre *on the one hand... on the other*
coucher: se coucher to go to bed
  je me couche *I go to bed*
coucou! hi!
Coupe du monde *f* World Cup
coupé cut
  on a coupé l'électricité *the electricity was cut off*

148 cent quarante-huit

Glossaire français–anglais

cours *m* lesson
course *f* race
   un vélo de course *racing bike*
courses *fpl* shopping
   faire les courses *to do the shopping*
craqué cracked
   il a craqué *it cracked*
créer to create
crème chantilly *f* whipped cream
crié shouted
   j'ai crié *I shouted*
critiquer to criticise
crois believe
   si tu ne me crois pas *if you don't believe me*
cru *m*, **crue** *f* raw
cruel *m*, **cruelle** *f* cruel
cuisine *f* cookery
   faire la cuisine *to do the cooking*
cuit *m*, **cuite** *f* cooked

D

d'abord first of all
danger: en danger endangered
   des animaux en danger *endangered animals*
dangereux *m*, **dangereuse** *f* dangerous
dans in
danser to dance
de (see p. 136) of
   1 *from*: de Biarritz *from Biarritz*
   de 10h à 11h *from 10 am to 11am*
   2 *of, some*: mon numéro de portable *my mobile phone number*
décider de to decide
   j'ai décidé d'acheter *I decided to buy*
découvert discovered
   j'ai découvert *I discovered*
défend: il se défend he defends himself
déjà already
déjeuné had lunch
   j'ai déjeuné *I had lunch*
   on a déjeuné *we had lunch*
déjeuner *m* lunch
déjeuner to have lunch
délicieux *m*, **délicieuse** *f* delicious
demain tomorrow
demandé asked
   j'ai demandé *I asked*
demi *m*, **demie** *f* half
   une demi-heure *half an hour*
   à neuf heures et demie *at 9.30*
demi-tour: il a fait demi-tour he did a U-turn
dépassé *m*, **dépassée** *f* (par) overtaken by
dépend: ça dépend that depends
dépensé spent
   j'ai dépensé *I spent*
depuis for, since
   depuis longtemps? *for how long?*
   je joue depuis un an *I've played for a year*
dernier *m*, **dernière** *f* last
   la semaine dernière *last week*
des (see p. 136) 1 *some, any*
   2 *of the*: la pourcentage des français *the percentage of French people*
désastreux *m*, **disastreuse** *f* disastrous
descendre to get off
dessert *m* dessert
dessus on (it)
détail *m* detail
détaillé *m*, **détaillée** *f* detailed
détester to dislike, detest
deux two
deuxième second

devaient: ils devaient they had to
devant in front of
devenir to become
devoirs *mpl* homework
   faire des devoirs *to do your homework*
dialogue *m* dialogue
dictionnaire *m* dictionary
dieu *m* god
différent *m*, **différente** *f* different
difficile *m* or *f* difficult
dimanche Sunday
dîner *m* 1 evening meal
   2 (verb) to have dinner
dingue *m* or *f* mad, crazy
dire to say
   a-t-il dit ... *he said*
direction *f* direction
   en direction de *towards*
discuter de to discuss
disent: ils, elles disent they say
disparu disappeared
   ils, elles ont disparu *they disappeared*
dispute *f* argument
distraction *f* entertainment
dit 1 *says*: il, elle dit *he, she says (from dire)*
   2 *said*: j'ai dit *I said (past tense of dire)*
divorcé divorced
   elle a divorcé de... *she divorced...*
dix ten
dois have to
   je dois *I have to (from devoir)*
doit has to
   il, elle doit *he, she has to (from devoir)*
donc so, therefore
donné gave
   j'ai donné *I gave*
donner to give
   donner rendez-vous *to arrange to meet*
dormais: je dormais I was sleeping
dormir to sleep
dos *m* back
   j'ai mal au dos *my back aches*
doute *m* doubt
droguer: se droguer to take drugs
   il s'est drogué *he took drugs*
droit *m*, **droite** *f* right
drôle *m* or *f* funny
dû had to
   j'ai dû *I had to (past tense of devoir)*
du (see p. 136)
   1 *some*: du café *some coffee*
   2 *of*
   3 *from*: du 02/06 au 30/09 *from 2nd June to 30th September*
près du stade near the stadium
dur hard
   c'était dur *it was hard*
DVD *m* DVD

E

eau *f* water
échos *mpl* gossip
   les derniers échos *the latest gossip*
école *f* school
écossais *m*, **écossaise** *f* Scottish
écouter to listen (to)
écouté listened
   j'ai écouté *I listened (to)*
écouteurs *mpl* headphones
écrire to write
écrivait: il, elle écrivait he, she used to write
Édimbourg Edinburgh
effet *m* effect
effets spéciaux *mpl* special effects

église *f* church
élevage *m* rearing, breeding
   l'élevage en batterie *battery farming*
élève *m* or *f* pupil
elle *f* she
elles *f* they (female)
émission *f* (TV) programme:
   1 de cuisine *cookery*
   2 de sport *sports*
   3 de musique *music*
   4 télé-réalité *reality TV*
emporté carried away
   la neige m'a emporté(e) *the snow carried me away*
en 1 *in, to*: en Italie *in or to Italy*,
   en ville *in or to town*
   2 *in*: en août *in August*,
   en espagnol *in Spanish*
   3 *by*: en train *by train*
   4 *(some) of it*: il faut en mettre très peu *you must put very little (of it)*
   en face de *opposite*
   en ce moment *at this moment*
   en famille *as a family*
   en vacances *on holiday*
   en plus *what's more*
   en bas *downstairs*
encore 1 *still*
   2 *again, more*: encore une fois *once again*,
   tu veux encore... ? *do you want any more... ?*
endroit *m* place
enfance *f* childhood
enfant *m* or *f* child
   enfant unique *only child*
enfin at last
ennuie: il s'ennuie he gets bored
ennuyeux *m*, **ennuyeuse** *f* boring
énorme *m* or *f* enormous
ensemble together
entendu heard
   tu as entendu? *have you heard?*
entre between
   entre les repas *between meals*
entré entered, went into
   je suis entré(e) *I went into*
   ils sont entrés *they went into*
envie: avoir envie (de) to want (to)
   j'ai envie *I'd like to*
   je n'ai pas envie *I don't want to*
environnement *m* environment
épicé *m*, **épicée** *f* spicy
épousé married
   il a épousé *he married*
équilibré *m*, **équilibrée** *f* balanced
équipe *f* team
es: tu es you are
   tu es écossaise(e)? *are you Scottish?*
escalade *f* rock climbing
   faire de l'escalade *to go rock climbing*
   on a fait de l'escalade *we went rock climbing*
escalier *m* stairs
Espagne *f* Spain
espagnol *m*, **espagnole** *f* Spanish
espèce *f* species
   des espèces en danger *endangered species*
espoir *m* hope
essayer to try
   il essaie (de) *he tries (to)*
   je n'ai jamais essayé ça *I've never tried it*
est: il, elle est he, she is (from être)

cent quarante-neuf 149

Glossaire français–anglais

est *m* east
   Europe de l'Est *Eastern Europe*
estomac *m* stomach
   j'ai mal à l'estomac *I have stomach ache*
et and
   et toi? *what about you?*
   et puis *and then*
établir to establish
étage *m* floor
   au premier étage *on the first floor*
étaient: ils, elles étaient *they were*
étais: j'étais *I was (from être)*
était: il, elle était *he, she was*
   c'était *it was*
États-Unis *mpl* United States
été *f* 1 summer: en été *in summer*
   2 was: j'ai été *I was (past tense of être)*
être (see p. 138) to be
étudier to study
eu had
   j'ai eu *I had (past tense of avoir)*
euro *m* euro (French currency)
Europe *f* Europe
européen *m*, **européenne** *f* European
eux them
   avec eux *with them*
évident *m*, **évidente** *f* evident
   c'est évident que *it's evident that*
exactement exactly
exagéré *m*, **exagérée** *f* exaggerated
exagérer to exaggerate
excursion *f* day-trip
exemple *m* example
   par exemple *for example*
exercice *m* exercise
   faire de l'exercice *to take exercise*
exposition *f* exhibition
expression *f* expression, phrase
extrait *m* extract
extraverti *m*, **extravertie** *f* extrovert

F

face: en face de opposite
facile *m* or *f* easy
faim: avoir faim to be hungry
   tu as faim? *are you hungry?*
   j'ai faim *I'm hungry*
   j'avais faim *I was hungry*
faire (see p. 139)
   1 *to do, make*: faire du mal *to do harm*
   2 *to go*: faire des excursions *to go on trips*
   faire du cheval *to go horseriding*
   faire du karting *to go go-karting*
   faire du surf *to go surfing*
   faire les magasins *to go round the shops*
   3 *to be (of weather)*: il fait mauvais *the weather is bad*
faisait: il, elle faisait *he, she was doing (from faire)*
   il faisait beau *the weather was fine*
fait 1 does, makes: il fait une confession *he makes a confession*
   2 did, done: j'ai fait *I did (past tense of faire)*
   c'est fait! *it's done!*
   il a fait beau *the weather was beautiful*
famille *f* family
   en famille *as a family*
fana: être fana de to be mad about
fantastique *m* or *f* fantastic
fatigant *m*, **fatigante** *f* tiring
fatigué *m*, **fatiguée** *f* tired
fast food *m* fast food (restaurant)

faut: il faut 1 *you have to*: il faut attendre *you have to wait*
   2 *you need*: il faut une carte d'identité *you need an identity card*
faux *m*, **fausse** *f* false
   vrai ou faux? *true or false?*
féminin *m*, **féminine** *f* feminine
femme *f* wife, woman
fermé *m*, **fermée** *f* closed
fêter to celebrate
février February
fille *f* girl
film *m* film:
   1 policier *detective*
   2 plein d'action *full of action*
   3 plein de suspense *full of suspense*
fin *f* end
finalement finally
financier *m*, **financière** *f* financial
fini finished
   j'ai fini *I finished*
fissures *fpl* cracks
fois *f*
   trois fois *three times*
   une fois tous les quinze jours *once a fortnight*
fondé en founded in
forêt *f* forest
forme *f* form
français *m*, **française** *f* French
   en français *in French*
France *f* France
   en France *in France*
frère *m* brother
frites *fpl* chips
froid *m*, **froide** *f* cold
   il a fait froid *it was cold (perfect tense)*
   il faisait froid *it was cold (imperfect tense)*
fromage *m* cheese
frousse: j'ai eu la frousse *I was scared stiff*
fumé smoked
   il a fumé une cigarette *he smoked a cigarette*
fumier *m* manure
   l'odeur de fumier *the smell of manure*
fumer to smoke
furieux *m*, **furieuse** *f* furious
futur *m* future (tense)
   au futur *in the future tense*

G

gagnant *m*, **gagnante** *f* winner
gagné won
   j'ai gagné *I won*
gagner to earn
gallois *m* Welsh
gangsta rap *m* gangsta rap
garçon *m* boy
garder to keep
gare *f* station
gâteau *m* cake
   du gâteau au chocolat *some chocolate cake*
gauche: à gauche on the left
géant *m*, **géante** *f* gigantic
généralement generally
génial *m*, **géniale** *f* great
   c'était génial *it was great*
genou *m* knee
   j'ai mal au genou *my knee hurts*
gens *mpl* people
glace *f* ice cream
glossaire *m* glossary

gorge *f* throat
   j'ai mal à la gorge *I have a sore throat*
gorille *m* gorilla
goûter (à) to taste
goûter *m* afternoon snack
grand *m*, **grande** *f* big
grammaire *f* grammar
Grande-Bretagne *f* Great Britain
grand-mère *f* grandmother
grand-père *m* grandfather
grands-parents *mpl* grandparents
grave *m* or *f* serious, grave
   un grave incident *a grave incident*
grignoter to snack between meals
griller to grill
   on a fait griller *we grilled*
gronder to tell off
   ma mère me gronde *my mother tells me off*
gros mots *mpl* bad language
grotte *f* cave
groupe *m* group
   un groupe d'élèves *a group of pupils*
guerre *f* war
guidée: visite guidée *f* guided visit
guitare *f* guitar
   jouer de la guitare *to play guitar*
gymnastique *f* gymnastics
   faire de la gymnastique *to do gymnastics*

H

habitable *m* or *f* habitable
habitat *m* habitat
habité lived
   j'ai habité *I lived*
habiter to live
   tu habites où? *where do you live?*
   j'habite à *I live in*
habits *mpl* clothes
habitude *f* habit
   j'ai l'habitude de *I'm in the habit of*
hall *m* hall
haut *m*, **haute** *f* high
   en haut *upstairs*
   haut(e) de 312m *312 m high*
hauteur *f* height
héroïne *f* heroin
heure *f* 1 hour
   2 time: à 10 heures *at 10 o'clock*
   à quelle heure *at what time?*
heureux *m*, **heureuse** *f* happy
hier yesterday
   hier soir *yesterday evening*
hilarant *m*, **hilarante** *f* hilarious
histoire *f* 1 history 2 story
historique *m* or *f* historic
hiver *f* winter
   en hiver *in winter*
hollandais *m*, **hollandaise** *f* Dutch
hôpital *m* hospital
horreur: il a horreur de *he hates*
hors d'œuvre *m* starter
hôtel de ville *m* town hall
huile d'olives *f* olive oil
humeur *f* mood
   de bonne humeur *in a good mood*
   de mauvaise humeur *in a bad mood*

I

ici here
   près d'ici *near here*
idée *f* idea
   bonne idée! *good idea!*

Glossaire français–anglais

identité *f* identity
 carte d'identité identity card
il 1 he 2 it 3 il y a there is, there are
 il n'y a pas there isn't
 il y a eu there was
 il y aura there will be
 il faut you have to, you need
 il faisait très chaud it was very hot
ils they (male)
image *f* picture, image
immédiatement immediately
immobile *m* or *f* immobile
imparfait *m* imperfect (tense)
impertinent *m*, **impertinente** *f* cheeky
impressionné(e) par impressed by
inauguré inaugurated
 il a inauguré he inaugurated
incendie *f* fire
inconnu *m* unknown
indiquer to indicate, show
infinitif *m* (see p. 141) infinitive
influencé (par) influenced by
informatique *f* ICT
infos, informations *fpl* information, news
insister to insist
instrument *m* instrument
 je ne joue pas d'un instrument I don't play an instrument
intéressant *m*, **intéressante** *f* interesting
inventé *m*, **inventée** *f* invented
invertébré *m* invertebrate
invité *m*, **invitée** *f* guest
inviter to invite
isotope *m* isotope
Italie *f* Italy
italien *m*, **italienne** *f* Italian
itinéraire *m* itinerary

J

j' I
 j'ai I have
 j'aime I like
 j'ai eu mal au cœur I felt sick
jamais never
 je n'y vais jamais I never go there
 je n'ai jamais fait ça I've never done that
jambon *m* ham
Japon *m* Japan
japonais *m* Japanese
jardin *m* garden
jaune *m* or *f* yellow
je I
jeu *m* (*pl* **jeux**) 1 TV quiz show
 2 game, puzzle: jeux vidéo computer games
 les Jeux olympiques Olympic Games
jeudi Thursday
jeune *m* or *f* young person
 les jeunes young people
job *m* job
 un petit job part-time job
jouait: il jouait he used to play
joué played
 j'ai joué I played
 le plus joué the most played
jouer 1 to play: je joue de la clarinette I play the clarinet
 j'ai joué au foot I played football
 elle joue aux jeux vidéo she plays computer games
 2 to act out: joue le dialogue act out the dialogue
 tu joues depuis longtemps? have you played for a long time?
 je joue depuis deux ans I've been playing for two years
 jouer à cache-cache to play hide-and-seek

jour *m* day
 tous les jours every day
journal *m* (*pl* **journaux**) newspaper
journée *f* day
 toute la journée all day
juillet July
juin June
jumeau *m* twin
jury *m* jury
jus d'orange *m* orange juice
jusqu'à until

K

karting *m* go-karting
 faire du karting to go go-karting
kayak *m* kayak
 faire du kayak to go kayaking
kilo *m* kilo
kilomètre *m* kilometre

L

là there
 là-bas over there
la *f* 1 the (see p. 135)
 2 her, it: je la trouve belle I find her good-looking
lac *m* lake
lait *m* milk
 chocolat au lait milk chocolate
langue *f* language
lapin *m* rabbit
le *m* (see p. 135) 1 the
 2 him, it: je le trouve beau I find him good-looking
 3 on: le vendredi on Fridays
 le 30 mars on the 30th March
 4 at: le week-end at the weekend
leçon *f* lesson
lecteur *m*, **lectrice** *f* reader
 lecteur de DVD DVD recorder
légendaire *m* or *f* legendary
légumes *mpl* vegetables
lendemain *m* the next day
les 1 the (pl)
 2 them: on les mange you eat them
lesquels: lequel *m*, **laquelle** *f* which
lève: il se lève he gets up (from se lever)
lever to raise, put up
 lève la main put up your hand
 se lever to get up
 je me lève I get up
libéré: je me suis libéré(e) I freed myself
liberté *f* liberty
libre free
lieux: lieux de vacances *mpl* holiday resorts
lion *m* lion
lire to read
 je lis I read
 il lit he reads
lis read (sing.) (from lire)
lisez read (pl) (from lire)
liste *f* list
 une liste de restaurants a list of restaurants
lit *m* bed
livre *m* book
loger dans to stay in
logique *m* or *f* logical
 ce n'est pas logique it's not logical
loin (de) far (from)
 c'est loin? is it far?
 pas loin de not far from
Londres London
long *m*, **longue** *f* long
 le long de the length of
longtemps for a long time
 depuis longtemps? for how long?

louer hire
 louer des vélos to hire bikes
lourd *m*, **lourde** *f* heavy
lu read
 j'ai lu I read (from lire)
lundi *m* Monday
luxueux *m*, **luxueuse** *f* luxury

M

ma *f* my (see p. 136)
madame *f* 1 Mrs 2 Madam
mademoiselle *f* Miss
magasin *m* shop
 un grand magasin department store
magnétoscope *m* video recorder
magnifique *m* or *f* magnificent
mai May
mais but
maison *f* 1 house
 2 home: à la maison at home, (to) home
main *f* hand
 lève la main put your hand up
maintenant now
maire *m* mayor
mais but
maison *f* house, home
 à la maison at home
mal: ça fait mal? does it hurt?
 j'ai mal au bras my arm hurts
malheureusement unfortunately
maltraité *m*, **maltraitée** *f* badly treated
maman mum
manger to eat
 tu manges you eat
mangé ate
 j'ai mangé I ate
m'appelle: je m'appelle my name is
marché *m* market
marche: faire de la marche to go hiking
marcher to walk
 on a marché we walked
 marcher sur to stand on
 il lui avait marché sur le pied he had stood on her foot
mardi Tuesday
mari *m* husband
mariage *m* marriage
marié *m*, **mariée** *f* married
marier: il se marie he marries
marque: habits de marque *m* designer label clothes
marrant *m*, **marrante** *f* funny
 ce n'est pas marrant it's no joke
mars March
mât *m* mast
matin *m* morning
 le matin in the morning
matinée *f* morning
mauvais *m*, **mauvaise** *f* bad
 de mauvaise humeur in a bad mood
médecin *m* doctor
médias *mpl* media
médiocre *m* or *f* mediocre
meilleur *m*, **meilleure** *f* best
 mon meilleur ami my best friend
même *m* or *f* same
 le même verbe the same verb
mentionner to mention
mer *f* sea
 au bord de la mer at the seaside
merci thank you, thanks
 merci beaucoup thanks a lot
 non merci no, thanks
mercredi Wednesday

Glossaire français–anglais

mère *f* mother
mes (pl) (see p. 136) my
métal *m* (*pl* **métaux**) metal
métro *m* metro, underground
mètre *m* metre
mets put (from mettre)
meurtre *m* murder
Mexique *m* Mexico
miam-miam! yum-yum!
midi midday
   à midi at midday
mignon *m*, **mignonne** *f* cute, pretty
milieu *m* middle
   au milieu de in the middle of
mille 1000
minuit midnight
miracle *m* miracle
   un miracle de technologie moderne
      a miracle of modern technology
misère *f* misery
modèle *m* model
moderne *m* or *f* modern
moi me
   moi aussi me too
   moi, ça va me, I'm OK
   chez moi at my house
moins less
   de moins en moins less and less
   au moins at least
mois *m* month
mon *m* (see p. 136) my
   mon ami my friend (male)
monde *m* world
   tout le monde everybody
   au monde in the world
monsieur *m* 1 Mr 2 Sir
montagne *f* mountain
   en montagne in the mountains
montrer to show
monument historique *m* monument
morceau *m* piece
mort dead, died
   il est mort he died
mot *m* word
moulin *m* windmill
moutarde *f* mustard
murailles *fpl* (city) walls
musée *m* museum
musicien *m*, **musicienne** *f* musical

N
nager to swim
naissance: date de naissance date of birth
natation: faire de la natation to go swimming
nature *f* nature
   dans la nature in the wild
naturel *m*, **naturelle** *f* natural
naturellement naturally, of course
ne... pas (expresses a negative)
   je ne suis pas I'm not
   je n'aime pas I don't like
ne... plus no longer
   ils n'étaient plus là they were no longer there
ne... jamais never
   je ne vais jamais en ville I never go into town
ne... personne no-one
   il ne voit personne he doesn't see anyone
ne... plus no more
   il ne fume plus he doesn't smoke any more

ne... rien nothing
   il ne fait rien he does nothing
né born
   je suis né(e) I was born (from naître)
nécessaire *m* or *f* necessary
négatif *m*, **négative** *f* negative
neige *f* snow
   il neige it's snowing
nettoyer to clean (up)
noir *m*, **noire** *f* black
nom *m* 1 noun
   2 name: nom de famille surname, family name
nombre *m* number
non no
nord *m* north
normalement normally
nos (pl) our
note 1 *f* mark
   2 v note down
notre our
nous we
   nous avons we have
nouveau *m*, **nouvelle** *f* new
nuit *f* night
   la nuit at night
nul *m*, **nulle** *f* rubbish
   c'est complètement nul it's complete rubbish
   c'est archinul it's complete rubbish
numéro *m* number
   numéro de téléphone phone number

O
objet *m* object
occupation *f* occupation
occupé *m*, **occupée** *f* (par) occupied (by)
occuper to occupy
octobre October
odeur *f* smell, odour
   l'odeur de fumier the smell of manure
œufs brouillés *mpl* scrambled eggs
offre: on offre quoi? what is being offered?
offrir to offer
oh là là! oh dear!
oiseau *m* bird
on 1 people, you: on peut... ? can you... ?
   2 we: on va passer we're going to spend
ont: ils, elles ont they have (from avoir)
onze eleven
opinion *f* opinion
option *f* option, choice, alternative
   la bonne option the right choice
orange orange
ordinateur *m* computer
ordre *m* order
   dans le bon ordre in the right order
organique *m* or *f* organic
organiser to organise
original *m* (*pl* **originaux**), **originale** *f* original
origine *f* origin
   le pays d'origine country of origin
orphelin *m*, **orpheline** *f* orphan
ou or
   vrai ou faux? true or false?
où where
oublié *m*, **oubliée** *f* forgotten
ouest west
   à l'ouest in the west
oui yes
   oui, bien sûr yes, of course

ours *m* bear
   ours polaire polar bear
ouvert open
   j'ai ouvert I opened
   il a ouvert les yeux he opened his eyes
ouvrir to open

P
pain *m* bread
pantalon *m* trousers
   pantalon à pattes d'éléphant flared trousers
panthère *f* panther
papa *m* dad
papier peint *m* wallpaper
paquet *m* packet, bag
   un paquet de chips a bag of crisps
par by
   par conséquent as a result
   par contre on the other hand
   par exemple for example
paradis *m* paradise
paragraphe *m* paragraph
parc *m* park
   parc d'attractions *m* theme-park
parce que because
pardon excuse me
paresseux *m*, **paresseuse** *f* lazy
parfaitement perfectly
parfois sometimes
parking *m* car park
parlé spoke
   j'ai parlé (avec) I spoke (with)
parlement *m* parliament
parler to speak
participer to participate
parti left
   je suis parti(e) I left, set off
partenaire *m* or *f* partner
participe passé *m* past participle
partir to set off
pas not
   pas assez (de) not enough (of)
   pas not, pas très not very
   pas moi not me
passé *m* past (tense)
   au passé in the past (tense)
passer 1 to be on (TV)
   2 to pass: vous me passez l'eau? can you pass me the water?
   passer par une période difficile to go through a difficult period
   3 to spend (time): il va passer he's going to spend
   elle a passé une semaine she spent a week
passe-temps *m* hobby, pastime
passionnant *m*, **passionnante** *f* exciting
   c'est passionnant it's exciting
pâtes *fpl* pasta
patinoire *f* ice-skating rink
pauvre *m* or *f* poor
pays *m* country
   le pays d'origine country of origin
pêche *f* fishing
   aller à la pêche to go fishing
pêches *fpl* peaches
pédalo *m* pedal-boat
   faire du pédalo to go pedal-boating
peintre *m* painter
peinture *f* painting
pelote (basque) *f* pelota (Basque ball-game)
pendant during
   pendant la journée during the day

Glossaire français–anglais

pénible *m* or *f* tiresome
   c'est pénible! it's a pain!
pense: je pense que I think that
perdre to lose
perdu lost
   j'ai perdu I lost
père *m* father
personne *f* person
   il n'y avait personne there was no-one
personnellement personally
petit *m*, **petite** *f* 1 little, small
   2 younger
petits pois *mpl* peas
peu a little
   un peu ennuyeux a little boring
peur *f* fear
   avoir peur de to be afraid of
   ça m'a fait peur that scared me
peut: il, elle peut he, she can (from *pouvoir*)
   on peut… ? can you… ?
peut-être perhaps
peux: je peux I can (from *pouvoir*)
   je peux vous aider? can I help you?
pharmacie *f* pharmacy, chemist's
phoque *m* seal
phrase *f* sentence
pièce de théâtre *f* play
pied *m* foot
   à pied on foot
   j'ai mal aux pieds I've got sore feet
ping-pong *m* table-tennis
   jouer au ping-pong to play table tennis
pique-nique *m* picnic
   faire un pique-nique to have a picnic
pizza *f* pizza
piscine *f* swimming pool
plage *f* beach
plaît: s'il te plaît, s'il vous plaît please
plan *m* map
   un plan de la ville a map of the town
plat *m* dish
plein *m*, **pleine** *f* full of
   plein d'action full of action
plu: il a plu it rained (past tense of *pleuvoir*)
pluriel *m* plural
plus 1 more: plus petit que smaller than
   plus d'un million more than a million
   2 most: le musée le plus intéressant
      the most interesting museum
   de plus en plus more and more
   en plus what's more
   … non plus … either
   plus tard later
plutôt rather
   plutôt extraverti rather extrovert
point *m* dot
   dot F R .fr (in e-mail address)
poisson *f* fish
poisson d'avril April Fool
polaire polar
   ours polaire polar bear
politique *f* politics
polluant *m* pullutant
polluant *m*, **polluante** *f* pulluting
   c'est ultra-polluant it's especially polluting
pollution *f* pullution
Pologne *f* Poland
polonais *m*, **polonaise** *f* Polish
pomme *f* apple
pommes de terre *fpl* potatoes
pompiers *mpl* firefighters
pont *m* bridge
populaire popular
population *f* population

portable *m* mobile phone
porte *f* door
porte-monnaie *m* purse
porter to wear
poser 1 to ask (questions)
   pose une question à ton/ta partenaire ask your partner a question
poste *f* post office
poste de police *m* police station
potage *m* soup
poterie *f* pottery
poulet *m* chicken
poumons *mpl* lungs
pour for, in order to
   tu es pour ou contre? are you for or against?
   pour faire in order to make
pour cent per cent
pourquoi why
   pourquoi pas? why not?
pouvez: vous pouvez you (pl) can (from *pouvoir*)
pouvoir to be able to
préféré *m*, **préférée** *f* favourite
préférer to prefer
   ils préfèrent they prefer
premier *m*, **première** *f* first
   le premier mai the first of May
prendre to take
   je prends I take
   prends des notes take some notes
   j'ai pris des photos I took some photos
   prenez take
près (de) near (to)
   tout près de close by
   près d'ici near here
   de plus près closer
présence: en présence du in the presence of
présent *m* present (tense)
   au présent in the present (tense)
présentation *f* presentation, short talk
présenter: se présenter to introduce yourself
préserver to conserve
principalement chiefly
principaux: les acteurs principaux *m* main actors
principe *m* principle
pris took
   j'ai pris I took (past tense of *prendre*)
prix *m* 1 prize 2 price
probablement probably
problème *m* problem
prochain *m*, **prochaine** *f* next
   la semaine prochaine next week
produit *m* product
prof *m* or *f* teacher
   ma mère est prof my mother is a teacher
professeur *m* teacher
professionnel *m*, **professionnelle** *f* professional
programme *m* programme
   programmes de conservation conservation programmes
projet *m* project
prolongé: un week-end prolongé a long weekend
prononcer to pronounce
prononciation *f* pronunciation
propre *m* or *f* own
   ses propres chansons her own songs
pu could
   j'ai pu I could, was able to (past tense of *pouvoir*)

public *m*, **publique** *f* public
publicité *f* advertisement
publier to publish
puces: les puces de Saint-Ouen (Paris) flea market
puis then

Q

qualité *f* quality
   de meilleure qualité better quality
quand when
   c'est quand, ton anniversaire? when's your birthday?
quantité *f* quantity
quarante forty
quart *m* quarter
   à neuf heures et quart at a quarter past nine
quartier *m* district
quatorze fourteen
quatre four
quatre-vingts eighty
quatre-vingt-dix ninety
quatrième fourth
que: plus long que longer than
quel *m*, **quelle** *f* 1 which 2 what
qu'est-ce que… ? what… ?
   qu'est-ce que c'est? what is it?
   qu'est-ce que tu as fait le week-end dernier? what did you do last weekend?
qui 1 who: j'ai un frère qui s'appelle I've a brother whose name is 2 which, that
quinze fifteen
quitter to leave
   j'ai quitté I left
quoi what
   c'est quoi ton adresse? what's your address?

R

radio *f* radio
radioactif *m*, **radioactive** *f* radioactive
raison *f* reason
raisonnable *m* or *f* reasonable
randonnée *f* walk, hike
range-CD *m* CD rack
rapproche: qui se rapproche de which is similar to
ravagé: a ravagé ravaged
réception *f* reception
réchauffement du climat *m* global warming
recherche *f* search
   à la recherche de looking for
recommencer to recommence, begin again
recopier to copy
   recopie copy
refuser to refuse
regarder to watch
   j'ai regardé la télé I watched TV
région *f* region
regrette: je regrette I'm sorry
régulier *m*, **régulière** *f* regular
réimplantation *f* reimplantation
reine *f* queen
relaxer: se relaxer to relax
   je me relaxe I relax
   relaxe-toi relax
religieux *m*, **religieuse** *f* religious
religion *f* religion
relis read again
remplacer to replace
remplir to fill (in)
remplis les blancs fill in the blanks

cent cinquante-trois 153

Glossaire français–anglais

rencontré met
  j'ai rencontré *I met*
rencontrer *to meet*
rentré *went, returned home*
  je suis rentré(e) *I went home*
rentrer *to return*
renvoyé *sacked*
  vous êtes renvoyé *you're sacked*
repas *m* *meal*
répondre *to answer*
  réponds *answer*
répondu *answered*
  j'ai répondu *I answered*
reportage *m* *report*
réserve naturelle *f* *nature reserve*
résister à *to resist*
responsable *m or f* (de) *responsible (for)*
resté *stayed*
  je suis resté(e) *I stayed*
rester *to stay*
  restez au lit *stay in bed*
résultat *m* *result, outcome*
résumé *m* *summary*
retourné *overturned, returned*
  il s'est retourné *it overturned*
retourner *to return*
retrouvé *met up with*
  j'ai retrouvé *I met up with*
retrouver 1 *to meet up with*: on se retrouve où? *where shall we meet?*
  2 *to find*: nous avons retrouvé *we have found*
revenir *to come back*
revenu *came back*
  l'électricité est revenue *the electricity came back on*
révision *f* *revision*
révolution *f* *revolution*
  la Révolution française *the French Revolution*
ridicule *m or f* *ridiculous*
rien *nothing*
  il n'y a rien à faire *there is nothing to do*
  rien de plus facile *nothing simpler*
  il n'y a rien à faire *there's nothing to do*
  de rien *don't mention it*
rigoles: tu rigoles! *you're joking!*
rigolo: ce n'est vraiment pas rigolo *it's no joke*
rivière *f* *river*
riz *m* *rice*
rôle *m* *role, part*
romain *m*, **romaine** *f* *Roman*
roman *m* *novel*
rompu *broke up with*
  j'ai rompu avec *I broke up with*
rond *m*, **ronde** *f* *round*
roue *f* *wheel*
rouge *m or f* *red*
  en rouge *in red*
Royaume-Uni *m* *United Kingdom*
routine *f* *routine*
rue *f* *street*
russe *m or f* *Russian*
Russie *f* *Russia*

S

sa *f* *his, her* (see p. 136)
sac *m* *bag*
sais: je sais *I know (from savoir)*
  je ne sais pas *I don't know*
saison *f* *season*
salade *f* *salad*
salle *f* 1 *hall, room*
  2 *(cinema) screen*
salle à manger *f* *dining room*
salle de bains *f* *bathroom*
salle de classe *f* *classroom*
salut! *hi! hello!*
samedi *Saturday*
sang *m* *blood*
sans *without*
sauce *f* *gravy*
saucisse *f* *sausage*
savoir *to know*
  je sais *I know*
secret *m* *secret*
  en secret *in secret*
seize *sixteen*
séjour *m* *trip*
sélectionner *to choose*
semaine *f* *week*
  la semaine dernière *last week*
septembre *September*
seraient: ils seraient *they would be*
série *f* *series/soap (TV)*
serveur *m*, **serveuse** *f* *waiter, waitress*
service *f* *service, tip*
  service compris *tip included*
services d'urgence *mpl* *emergency services*
ses *his, her (pl)*
  ses amis *his or her friends*
shopping *m* *shopping*
  je fais du shopping *I go shopping*
si *if*
  s'il pleut *if it rains*
siège *m* *seat*
  siège du parlement *seat of parliament*
s'il te plaît *please (to friend)*
s'il vous plaît *please (to adult)*
singulier *m*, **singulière** *f* *singular*
simple *m or f* 1 *simple*
  2 *single*: aller simple *single ticket*
sinon *otherwise*
site *m* *web*
  site web *website*
  site touristique *tourist spot*
situation *f* *situation*
  la situation économique *the economic situation*
situé *m*, **située** *f* *situated*
situer: se situer *to be situated*
sœur *f* *sister*
soir *m* *evening*
  hier soir *yesterday evening*
soirée *f* *party*
soixante *sixty*
soixante-dix *seventy*
soleil *m* *sun*
  il y a du soleil *it's sunny*
sommaire *m* *summary*
sommes: nous sommes *we are (from être)*
son *m* *his, her* (see p. 136)
sont *are (from être)*
sors: je sors *I go out (from sortir)*
  tu sors *you go out*
sort: il sort avec *he's going out with*
sorti *went out*
  elle est sortie avec *she went out with*
sortie *f* *exit*
sortir *to go out*
  nous sortons *we go out*
soudain *suddenly*
souffrant *m*, **souffrante** *f* *suffering*
souhaiter *to wish*
  je te souhaite *I wish you*
souligner *to underline*
soupe *f* *soup*
souri: il m'a souri *he smiled at me*
sourire *to smile*
souris *f* *mouse*
sous *under*
  sous l'influence de l'alcool *under the influence of alcohol*
souterrain *m*, **souterraine** *f* *underground*
souvent *often*
spécial *m*, **spéciale** *f* *special*
spectaculaire *spectacular*
spectateur *m* *spectator*
sport *m* *sport*
sportif *m*, **sportive** *f* *sporty*
stade *m* *stadium*
star *f* *(film, music) star*
stratégies *fpl* *strategies, tips*
strict *m*, **stricte** *f* *strict*
stupide *m or f* *stupid*
style *m* *style*
  style de vie *lifestyle*
succès *m* *success*
stylo *m* *pen*
sucré *m*, **sucrée** *f* *sweet*
sud *m* *south*
  au sud de *to the south of*
  sud-ouest *southwest*
suggestion *f* *suggestion, tip*
suis: je suis *I am* (see p. 138)
Suisse *f* 1 *Switzerland*
  2 *m or f* *Swiss*
  d'origine suisse *of Swiss origin*
suite *f* *ending*
suivant *m*, **suivante** *f* *following*
sujet *m* *subject*
super *great*
superbe *m or f* *superb*
superficiel *m*, **superficielle** *f* *superficial*
superlatif *m*, **superlative** *f* *superlative*
supermarché *m* *supermarket*
supplémentaire *m or f* *supplementary*
sur *on, about*
sûr: bien sûr *of course*
surf *m* *surfing*
  faire du surf *to go surfing*
surfer *to surf*
surprise *f* *surprise*
surtout *especially*
suspect *m* *suspect*
syllabe *f* *syllable*
symbole *m* *symbol*
sympa *m or f* *nice*

T

ta *f* (see p. 136) *your*
table *f* *table*
  à table *at table*
talent *m* *talent*
  il a du talent *he's talented*
tandis que *whereas*
tant: en tant que *as*
tante *f* *aunt*
tapisserie *f* *tapestry*
tard *late*
  assez tard *quite late*
  deux jours plus tard *two days later*
tas: un tas de *a whole lot of*
télé *f* *TV*
  à la télé *on TV*
téléphone portable *m* *mobile phone*
téléphoner à *to phone*
télé-réalité *f* *reality TV*
téléviseur *m* *TV screen*

Glossaire français–anglais

temps *m* time, weather
  1 *time*: perte de temps *waste of time*, mi-temps *half-time*
  2 *weather*: quel temps fait-il? *what's the weather like?*
tenir *to hold, to resist*
tennis *m* tennis
terre *f* earth
territoire *f* territory
tes *m* or *f* your (pl)
tester (sur) *to test (on)*
tête *f* head
  j'ai mal à la tête *I have a headache*
tête: en tête de *at the top of*
texte *m* text
Thaïlande *f* Thailand
thé *m* tea
théâtre *m* theatre
  faire du théâtre *to do drama*
thème *m* theme, topic
tigre *m* tiger
timide *m* or *f* shy
titre *m* title
toi you
  toi aussi? *you too?*
toi *m* or *f* you
toilettes *fpl* toilet
tomate *f* tomato
tombé fell
  je suis tombé(e) *I fell*
tomber *to fall*
ton *m* your
top: c'est le top! *it's brilliant!*
tôt early
  plus tôt *earlier*
  trop tôt *too early*
totalement totally
  toujours always, still
tour 1 *f* tower
  2 *m* tour, trip: j'ai fait un tour sur *I went on (funfair ride)*
  à ton tour *your turn*
tourisme *m* tourism
tournoi *m* tournament
tous: tous les quinze jours *every fortnight*
tout *m*, **toute** *f*, **tous** *mpl*, **toutes** *fpl* all, every
  tout le… *the whole…*
  tout le monde *everybody*
  toute sa vie *all his/her life*
  tous les jours *every day*
  toutes les heures *every hour*
toxique *m* or *f* toxic
traditionnel *m*, **traditionnelle** *f* traditional
train *m* train
traité: bien traités *well treated*
travail *m* work
  aller au travail *to go to work*
travaillé worked
  j'ai travaillé *I worked*
travailler *to work*
  je travaille *I work*
  travaillez *work*
traversé crossed
  j'ai traversé *I crossed*
traverser *to cross*
treize thirteen
trente thirty
très very
  très bien *very good*
trois three

à trois *in groups of three*
troisième *m* or *f* third
trompette *f* trumpet
  jouer de la trompette *to play the trumpet*
trop (de) *too much*
  trop tôt *too early*
trouvé found
  j'ai trouvé *I found*
trouver *to find*
  trouve les paires *find the matching pairs*
  je le trouve barbant *I find him boring*
tu you
  tu aimes? *do you like?*

U

un one
un *m* a, one
  un peu *a bit*
une *f* a
uniforme scolaire *m* school uniform
unique *m* or *f* only
  je suis enfant unique *I'm an only child*
universel *m*, **universelle** *f* universal
usine *f* factory
utile *m* or *f* useful
utiliser *to use*

V

va: il va passer *he is going to spend*
  on va faire *we're going to do*
vacances *fpl* holidays
vais: je vais *I go (from aller)*
  je n'y vais jamais *I never go there*
vaisseaux sanguins *mpl* blood vessels
végétarien *m*, **végétarienne** *f* vegetarian
vélo *m* bike
  j'ai fait du vélo *I went cycling*
vendredi Friday, on Friday
vendre *to sell*
vendu sold
  j'ai vendu *I sold*
venir *to come*
venez come
verbe *m* verb
  verbe auxiliaire *auxiliary verb*
  verbe irrégulier *irregular verb*
vérifier *to check*
  vérifie *check*
vers around
  vers 8 huit heures *around 8 o'clock*
version *f* version
vert *m*, **verte** *f* green
vêtements *mpl* clothes
  vêtements de marque *designer clothes*
veut: il, elle veut *he, she wants (from vouloir)*
veut dire means
veux: je veux *I want*
  tu veux du pain? *do you want some bread?*
  oui, je veux bien *yes, please*
viande *f* meat
vide-grenier *m* car boot sale
vie *f* life
  vie privée *private life*
vieille *f* old
vieillir *to grow older*
viens: viens danser *come dancing*
vierge: CD vierge *m* blank CD
vietnamien *m*, **vietnamienne** *f* Vietnamese

vieux *m*, **vieille** *f* old
ville *f* town
  hôtel de ville *town hall*
  en ville *in town*
vin *m* wine
vingt twenty
violence *f* violence
violent *m*, **violente** *f* violent
violon *m* violin
visite *f* visit
visiteur *m* or *f* visitor
visite *f* visit
  lui rendre visite *visit him/her*
visité visited
  j'ai visité *I visited*
visiter *to visit (place)*
visiteurs *mpl* visitors
vite quickly
vivent: ils vivent *they live (from vivre)*
vivre *to live*
voici *here is*
voie *f* lane, track
  la voie nord *northbound lane*
voilà *here you are*
  me voilà à Nantes *here I am in Nantes*
voile *f* sailing
  faire de la voile *to go sailing*
voir *to see*
  nous allons voir un film *we're going to see a film*
vois: je vois *I see (from voir)*
voiture *f* car
voleur *m* thief
vomi: j'ai vomi *I was sick, vomited*
vont 1 ils, elles vont (see p. 138) *they go (from aller)*
  2 ils vont aller *they are going to go*
votre *your*
voudrais: je voudrais *I would like (from vouloir)*
vouloir *to want to*
vous *you (1 to adult; 2 to more than one person)*
voyage *m* trip
  bon voyage! *have a good trip!*
voyager *to travel*
vrai *m*, **vraie** *f* 1 true: c'est pas vrai *it's not true*
  vrai ou faux? *true or false*
  2 real: son vrai nom *his, her real name*
vraiment really
  pas vraiment *not really*
VTT: faire du VTT *to go mountain-biking*
vu saw
  j'ai vu *I saw (past tense of voir)*
vue *f* view

W

week-end *m* weekend

Y

y there
  on y va en bus? *are we going there by bus?*
yaourt *m* yoghurt
yeux *mpl* eyes
  les yeux fermés *eyes closed*

Z

zèbre *m* zebra
zéro zero
zoo *m* zoo

cent cinquante-cinq 155

Glossaire anglais–français

A

a, an **un m**, **une f**
advert **la publicité f**
after **après**
  after that **après ça**
afternoon **l'après-midi m**
  in the afternoon **l'après-midi**
airport **l'aéroport m**
all: is that all? **c'est tout?**
also **aussi**
always **toujours**
am: I am **je suis** (see **être**, p. 138)
and **et**
apple **la pomme f**
apricot **l'abricot m**
April **avril**
are: you are **tu es** (see **être**, p. 138)
  there are **il y a**
arm **le bras m**
  my arm hurts **j'ai mal au bras**
arrive v **arriver**
ask v **demander**
at: 1 at my friend's house **chez ma copine**, at my house **chez moi**
    2 at school **au collège**, at home **à la maison**
ate: I ate **j'ai mangé**
August **août**
aunt **la tante f**
autumn: in autumn **en automne**
awful: it's awful **c'est nul**

B

back **le dos m**
  my back hurts **j'ai mal au dos**
bad language **les gros mots mpl**
baker's (shop) **la boulangerie f**
banana **la banane f**
bank **la banque f**
barbecue **le barbecue m**
basketball **le basket m**
  I play basketball **je joue au basket**
battle **la bataille f**
beach **la plage f**
because **parce que**
Belgium **la Belgique f**
best: the best **le meilleur m**, **la meilleure f**
between **entre**
big **grand m**, **grande f**
  bigger than **plus grand(e) que**
bike **le vélo m**
  by bike **à vélo**
birthday **l'anniversaire m**
black **noir m**, **noire f**
blue **bleu m**, **bleue f**
book **le livre m**
boring: it's boring **c'est barbant**
bottle (of) **la bouteille f** (de)
bowling alley **le bowling m**
bought: I bought **j'ai acheté**
boxing **la boxe f**
boy **le garçon m**
break 1 v **casser, briser**
    2 (school break) **la récréation f**
bridge **le pont m**
British **britannique m or f**
brother **le frère m**
brown **marron m or f**
bus **le bus m**
  by bus **en bus**
but **mais**
butcher's (shop) **la boucherie f**

buy v **acheter**
by: 1 by car **en auto**
    2 by bike **à vélo**

C

café **le café m**
cake **le gâteau m**
camping: I go camping **je fais du camping**
campsite **le camping m**
can: can I... ? **je peux... ?**
car **l'auto f**, **la voiture f**
  by car **en auto**
cards: I play cards **je joue aux cartes**
castle **le château m**
cat **le chat m**
CD **le CD m** (pl les CD)
centre: sports centre **le centre sportif m**
  shopping centre **le centre commercial m**
  leisure centre **le centre de loisirs m**
chat v **bavarder**
  we chatted **nous avons bavardé**
cheese **le fromage m**
chemist's (shop) **la pharmacie f**
cherry **la cerise f**
child **enfant m or f**
  I'm an only child **je suis enfant unique**
chips **les frites fpl**
chocolate **le chocolat m**
choir **la chorale f**
church **l'église f**
clothes **les vêtements mpl**
coach **le car m**
coast **la côte f**
  on the coast **sur la côte**
coffee **le café m**
  a white coffee **un grand crème**
cold: the weather is cold **il fait froid**
come: I come **je viens**
comfortable **confortable m or f**
computer **l'ordinateur m**
  computer games **les jeux vidéo**
cost: how much does it cost? **c'est combien?**
could: could you repeat? **pouvez-vous répéter?**
country **le pays m**
  in the country **à la campagne**
course: of course **bien sûr**
cream **la crème chantilly f**
crisps **les chips fpl**

D

day **le jour m**
dear **cher m**, **chère f**
designer clothes **les vêtements de marque mpl**
dictionary **le dictionnaire m**
did: I did **j'ai fait**
difficult **difficile m or f**
do v **faire** (see p. 139) I do **je fais**
  I do my homework **je fais mes devoirs**
doesn't: it doesn't snow **il ne neige pas**
  he doesn't play **il ne joue pas (au...)**
dog **le chien m**
don't: I don't like **je n'aime pas**
drink v **boire** I drink **je bois**
drank: I drank **j'ai bu**
draw v **dessiner**
drugs: he takes drugs **il se drogue**
during **pendant**

E

each **chaque**
easy **facile m or f**
eat v **manger** we eat **nous mangeons**
eighty **quatre-vingts**
elephant **l'éléphant m**
entertainments **les distractions fpl**
England **l'Angleterre f**
  in England **en Angleterre**
evening **le soir m**
  in the evening **le soir**
everybody **tout le monde**
exciting **passionnant m**, **passionnante f**
example: for example **par exemple**
exercise book **le cahier m**

F

family **la famille f**
famous **célèbre**
fashionable **en mode**
father **le père m**
favourite **préféré m**, **préférée f**
February **février**
fifty **cinquante**
first **premier m**, **première f**
fish **le poisson m**
flavour: what flavour? **quel parfum?**
foggy: it's foggy **il fait du brouillard**
foot **le pied m**
  on foot **à pied**
football **le football m**
  I play football **je joue au football**
football stadium **le stade de football m**
for **pour**
forty **quarante**
fountain **la fontaine f**
France **la France f**
  to France **en France**
French **français m**, **française f**
Friday **vendredi**
friend **copain m**, **copine f**; **ami m**, **amie f**
from **à... de**
  10 km from... **à 10 km de...**
front: in front of **devant**
fun: it's fun **c'est amusant**
  it was fun **c'était amusant**

G

game **le jeu m** (pl **jeux**)
  computer games **les jeux vidéo**
  (TV) game shows **les jeux**
gameboy **la console de jeux f**
gangsta rap **le gangsta rap m**
garden **le jardin m**
Germany **l'Allemagne f**
girl **la fille f**
give: I give **je donne**
go v **aller** (see p. 138) I go **je vais**
  I go cycling **je fais du vélo**
  I go sailing **je fais de la voile**
going to: I'm going to buy **je vais acheter** (see p. 141)
good-bye **au revoir**
good-looking **beau m**, **belle f**
grapes **le raisin m**
gravy **la sauce f**
great **super, génial m or f**
green **vert m**, **verte f**
group **le groupe m**
gymnastics **la gymnastique f**
  I do gymnastics **je fais de la gymnastique**

156 cent cinquante-six

Glossaire anglais–français

H
had: I had **j'ai eu**
half: at half past six **à six heures et demie**
ham **le jambon** m
hand: on the one hand **d'un côté**, on the other hand **d'un autre côté; par contre**
happy **joyeux** m, **joyeuse** f
   happy New Year! **bonne année!**
hard **difficile** m or f
have **avoir** (see p. 138) I have **j'ai**
he **il**
hello **bonjour, salut**
help v **aider**
here **ici**
hi! **salut!**
high **haut** m, **haute** f
   higher than *plus haut(e) que*
hilarious **hilarant** m, **hilarante** f
hire v **louer**
   I hire videos *je loue des vidéos*
hobby **le passe-temps** m
home 1 at home **à la maison**
   2 I come home *je rentre à la maison*
homework **les devoirs** mpl
honey **le miel** m
horse **le cheval** m (pl **chevaux**)
horse-riding **l'équitation** f
   I go horse-riding *je fais du cheval*
hot: the weather is hot **il fait chaud**
house **la maison** f
   at my house *chez moi*
how 1 **comment**
   2 how many? **combien?**
   how much is it? **c'est combien?**
hundred **cent**
hustle and bustle **le brouhaha** m

I
ice cream **la glace** f
   some ice cream *de la glace*
ice rink **la patinoire** f
in 1 **dans**
   2 in London **à Londres**
   3 'in' = in fashion **en mode**
interesting **intéressant** m, **intéressante** f
Ireland **l'Irlande** f
   in Ireland *en Irlande*
   in Northern Ireland *en Irlande du Nord*
is **est** (see être p. 138)
   it is *c'est*
   there is *il y a*
it's **c'est**

J
January **janvier**
joke: it's no joke **ce n'est pas amusant, ça**
journey **le voyage** m
juice **jus** m
   an orange juice *un jus d'orange*
   some juice *du jus*
July **juillet**
June **juin**

K
kitchen **la cuisine** f

L
last: last weekend **le week-end dernier**
   last week *la semaine dernière*
left: on the left **à gauche**
lemon **le citron** m
   some lemon *du citron*
less **moins**
lesson **le cours** m

library **la bibliothèque** f
like 1 v **aimer**: I like **j'aime**
   2 I'd like **je voudrais**
   3 like a lion **comme un lion**
   4 what is it like? **c'est comment?**
lion **le lion** m
listen v **écouter**
   I listen (to music) *j'écoute (de la musique)*
live v **habiter**
   I live *j'habite*, he lives *il habite*
London **Londres**
long **long** m, **longue** f
   longer than *plus long(ue) que*
   for a long time *depuis longtemps*
lost: I've lost **j'ai perdu**
lot: a lot (of) **beaucoup** (de)
loud **bruyant** m, **bruyante** f
love v **adorer**
   I love *j'adore, j'aime (beaucoup)*
lunch: I have lunch **je déjeune**
   packed lunch *le repas froid*

M
manure **le fumier** m
map **la carte** f
March **mars**
market **le marché** m
marmalade **la marmelade d'oranges** f
married **marié** m, **mariée** f
May **mai**
me **moi**
meat **la viande** f
midday: at midday **à midi**
milk **le lait** m
mint **la menthe** f
Miss **Mademoiselle** f, (at school) **Madame**
Monday **lundi**
more **plus**
morning **le matin** m
   in the morning *le matin*
mother **la mère** f
motorbike **la moto** f
mountain **la montagne** f
much: how much is it? **c'est combien?**
   I don't like cats much *je n'aime pas beaucoup les chats*
museum **le musée** m
music **la musique** f
must: I must **je dois**
   I must do the washing-up *je dois faire la vaisselle*
my **mon** m, **ma** f, **mes** pl

N
nature reserve **la réserve naturelle** f
near **près de**
next **prochain** m, **prochaine** f
   next week *la semaine prochaine*
never **jamais**
nice 1 (friendly) **sympa**
   2 (good-looking) **beau** m, **belle** f
   3 the weather is nice **il fait beau**
ninety **quatre-vingt-dix**
no **non**

O
of **de**
of the **du** m, **de la** f
of course **bien sûr**
often **souvent**
OK **d'accord**
old **vieux** m, **vieille** f
   how old are you? *quel âge as-tu?*

open 1 v **ouvrir**
   2 **ouvert** m, **ouverte** f
opinion: in my opinion **à mon avis** m
opposite **en face (de)**
or **ou**
order v **commander**
other **autre**

P
packed lunch **le repas** m **froid**
packet (of) **le paquet** m (de)
park **le parc** m
   theme park *le parc d'attractions*
party **la soirée** f
peach **la pêche** f
pear **la poire** f
peas **les petits pois** mpl
pen 1 biro **le bic** m
   2 fountain pen **le stylo** m
pencil **le crayon** m
perhaps **peut-être**
person **la personne** f
personally **personnellement**
pet **l'animal** m (pl **animaux**)
phone: I phone **je téléphone**
play v **jouer**
   I play tennis *je joue au tennis*
played: I played **j'ai joué**
please **s'il te plaît** (to friend)
   s'il vous plaît (to adult)
politics **la politique** f
potatoes **les pommes de terre** fpl
porridge: some porridge **du porridge** m
post office **la poste** f
prepare v **préparer**
present **le cadeau** m
price **le prix** m
programme: TV **une émission de télé** f
pupil **élève** m or f

Q
quite **assez**
   quite hard *assez difficile*

R
rabbit **le lapin** m
railway station **la gare** f
rain: it's raining **il pleut**
read: v **lire** I read **je lis**
reality: reality TV **la télé-réalité** f
resort: holiday resorts **les lieux de vacances** mpl
red **rouge** m or f
rich **riche** m or f
ring **la bague** f
right: on the right **à droite**
rock concert **le concert de rock** m
room **la chambre** f
rugby **le rugby** m
   I play rugby *je joue au rugby*

S
sailing **la voile** f
   I go sailing *je fais de la voile*
Saturday **samedi**
saw: I saw **j'ai vu**
say: how do you say "friend" in French? **c'est quoi en français, "friend"?**
school **le collège** m, **l'école** f
Scotland **l'Écosse** f
   in Scotland *en Écosse*
sea **la mer** f
second (2nd) **deuxième**
see v **voir** I see **je vois**

cent cinquante-sept **157**

Glossaire anglais–français

send v **envoyer** I send **j'envoie**
seventy **soixante-dix**
she **elle**
shop **le magasin** m
   to go round the shops v *faire les magasins*
sing v **chanter**
singer **chanteur** m, **chanteuse** f
since **depuis**
   I've been playing for six months *je joue depuis six mois*
sister **la sœur** f
sixty **soixante**
skateboarding **le skateboarding** m
   I go skateboarding *je fais du skateboarding*
skating rink **la patinoire** f
ski: I go skiing *je fais du ski*
small **petit** m, **petite** f
   smaller than *plus petit(e) que*
smoke: he smokes *il fume*
smell **l'odeur** f
snow **la neige** f
   it's snowing *il neige*
soap (TV): **la série** f
sofa **le canapé** m
some **des**
sometimes **parfois**
song **la chanson** f
soon **bientôt**
   see you soon *à bientôt!*
sorry **pardon**
Spain **l'Espagne** f
   to Spain *en Espagne*
speak v **parler**
   people speak French *on parle français*
special effects **les effets spéciaux** mpl
spell: how do you spell it? *ça s'écrit comment?*
sport **le sport** m
sports centre **le centre sportif** m
spring: in spring **au printemps**
stadium **le stade** m
stay v **rester**
   I stay (at home) *je reste (à la maison)*
stomach **l'estomac** m
   I have stomach ache *j'ai mal à l'estomac*
story **l'histoire** f
strawberry **la fraise** f
street **la rue** f
stupid **stupide**, **bête** m or f
subject: school subject **la matière** f
sugar **le sucre** m
   some sugar *du sucre*
summer: in summer **en été**
Sunday **dimanche**
supermarket **le supermarché** m
swim v **nager**, **faire de la natation**
sweets **les bonbons** mpl
swimming: I go swimming *je fais de la natation*
swimming pool **la piscine** f

T

table tennis **le ping-pong** m
   I play table tennis *je joue au ping-pong*
take v **prendre** I take *je prends*
tea **le thé** m
teacher **prof** m or f
ten **dix**
tennis **le tennis** m
   I play tennis *je joue au tennis*
text message **le texto** m
thank you (for) **merci (pour)**
that **ça**
the **le** m, **la** f, **les** pl
then **puis**
there is **il y a**
they **ils** m, **elles** f
third (3rd) **troisième**
thousand **mille**
Thursday **jeudi**
tiger **le tigre** m
time: at what time? *à quelle heure?*
to 1 **à**: to the cinema **au cinéma** m, to the railway station **à la gare** f
   2 (with countries) **en**: to France **en France**
   3 (to people, houses) **chez**: I went to my uncle's *je suis allé chez mon oncle*
toast: some toast (with...) **du toast (avec...)**
together **ensemble**
tomorrow **demain**
town **la ville** f
   big town *une grande ville*
too **also**
took: I took *j'ai pris*
Tuesday **mardi**
TV **la télé** f
   I watch TV *je regarde la télé*

U

uncle **l'oncle** m
understand v **comprendre**
   I don't understand *je ne comprends pas*
   I didn't understand *je n'ai pas compris*
usually **d'habitude**, **normalement**

V

very **très**
video **la vidéo** f
video recorder **le magnétoscope** m
video shop **la vidéothèque** f
visit v **visiter**

W

wait v **attendre**
Wales **le pays de galles** m
   in Wales *au pays de Galles*
walk: I go walking *je fais des promenades*
want v **vouloir** I want *je veux*
was: it was **c'était**
   it was boring **c'était barbant**
watch v **regarder**
   I watch (TV) *je regarde (la télé)*
water **l'eau** f
we **nous**
weather **le temps** m
   what's the weather like? **quel temps fait-il?**
Wednesday **mercredi**
week **la semaine** f
well **bien**
went: **je suis allé** m, **je suis allée** f
   I went swimming **j'ai fait de la natation**
what **quoi**
   what did you do? *tu as fait quoi?*
   what's your address? *c'est quoi ton adresse?*
   what is "know" in French? *c'est quoi en français, "know"?*
when **quand**
where **où**
which? **quel** m, **quelle** f
white **blanc** m, **blanche** f
who **qui**
why **pourquoi**
wife **la femme** f
win v **gagner**: we won **nous avons gagné**
windy: it's windy **il fait du vent**
winter: in winter **en hiver**
with **avec**
   with me *avec moi*
won: I won *j'ai gagné* we won **on a gagné**
word **le mot** m
work v **travailler**
write v **écrire**: I write *j'écris*

Y

year **l'an** m
   I'm 14 years old *j'ai 14 ans*
   I'm in Year 9 *je suis en quatrième*
yellow **jaune** m or f
yes **oui**
yesterday **hier**
you 1 **tu**
   2 **vous** (see p. 141)
young **jeune** m or f
   young people *les jeunes* mpl
your **ton** m, **ta** f, **tes** pl
youth club **le club des jeunes** m

Z

zoo **le zoo** m

Common instructions in *Voilà! 3*

Phrases

ajoute d'autres détails	add other details
au passé	in the past
c'est quelle photo?	which photo is it?
c'est qui?	who is it?
c'est quoi en français?	what is it in French?
change le dialogue	change the dialogue
combien d'exemples	how many examples
complète les phrases	complete the sentences
(tu es) d'accord avec	(do you) agree with
dans le bon ordre	in the right order
écoute et lis	listen and read
écoute et répète	listen and repeat
écris les mots	write the words
écris les phrases	write the sentences
écris tes réponses	write your own answers
en anglais	in English
en français	in French
expressions de temps	time phrases
fais deux listes	write two lists
joue le dialogue	act out the dialogue
joue et adapte le dialogue	act out and adapt the dialogue
lève la main	put your hand up
lis la lettre	read the letter
pose les questions à ton/ta partenaire	ask your partner the questions
pour chaque personne	for each person
recopie les mots	copy the words
regarde les images	look at the pictures
réécoute…	listen to… again
réponds aux questions	answer the questions
ton modèle, c'est…	the pattern for you to base your work on is…
trouve les paires	find the matching pairs
vérifie avec ton/ta partenaire	check with your partner
vrai ou faux?	true or false?

Single words

	aussi	too, as well
	autre(s)	other
	avec	with
le	bon	the right
la	bonne	the right
	change	change
	chaque	each
	choisis	choose
	comment	how
	complète	complete
	corrige	correct
	dans	in
	décris	describe
	devine	guess
le	dialogue	the dialogue
	discute	discuss
	dit	says
	donne	give
	écoute	listen
	écris	write
une	erreur	mistake
	et	and
	faux	false
l'	image	the picture
un	jeu	a game
	joue	play, act out

la	lettre	letter
	lis	read
le	mot	the word
	note	note down
l'	option	option, alternative
	ou	or
le	passé	the past (tense)
la	phrase	the sentence
	pour	for
	puis	then
	quand	when
	quel(s)	which / what
	quelle(s)	which / what
	qui	who
	quoi	what
	recherche	research
	recopie	copy
	réécoute	listen again
	regarde	look at
	relis	re-read
	répète	repeat
la	réponse	the answer
	trouve	find
	vrai	true

cent cinquante-neuf 159

Photo credits

Martyn Chillmaid pp 3 (insets), 6, 7, 8, 9, 10 (portraits), 14, 16, 24 (top left, bottom right), 26 (c-h), 32, 33 (left), 34, 36, 38, 44, 52 (top), 53, 60 (top, centre, a, c-h), 62, 63, 64, 65, 66 (top right), 70, 71, 72, 77 (bottom), 78, 80, 86, 88 (bottom), 90, 91, 96 (3), 97, 110 (top), 111 (top), 117, 130 (b, d); Alamy: Agence Images p 11 (right), Allstar p 35 (right), Bananastock p 109, Sebastian Baussais pp 47, 119 (bottom), Ian Dagnall p 115, Design Pics Inc. p 45 (a), Alistair Dove p 95 (bottom), Dynamic Graphics Group pp 68, 124, geldi p 88 (top), Andrzej Gorzkowski p 129 (left), Image Source p 48, image100 pp 45 (e), 130 (g), kolvenbach pp 96 (1), 130 (a), zoran milich p 25, The Photolibrary Wales p 23 (top left), oote boe p 81, Photo Network pp 45 (d), 118, POPPERFOTO pp 23 (bottom right), 35 (left), Rob Rayworth p 66 (bottom left), Rubberball pp 82 (top), 92, jackson smith p 17 (middle), Jack Sullivan p 102 (c), Thinkstock p 130 (c), Bob Thomas p 66 (top left), Transtock Inc. p 59 (background); bilderbox.com p 94; Les Romains de la Decadence by Thomas Couture/Bridgeman p 41; Corbis pp 18 (right), 46 (left), 96 (1), 99 (top left), Amet Jean Pierre/Corbis Sygma p 17 (top left), Lee Cohen/Corbis pp 59 (inset), 130 (a, h), Sunset Boulevard/Corbis Sygma p 20; Corel 9 (NT) p 98 (right), Virtruvian Man by Leonardo da Vinci/Corel 48 (NT) p 52 (bottom), Corel 62 (NT) p 37, Corel 149 (NT) p 131 (bottom), Corel 160 (NT) p 111 (middle), Corel 231 (NT) p 17 (right), Corel 232 (NT) pp 10 (e), 110 (e), Corel 248 (NT) p 60 (b), Corel 259 (NT) p 27, Corel 294 (NT) pp 10 (a), 110 (c), Mona Lisa by Leonardo da Vinci/Corel 301 (NT) p 50, Corel 303 (NT) p 41 (bottom), Corel 311 (NT) p 119 (top), Corel 369 (NT) p 42, Corel 397 (NT) p 102 (d), Corel 413 (NT) p43, Corel 445 (NT) p 102 (b), Corel 477 (NT) p 41 (left), Corel 484 (NT) p100, Corel 640 (NT) pp 24 (bottom left, top right), 26 (top), 99 (right), Corel 745 (NT) 96 (2), 130 (e); Digital Stock 14 (NT) p 128; Digital Vision 9 (NT) p 18 (left), Digital Vision 12 (NT) p 131 (top), Digital Vision 15 (NT) p 99 (bottom); Peter Adams/Digital Vision BP (NT) p 89; Jeremy Woodhouse/Digital Vision EP (NT) p129 (right); Gerry Ellis/Digital Vision JA (NT) pp 45 (b), 98 (left), 131 (centre); EMPICS: ABACA/EMPICS pp 23 (bottom right), 40, PA/EMPICS pp 23 (top right), 73; Eyewire/DT (NT) p 15; Getty Images pp 12, 79, 82 (bottom), 102 (e), 130 (f), 132; Images of France CD1 (NT) pp 10 (b), 11 (left), 110 (b), 111 (bottom), Images of France CD2 (NT) pp 10 (c), 10 (d), 110 (a), 110 (f), Images of France CD3 (NT) p 45 (c), Images of France CD4 (NT) p 30, Andy Newman/Images of France p 46 (right); Ingram IL V2 CD2 (NT) p 26 (b); Photodisc 31 (NT) pp 10 (f), 110 (d), Photodisc 38 (NT) p 33 (right), Photodisc 47 (NT) p 66 (bottom right); Stockbyte 31 (NT) p 26 (a); The Travel Library p 3 (background).

cent soixante